지식인마을 39
신채호 & 함석헌

역사의 길, 민족의 길

지식인마을39 역사의길, 민족의 길
신채호 & 함석헌

저자_ 이흥기

1판 1쇄 인쇄_ 2013. 12. 23.
1판 1쇄 발행_ 2013. 12. 30.

발행처_ 김영사
발행인_ 박은주

등록번호_ 제406-2003-036호
등록일자_ 1979. 5. 17.

경기도 파주시 문발동 출판단지 515-1 우편번호 413-756
마케팅부 031)955-3100, 편집부 031)955-3250, 팩시밀리 031)955-3111

저작권자 ⓒ 2013 이흥기
이 책의 저작권은 저자에게 있습니다. 서면에 의한 저자와 출판사의
허락 없이 내용의 일부를 인용하거나 발췌하는 것을 금합니다.

COPYRIGHT ⓒ 2013 Lee, Heung-gi
All rights reserved including the rights of reproduction in whole
or in part in any form. Printed in KOREA.

값은 뒤표지에 있습니다.
ISBN 978-89-349-6572-5 04150
      978-89-349-2136-3 (세트)

독자의견 전화_ 031) 955-3104
홈페이지_ http://www.gimmyoung.com
이메일_ bestbook@gimmyoung.com

좋은 독자가 좋은 책을 만듭니다.
김영사는 독자 여러분의 의견에 항상 귀 기울이고 있습니다.

지식인마을 39

신채호&함석헌
申采浩 & 咸錫憲

역사의 길, 민족의 길

이흥기 지음

김영사

申采浩 & 咸錫憲

Prologue 1 지식여행을 떠나며

현장을 뛰어다니던 20세기의 목소리

신채호와 함석헌의 사상은 20세기는 물론 21세기의 우리에게도 깊은 영향을 미칠 수 있는 상당히 폭넓은 자장을 형성하고 있다. 만약 〈20세기 한국사〉라는 이름의 오페라가 있다면, 그 작품의 기조는 민족주의와 민중주의의 합주이며, 이 역사적인 오페라가 상연된다면 두 사람은 반드시 초빙되어야 할 연주자다.

신채호는 외로운 고아처럼 맑은 눈으로 자신과 민족을 있게 한 뿌리, '임'을 찾아다녔다. 함석헌은 겁 많고 여러 면에서 부족했지만 하나님의 발길에 채여 여러 가지 글도 쓰고 행동에도 나섰다고 고백했다. 고아처럼 아비를 찾아다녔건 하나님의 발길에 채여 다녔건 이 두 사람의 행적은 철학, 역사학, 문학, 종교학 등 학문 제 영역은 물론 실천적인 활동 영역에 폭넓게 걸쳐 있다. 그래서 이들은 세간에 20세기 한국사를 대표할 만한 사상가 내지 실천 운동가, 언론인 등으로 쉽게 오르내린다.

이들의 삶과 생각과 실천이 시간이 지남에도 꾸준한 영향력을 지닌 까닭은 두 사람이 '민족'과 '민중'으로 대표되는 집단적 생존의 길을 끊임없이 모색했기 때문이다. 민족과 민중은 20세기 한국인이 자신을 나타내고 부르던 중요한 이름이었다. 식민지 조선인, 자유 대한민국의 국민은 집단적 생존 문제를 같이 이야기할 지식인이 필요했다. 신채호와 함석헌은 이러한 필요를 자신의 소명으로 여겨 적극적으로 고민하고 결단하고 행동했으며,

그 고민의 산물을 사람들에게 열정적으로 표현했다.

21세기의 우리도 민족과 민중으로부터 벗어나는 문제를 제기해놓고 여전히 고민을 거듭하고 있다. '문민정부', '국민의 정부', '참여정부'라는 정권 교체의 표상은 우리 사회가 더 많은 민주주의를 요구한다는 사실을 반영하며, '개방적 민족주의', '세계화', '친일 역사 청산' 등의 담론은 우리 사회가 다른 민족·국가와 어떤 관계를 취해야 할지 숙고해야 할 영역이 산적해 있다는 증거다. 결자해지結者解之란 말이 있다. 그러나 역사는 좀 더 장기적 시간대를 다루고, 그 긴 시간 속에서 죽은 자는 자신이 남긴 문제를 해결할 도리가 없다. 후대는 조상의 영광을 누리기도 하지만 그 과오도 어떤 식으로든지 해결해야 한다.

그러려면 과거에 어떤 고민을 했는지 현장을 뛰어다니던 목소리를 들어볼 필요가 있다. 그들을 만나러 가는 작은 여행을 시작하자. 이 책은 21세기를 사는 우리가 그들과 만나고 대화할 수 있도록 만들어본 하나의 여행 안내서다. 여행은 여러분의 것이다. 이 책의 여백은 독자의 것이다. 궁금했던 점, 따지고 싶었던 말, 두려움과 분노, 깨달음과 기쁨 모두 써보면서 가자.

여러분이 이 안내서를 읽으며 이 안에 소개돼 있지 않은 길로도 들어서는 일이 생기길 바란다. 그 길 위에서 답답함을 느껴 새로운 안내서를 만들고 싶다는 충동을 느끼고, 그로 인해 더 유익한 여행을 하게 될 또 다른 사람들이 생기기를 바란다. 나는 또다시 새로운 경로로 들어서고 싶기 때문이다.

2013년 12월

이호재

Prologue 2 이 책을 읽기 전에

〈지식인마을〉시리즈는…

　〈지식인마을〉은 인문·사회·과학 분야에서 뛰어난 업적을 남긴 동서양 대표 지식인 100인의 사상을 독창적으로 엮은 통합적 지식교양서이다. 100명의 지식인이 한 마을에 살고 있다는 가정 하에 동서고금을 가로지르는 지식인들의 대립·계승·영향 관계를 일목요연하게 볼 수 있도록 구성했으며, 분야별·시대별로 4개의 거리를 구성하여 해당 분야에 대한 지식의 지평을 넓히는 데 도움이 되도록 했다.

〈지식인마을〉의 거리

플라톤가 플라톤, 공자, 뒤르켐, 프로이트 같이 모든 지식의 뿌리가 되는 대사상가들의 거리이다.

다윈가 고대 자연철학자들과 근대 생물학자들의 거리로, 모든 과학 사상이 시작된 곳이다.

촘스키가 촘스키, 벤야민, 하이데거, 푸코 등 현대사회를 살아가는 인간에 대한 새로운 시각을 제시한 지식인의 거리이다.

아인슈타인가 아인슈타인, 에디슨, 쿤, 포퍼 등 21세기를 과학의 세대로 만든 이들의 거리이다.

이 책의 구성은

　〈지식인마을〉 시리즈의 각 권은 인류 지성사를 이끌었던 위대한 질문을 중심으로 서로 대립하거나 영향을 미친 두 명의 지식인이 주인

공으로 등장한다. 그리고 다음과 같은 구성 아래 그들의 치열한 논쟁을 폭넓고 깊이 있게 다룸으로써 더 많은 지식의 네트워크를 보여주고 있다.

초대 각 권마다 등장하는 두 명이 주인공이 보내는 초대장. 두 지식인의 사상적 배경과 책의 핵심 논제가 제시된다.
만남 독자들을 더욱 깊은 지식의 세계로 이끌고 갈 만남의 장. 두 주인공의 사상과 업적이 어떻게 이루어졌으며, 그들이 진정 하고 싶었던 말은 무엇이었는지 알아본다.
대화 시공을 초월한 지식인들의 가상대화. 사마천과 노자, 장자가 직접 인터뷰를 하고 부르디외와 함께 시위 현장에 나가기도 하면서, 치열한 고민의 과정을 직접 들어본다.
이슈 과거 지식인의 문제의식은 곧 현재의 이슈. 과거의 지식이 현재의 문제를 해결하는 데 어떻게 적용될 수 있는지 살펴본다.

이 시리즈에서 저자들이 펼쳐놓은 지식의 지형도는 대략적일 뿐이다. 〈지식인마을〉에서 위대한 지식인들을 만나, 그들과 대화하고, 오늘의 이슈에 대해 토론하며 새로운 지식의 지형도를 그려나가기를 바란다.

지식인마을 책임기획 장대익
서울대학교 자유전공학부 교수

Contents 이 책의 내용

Prologue 1 지식여행을 떠나며 · 5
Prologue 2 이책을 읽기 전에 · 6

 초대

잠수함 '20세기 한국호' 속의 두 마리 토끼 · 14
나와 너, 우리와 그들의 정체와 역사, 그리고 미래
신채호, 함석헌과 함께 던지는 살아 있는 질문

 만남

1. 한놈 신채호의 삶과 지적 여정 · 26
"친구가 어디 있습니까?" | 빨간 내복을 입은 일편단심의 계몽 운동가
《동사강목》을 지고 떠난 망명길 | 아나카즘의 수용과 행동

2. 씨울 함석헌의 생애와 지적 여정 · 46
"나는 대체 왜 '일본 놀이'로 인생을 시작하게 되었을까?"
만세를 부른 일심단원, 오산으로 가다 | 사회주의냐 복음이냐
루비콘 강을 건너고 쓴 《성서적 입장에서 본 조선역사》와 사상의 전환
독재에 맞선 퀘이커교도

3. 역사의 주체를 찾아서-국가를 넘어 민족, 민중, 씨울로 · 76
국가와 국민의 시대 속에서 찾은 민족과 민중 | 국가 경쟁의 시대와 영웅 만들기
영웅에서 국민으로 | 국민에서 민중으로 | 역사 속에서 찾은 민중과 혁명
함석헌, 제국 속에서 경험한 민족, 민중 | 웰스와 우치무라에게 배운 국가주의 비판
《성서적 입장에서 본 조선역사》와 민족, 민중
해방 이후의 국가주의 비판과 민족, 민중 | 《뜻으로 본 한국역사》와 씨울

4. 역사의 의미를 찾아서-투쟁 사관과 고난 사관 · 138
민족의 생존을 위해 유교 사관을 벗다: 《독사신론》 단계
나라는 잃었어도 민족의 '고갱이'는 지켜라: 《꿈하늘》, 《조선상고문화사》 단계
아와 비아의 투쟁으로 민족사를 보다: 《조선상고사》 이후
이익과 량치차오: 신채호 사학의 날줄과 씨줄 | 역사를 읽고 역사 속으로
씨울의 탄식: 왜 역사 교사가 되었던고 | 고난 사관: 민족주의와 기독교의 결합
생명 사관: 창조론과 진화론의 결합 | 함석헌의 '성서적 사관'
한국사 속에서 본 신의 손길 | '새 종교'와 '뜻'의 사관 | 홀로서기의 꿈

Chapter 3 대화
신채호와 함석헌의 가상 대화 · 210

Chapter 4 이슈
'민중' 만들기와 민중 사학 · 230

Epilogue   1 지식인 지도 · 242   2 지식인 연보 · 244
3 키워드 찾기 · 249   4 깊이 읽기 · 254
5 찾아보기 · 258

申采浩

Chapter 1

✉ 초대
INVITATION

咸錫憲

― 초대 ―

잠수함 '20세기 한국호' 속의
두 마리 토끼

　불과 100년 전 독립 국가와 학교, 교회는 한국인의 꿈과 자유, 이상을 실현하는 공간이었다. 그러나 이젠 '꼰대' 대접을 받는다. 독립된 근대 국가를 갖는 것은 한민족의 염원이었다. 일본 제국주의 치하 36년의 식민지 생활을 벗어나 독립 국가를 갖게 되었지만 이젠 정권 교체에 성공했던 좌익 정부도, 다시 들어선 우익 정부도, 아이들의 부모 세대도 모두 과거와 같이 자신들의 '권위'를 인정받지 못하고 있다. 100여 년 전만 해도 교실과 교과서는 선망의 대상이었다. 심훈의 소설《상록수》에서 창밖에서라도 가, 갸, 거, 겨를 배우려고 아이들이 아득바득 달라붙어 소리 지르는 장면을 생각해본다면 누구나 갈 수 있고, 가야만 하는 초등학교 의무 교육 제도는 놀라운 꿈의 실현이다. 초등학교만 무려 6,000개에 달한다! 그러나 학교 교육은 무너지고 있다. 교회도 마찬가지다. 세계적으로 놀랄 만한 양적 성장을 이룬 교회가 그 성장에 값하는 '빛과 소금' 역할을 제대로 하지 못한다는 소리가 적지 않다.

부모 세대는 허탈감과 혼돈을 느낀다. 독립 국가, 학교, 교회를 가장 좋은 것으로 여겨 추구하고 이루어 물려주었지만 구시대의 유물 취급을 당한다. 민족과 국가, 민중에 대한 헌신의 결과로 얘기되는 독립과 산업화, 민주화의 성과는 과연 무엇인가? 20세기 한국 근대가 추구해왔던 목적과 가치 기준은 합당한가? 최근 10여 년 동안 역사학을 비롯한 한국 인문학의 핵심 화두 역시 이러한 고민 속에서 한국의 근대와 근대성에 대한 성찰적 질문을 던지고 있다. 새로운 세기를 위한 가치와 목표를 정립해야 할 필요성 때문이다. 그렇다면 이러한 질문을 다룰 때 신채호와 함석헌은 과연 우리에게 어떤 얘기를 들려줄까? 필자는 이들의 지적 감수성이 게오르규Constantin Virgil Gheorghiu, 1916~1992가 말한 '잠수함 속의 토끼'와 같다고 생각한다.

제1차 세계 대전에 독일군 해군 사병으로 참전했던 게오르규는 당시 최신예 무기인 잠수함에 승선해서 흥미로운 사실을 본다. 아직 산소 잔여량을 체크할 만한 계기도 없던 때라 산소 변화나 환경 변화에 민감한 토끼들을 잠수함 맨 밑바닥에 데려다 놓은 것이다. 토끼가 숨을 할딱거리거나 괴로워한 지 대여섯 시간 후면 사람도 위험할 정도로 산소가 바닥나기 때문에 최대한 빨리 바다 위로 올라와야 했다. 어느 날 그가 탄 잠수함 속의 토끼가 죽자, 함장은 탁한 공기에 유독 민감한 게오르규를 토끼 대신 그 자리에 있도록 명령한다. 게오르규는 그곳에 있으면서 사

회 속에서 시인이 어떤 위치에 있는지 깨달았고 이 체험담을 자신의 소설 《25시》(1949, 국내에는 1990년에 출간됨)에도 실었다.

많은 사람이 '20세기 한국 근대호'의 위기와 문제를 절감하고 목소리를 높였다. 그 가운데 신채호와 함석헌처럼 한국 근대의 여정에서 만나는 모순과 문제에 대해 민감하게 반응하며 열정적이고 적극적으로 또한 폭넓은 활동과 저작을 통해 영향을 미친 경우는 드물다. 신채호와 함석헌 사상의 폭과 깊이는 꽤 넓고 깊다. 이 둘을 연구한 사람이라면 처음엔 물 몇 바가지 떠 마시려는 심사로 샘에 갔는데 막상 가보니 꽤 넓고 지류도 많은 강을 보고 어디서 시작해야 할지 막막해진 심경을 여러 번 겪었을 것이다.

신채호는 19세기 말에 태어난 전형적인 남인 계열 유학자로 학궁學宮이라 불리는 유학 교육의 최고봉인 성균관에 진출했다. 그러나 20세기 초 일찍부터 '신사상'에 눈을 떠 사회 진화론을 수용하고, 이를 통해 자본주의적 근대화를 위한 계몽 운동에 뛰어들었으며, 이를 위해 적극적으로 언론 활동에 나섰다. 나라를 잃은 이후 중국에서 독립운동을 하면서부터는 자본주의 근대화와 제국주의를 적대시하는 사회주의와 아나키즘을 수용해간다. 그러면서도 불경에 매우 심취했으며, 특히 역사의식 면에서는 국수주의적 경향을 두드러지게 나타냈다.

함석헌은 어떤가? 20세기 초 평북 용천에서 태어난 그는 전형적인 장로교 신도 출신이었지만 일본으로 유학 가서는 무교회주의를 받아들였다. 일제 말기부터 해방 직후까지 여러 번 '감옥

대학'을 드나들면서 노장사상과 불교, 인도의 간디Mahatma Gandhi, 1869~1948를 섭렵했다. 그 결과 한국 전쟁 이후《성서적 입장에서 본 조선역사》(1948)를《뜻으로 본 한국역사》(1967)로 개정하면서 자신의 기독교 신앙에서도 변화를 감행했다. 노년에는 민주화 운동과 평화 운동에 앞장섰는데, 그의 자연주의 사상은 노장 철학, 불교와 연관되며 현재의 녹색 운동과도 연관이 있다.

두 사람의 사상은 오늘날에도 많은 영향을 미치고 있다. 이들의 사상이 근대라는 시기에 형성되었으면서도 근대를 어떻게 극복할지에 대한 고민을 풍부하게 담고 있기 때문이다. 그들은 잠수함 속의 토끼처럼 시대의 문제에 민감하게 반응했고 그 문제를 해결하기 위해 자신의 생명을 바쳤다. 그렇다면 우리가 이 두 순례자와 함께 돌아볼 20세기 한국 근대화의 문제는 무엇인가?

나와 너, 우리와 그들의 정체와 역사, 그리고 미래

첫 번째 닥친 문제는 '내가 누구이며 누가 나의 진정한 이웃인가'였다. 기존의 중화주의적 동아시아 질서가 붕괴되어가고 서구 세력이 주축을 이루는 새로운 국제 질서가 구축되면서 19세기 말에서 20세기의 조선인은 심각한 고민에 빠졌다. 침략과 식민지화가 전 세계적으로 이뤄지는 국제적 갈등 상황 속에서 나와 상대를 규정하는 문제, 즉 정체성identity 문제가 더 강력하게 대두된 것이다. 어디까지가 '나'와 '우리'로 부를 수 있는 우호적 범

위인가 말이다. 당시 제국주의적 침략 속에서 조선인이 공동 운명체로서 확인하고 언어화한 것은 바로 '국가'와 '민족', '민중'이었다. 특히 식민 지배로 '국가'를 상실하면서 국가 없는, 국가를 지향하는 '민족'의 개념이 절실해졌다. 또한 조선인 다수가 식민 국가의 피지배층으로 전락하면서 '민중'의 개념도 주목되었다.

신채호는 국권이 넘어가기 전까지는 새로운 근대 국가를 구성할 국민으로서 '신민新民'을 만들어야 한다고 주창했지만, 식민지화 이후 국가에 대한 회의 끝에 아나키즘으로 경사하면서 '민중'에 의한 폭력 혁명까지 주장하고 이를 실행에 옮기다 옥사하기까지 했다. 함석헌 역시 일제 강점기부터 국가주의에 대한 회의 속에 민중을 주목했으나 현실 속의 민중의 한계에도 직면했고, 결국 해방 직후 역사와 사회를 새로운 차원으로 이끌어갈 이상적인 주체로서 '씨울'을 주창한다. 그의 씨울은 국가 권력에 대한 비판적 대안 정도를 넘어 자연과 인간과 신을 관통하는 생명 철학에 바탕을 둔 전인적 존재로서, 평화주의적이고 공동체적이고 세계주의적인 특성을 지녔다. 국가주의에 대한 강한 비판 의식은 신채호와 함석헌을 묶을 수 있는 공통분모다. 그러나 두 사람이 제시한 해결 방도는 달랐다. 신채호는 폭력 혁명을, 함석헌은 인간의 새로운 변화를 말한다. 그 이유는 무엇일까? 우리는 이 주제를 제2장 만남 3의 〈역사의 주체를 찾아서-국가를 넘어 민족, 민중, 씨울로〉에서 다룰 것이다.

두 번째 문제는 나와 우리, 곧 한국인의 가능성을 어떻게 입증하며 찾을 것인가다. 근대는 각 나라와 민족의 역사가 다투는

'국사 전쟁'의 시기였다. 영토와 국민, 주권의 실체가 역사 속에서 어떻게 입증되는가, 다른 나라 다른 민족과 구별되는 독특한 점과 가능성은 무엇인가가 역사 서술의 주된 관심사였다. 자연히 한국의 역사가도 왕조사에서 벗어나 역사 속에서 '민족'과 '민중'의 실체를 찾고 그 역사를 재구성하려고 애썼다. 제국주의적 식민 사관에 대항하면서 민족주의적 역사 서술을 활성화했고, 동시에 자본주의적 진보 사관에 대항하면서 계급 투쟁론에 기반한 유물론적 역사 서술도 시도했다.

그 가운데 신채호는 이른 시기부터 근대적 역사학 방법론과 민족주의적 역사 서술에 앞장선 역사가로서 한국 근대 민족주의 역사학의 선구자로 지칭된다. 그는 '아我와 비아非我의 투쟁'으로 대표되는 독특한 역사 이론에 바탕을 두고 자본주의에서 사회주의, 아나키즘으로의 변모 과정에서 다양한 변주를 울리면서 한국 역사의 주체와 그 기원 문제를 서술했다. 함석헌은 일본에서 역사 교육으로 고등 교육을 받고 돌아와 역사 교사로서 일선 교육 현장에서 역사를 가르쳤고, 무교회주의 동지들을 대상으로 특별히 신앙의 눈으로 본 역사를 보고 가르치고자 몸부림쳤다. 여기에서 잉태된 것이 그의 독특한 '고난 사관'이며, 《성서적 입장에서 본 조선역사》는 우리나라에서 기독교 역사 철학과 역사 서술의 발화점이 되었다.

신채호와 함석헌의 역사학은 모두 근대 민족주의 역사학과 많은 부분을 공유하면서도 그 한계를 넘어서고자 시도했다. 민족주의 역사학이 절대 가치로 삼고 있는 것은 민족이 독립된 국가

를 갖추어 웅비하는 이상이다. 그런데 여전히 그 이상이 실현되지 않는 식민지 상황을 어떻게 해석해야 할까? 실패한 것만 같은 한국 역사를 어떻게 해석해 어떤 의미를 후손에게 전할까? 이러한 고민을 신채호는 아나키즘적인 모색을 통해, 함석헌은 성경적 조명을 통해 풀고자 했다. 제3장 대화 〈지식인과의 만찬〉을 통해 신채호, 함석헌의 질문과 모색을 따라가다 보면 오늘날 우리가 한국사를 바라보는 데 도움이 될 만한 매우 풍성한 시사점을 발견할 수 있다.

세 번째는 현실 속에서 '나'와 '우리'가 '너'와 '그들'과 함께 어떻게 살 수 있는가의 문제다. 근대는 특히, 동아시아에서 근대는 근대화에 실패하여 식민지가 될 것인가 아니면 근대화에 성공해 식민지들을 거느린 제국이 될 것인가의 문제로 다가왔다. 식민지화의 위협에 늘 시달렸던 중국, 식민지화의 위기를 뒤집어 식민지 사냥에 나선 일본, 독립을 잃고 식민지가 되어버린 조선, 이 세 나라의 모습은 적자생존 법칙 속에 개인도 민족도 경쟁해야 한다는 위기의식을 불러일으키기에 충분했다. 바라는 것은 평화이지만, 현실에서는 끝없는 경쟁과 전쟁이 이어졌다. 전쟁이라는 현실을 인정하면서도 평화라는 이상을 어떻게 이루어낼 것인가. 이러한 악의 고리를 어떻게 끊어내야 할까? 기존의 방도로는 안 된다는 생각은 사람들에게 '혁명'을 꿈꾸게 한다. 불과 반세기 전 한국인 가운데에는 일제에 '폭력 분자', '테러리스트'로 낙인찍히는 것을 두려워하지 않고 '대의'를 걸고 싸웠던 사람들이 있었다.

신채호나 함석헌 모두 현실 체제와 모순에 비타협적이었다. 그러나 신채호는 폭력 투쟁 노선을 지지한 반면 함석헌은 비폭력 평화주의를 주장했다. 이들은 왜 그런 노선을 주장했으며 어떤 대안 세계를 꿈꾸었을까? 우리는 이 문제를 제2장 만남 4의 〈역사의 의미를 찾아서-투쟁 사관과 고난 사관〉에서 다룰 것이다.

신채호, 함석헌과 함께 던지는 살아 있는 질문

이제 100여 년 전 조선 땅으로 들어가기에 앞서서 준비 운동을 할 시간이다. 먼저 한국 근현대사 속에서 이들의 생애가 어느 시점에 걸쳐 있는지 확인해보자. 신채호는 1880년생이고 함석헌은 1901년생이다. 20년 정도 차이가 나니 함석헌이 한 세대 뒤다. 신채호와 함석헌의 생애는 함석헌이 태어난 1901년부터 신채호가 세상을 떠난 1936년까지 총 36년이 교차한다. 20세기 초반이 바로 두 사람의 생이 겹치는 시기다. 앞으로는 신채호가 20년 먼저 19세기 말을 더 살았고 뒤로는 함석헌이 53년 더 20세기 중후반을 살았다. 신채호가 먼저 더 살았던 19세기 말은 조선 왕조가 새로운 도전을 맞아 근대화를 시도했던 때다. 하지만 신채호는 그 첫 시도가 좌절되는 것을 한창 혈기 왕성한 젊은 시절에 봐야 했고, 결국 식민지의 출구를 찾지 못한 채 감옥에서 생을 마감해야 했다. 반면 함석헌은 꼼짝 못하고 식민지 상황에서 성장하면서 좌절도 했지만 마침내 해방을 맞아 신채호가 그토록 바랐던

근대적 독립 국가가 탄생하고 발전하는 과정을 겪었다. 그러나 함석헌은 근대적 독립 국가가 지닌 태생적 문제와 한계를 겪으며 새로운 변화의 필요를 주장하게 되었다.

크게 보면 신채호가 태어난 1880년부터 함석헌이 세상을 뜬 1989년까지 100여 년에 걸친 이 시기 전체는 한국사가 '근대'로 돌입한 뒤 근대의 가로축을 통과하여 한 차례 항해를 마쳐가는 기간이다. 더군다나 근대의 전반부는 제국주의 지배의 먹구름 밑에 있었고 후반부도 전쟁과 분단, 계층 갈등으로 점철되었다. 신채호와 함석헌의 생애, 그리고 이들이 던지고 찾은 질문과 답변은 한국인이 근대에 바라고 추구했던 가치와 목표를 되돌아보게 만드는 예리함이 있다.

신채호와 함석헌의 첫 질문은 거의 동일했다. "어쩌다가 이렇게 나라가 망했을까?" 한두 집, 몇 사람의 살림이 아니라 삼천리 강토, 2,000만 생명의 살림이 송두리째 다른 나라 이민족의 손아귀로 넘어가는 것을 두 눈으로 보았기 때문이다. 그들은 자신과 세상을 있게 한 근원자로서의 '임'을 찾았고 그 임에게 물었다. 신채호는 조상인 을지문덕과 단군에게, 함석헌은 하나님에게 물었다. 이들의 예민한 감성은 부당한 침략으로 인한 동포의 신음 소리를 놓치지 않았고 날카로운 지성은 세상의 변화를 일으키는 이면의 맥락을 파고들었다. 지금도 그렇지만 식민지 상황에서 자신의 감성과 지성을 날카롭게 간직하기는 쉽지 않다. 이들이 그럴 수 있었던 것은 늘 '들으려 했고' '물으려 했기' 때문이다.

신채호의 대표 소설 《꿈하늘》(1916)을 보면 전체 6장 중 3분의

1에 해당하는 2, 3장이 을지문덕과 한놈과의 역사 대화로 채워져 있다. 평소 흠모하던 을지문덕을 소설 속에 부활시켜놓고 한국사, 특히 한국 고대사를 연구하면서 묻고 싶었던 대목을 질문하는 것을 보면 마치 독선생을 모시게 된 영특한 고학생마냥 바짓가랑이라도 놓치지 않을 태세다. 논문인지 소설인지 분간하지 못할 정도의 내용이지만 소설 속 논문과 같은 이 기이한 형태는 그의 실천적 관심을 그대로 보여주고 있다. 한편 함석헌은 낮에는 오산학교에서 역사과, 수신과 교사로서 학생을 가르치면서 교사인 자신부터 궁금했던 것을 역사서, 교과서 등을 교재로 삼아 하나님의 뜻을 물어가며 책을 썼다.

본격적인 탐사에 나설 우리에게도 살아 있는 질문이 필요하다. 우리가 횟집에 가는 이유는 '활어회' 때문이다. 혹시 회와 함께 담겨 온 생선 뼈대와 대가리를 본 적이 있는지. 몸체는 뼈만 남은 채 눈과 입만 껌뻑이는 이 그로테스크한 광경은 결국 '활어'를 회로 만들었다는 사실을 강조하기 위해서이지 않은가. 여러분도 이 마을에 온 이상 뭔가 똑 부러지게 얻어 가야 하지 않겠는가? 그런데 활질문活質問이 없으면 활대답活對쫄도 할 수 없다. 이제 여러분의 질문을 적어보자. 신, 함 두 양반에 대해, 그 시대와 여러분의 시대에 대해 묻고 싶었던 것을 써보자.

申采浩

Chapter 2

만남
MEETING

咸錫憲

만남 1

한놈 신채호의 삶과 지적 여정

"친구가 어디 있습니까?"

사람은 누구나 '인간'이라는 말의 의미처럼 본질적으로 관계적 존재다. 어릴 땐 부모나 친구를 쫓고 커서는 애인과 가족, 직장 사람을 챙긴다. 도움을 주고받고 서로를 인정해준다. 그런데 신채호의 삶을 대할 때면 무척 외로웠다는 사실을 알 수 있다. 그의 소설 《꿈하늘》 중에는 그의 외로움을 접할 수 있는 대목이 나온다.

꽃송이가 또 "친구와 함께 가거라." 하거늘 울어도 홀로 울고, 웃어도 홀로 웃어 사십 평생에 친구 하나 없이 자라난 한놈이 이 말을 들으매 스스로 눈에 눈물이 핑 돈다. "친구가 어디 있습니까?" 하니 "네 하늘에 향하여 한놈을 부르라." 하거늘……

《꿈하늘》

《꿈하늘》에 나오는 주인공 한놈은 사실상 소설 속에 들어간 신채호의 자화상이다. 신채호의 외로움은 언제부터 시작되었을까? 그의 어린 시절로 돌아가보자.

신채호의 가문은 조선조 연산군 대에 상당산上黨山 동쪽에 정착하게 되어 산동대가山東大家로도 불렸던 고령 신씨 집안으로 충북 청원군 가덕면, 낭성면, 미원면 등지에 집성촌을 이루어 살았다. 신채호는 세조·성종 대에 영의정을 지낸 신숙주申叔舟, 1417~1475의 18대손이었지만 그의 직계 11대조부터는 벼슬과 거리가 멀었다. 그나마 8대조부터 6대조 사이에 잠시 주어졌던 증직贈職마저도 5대조인 신두모 때부터는 없어졌다. 당시 이인좌의 난에 신천영이 참여하여 산동 신씨들이 몰락하는 사정과 관련된 것으로 보인다. 더구나 산동 신씨들은 기호 지방에서 남인대가南人大家라 불릴 정도로, 노론에 의해 재야로 밀려난 남인과 친분이 깊었다. 남인계인 장지연의 며느리와 손주며느리 모두 이곳 신씨로, 장지연이 며느리를 보러 왔다가 신채호를 만나게 되고, 이를 계기로 신채호가 《황성신문》의 주필로 위촉되었다.

청원군의 고령 신씨 중에는 신채호처럼 개화사상에 눈을 떠 근대 개혁과 독립운동에 헌신했던 쟁쟁한 인물이 많이 배출되었다. 그중에는 관립 한어학교, 무관 학교 졸업 후 중국에서 신채호와 동제사, 박달학원을 같이했고 임시 정부 법무 총장을 역임

했던 신규식申圭植, 1879~1922, 신채호와 함께 한학을 배우고 신민회 활동은 물론 상해 임시 정부에서 반이승만 노선에도 함께했던 신백우申伯雨, 1888~1962와 같은 이들이 있다. 또한 협성신학교 출신의 감리교 목사로 3·1운동 때 민족 대표 33인 중의 하나로 활약했던 신홍식申洪植, 1872~1937이나 배재학당과 한성외국어학교를 나온 뒤 미국 유학 후 기독교 청년 운동을 이끌었던 신흥우申興雨, 1883~1959처럼 사상적으로는 대척점에 있었던 인물도 있다.

조부인 신성우는 사간원司諫院 정언正言 직을 내려놓은 뒤 가세가 기울자 외아들 신광식 내외를 자신의 처가 쪽인 충남 대덕군 산내면 어남리 도리미로 보냈다. 신채호는 신광식이 외가촌 옆에 외딴 묘막을 얻어 살던 시절 1880년 12월 8일에 태어났다. 집안은 매우 가난했다. "나는 아이 때부터 콩죽에 하도 물려서 50이 가까운 지금에도 콩죽이라면 몸서리를 칠 만큼 신물이 나오." 중국 망명 시절 원세훈에게 이렇게 말할 정도로 그는 콩죽이나 쑥죽을 상식으로 알고 살았다. 그러나 부친이 신채호가 여덟 살 때 38세로 세상을 떠나게 되자 다시 고향인 충북 청원군 낭성면 귀래리 고두미 마을로 돌아왔다. 신채호는 나이 차가 많이 나는 형 재호를 아버지처럼 의지하며 따랐는데, 나중에 형 역시 그가 20세 되던 1889년에 세상을 떴다. 신채호의 외로움은 이렇게 시작되었다.

신채호는 그 외로움을 책으로 달랬다. 그는 8세부터 서당 훈장인 조부의 가르침을 받기 시작해 9세 때 《자치통감資治通鑑》 전질을 독파하고 열 살 때는 당시 과거시험의 주요 과목이었던 행시

行詩도 곧잘 지었다. 한 번은 '사월남풍대맥황四月南風大麥黃'이란 당시唐詩 구절을 익힐 때였다. 하지만 그가 보기에 남풍은 4월에 불지 않고 아직도 보리는 푸른 계절이었기에 거침없이 '사월 동풍에 보리가 푸르다'는 내용으로 바꿔 썼다. 누구도 의심하지 않거나 의심스러워도 그냥 넘어가곤 하는 매우 권위적인 텍스트를 두고도 자신이 관찰한 사실과 논리에 어긋나면 문제를 제기할 정도로 관찰력이 뛰어나고 대담했다. 12~13세 때는 사서삼경을 통달해 신규식, 신백우와 함께 산동에서 소문난 3대 신동으로 꼽혔다. 그 명성은 이후 서울에도 알려져 신채호를 으뜸으로 치면서 신채호와 홍명희, 정인보를 천하 삼재三才로 치기도 했다.

16세 때에 풍양 조씨와 혼인을 했는데, 손주의 재능을 눈여겨본 조부는 같은 문중인 신승구의 집에 보내 많은 책을 읽혔고, 신승구를 통해 목천에 있는 전 학부대신 신기선申箕善, 1851~1909에게 신채호를 보냈다. 온건개화파였던 신기선의 사저에서 실학과 근대 학문을 본격적으로 접한 신채호는 1898년 신기선의 추천으로 19세에 성균관에 입교하게 된다. 그러나 신채호는 은혜를 입었다고 해도 대의에 어긋나면 연연하지 않았다. 나중에 신기선이 유교를 보존한다는 명목으로 이토 히로부미伊藤博文, 1841~1909가 준 돈으로 대동학회를 확장하려 했을 때, 신채호는 그를 송병준, 조중응과 함께 일본의 3대 충노忠奴라고 강하게 비판할 정도였다.

성균관에 입교한 단재는 관장인 이종원, 교수인 수당 이남규의 특별한 사랑을 받으며 변영만, 김연성, 류인식, 조소앙 등과

교제했다. 성균관 기숙사에서 함께 사회 과학서를 읽고 수업이 없는 날이면 종로통으로 나가 서점가를 돌면서 중국과 일본에서 속속 들어오는 근대 서적을 선 채로 읽어가며 세상 흐름을 익혔다. 신채호는 대학자인 율곡 이이처럼 한눈에 열 줄씩 내리 읽어가는 데다가, 친구와 대화하는 중에도 책을 읽어 그 내용을 독파했으며, 한번 집중하면 며칠씩 세수도 거를 정도로 집중력과 흡수력이 대단했다.

당시 성균관 사람들은 경전 해석과 출세에만 목을 매는 이들이 아니었다. 이들에게 경학을 가르쳤던 이남규만 해도 청일 전쟁 전후부터 꾸준히 일본의 침략을 성토해왔다. 특히 1907년 의병장 민종식을 숨겨준 것이 드러나 압송되다가 아들과 함께 피살당한 사건은 신채호를 비롯한 제자들에게 큰 영향을 끼쳤던 것으로 보인다. 김연성은 1909년 경기도 양주 지역에서 의병장으로 활약했던 것이 확인된다. 신채호보다 일곱 살 연하인 조소앙은 일본 유학 뒤 교편을 잡다가 1913년에 중국에 망명해 신채호 등과 동제사를 박달학원으로 개편하여 재중 동포 자녀를 가르치는 데 주력한 인물이다. 안동 출신인 류인식 역시 고향에 학교를 설립하고 교육 운동을 전개하면서 신채호와 함께 신민회에 참여해 경북 지회에서 활약했으며, 국망 이후에는 서간도 이주민을 교육, 훈련하는 결사체인 경학사耕學社의 교무부장으로 활동하다가 귀국해 주로 국내에서 활동했다. 신채호보다 아홉 살 연하의 변영만은 법관 양성소와 보성전문학교 법과를 졸업해 판사까지 되었지만 사법권이 통감부로 넘어가자 그만두고 1910년대 6년간 중국 망명을 떠나 신채호, 정인보, 홍명희 등과 교류했다. 변영만이 지은 《단재전丹齋傳》을 보면 바로 곁에서 신채호를 보고 있는 듯한 느낌을 받는다. 분유통을 내다 버린 부부 싸움 사건을 목격한 것도 그였고 중국 망명 시절 '방 소제 안 하기로 유명한' 단재를 찾아가 방을 '도야지 우리'처럼 두냐고 성낸 것도 그였다.

이렇듯 3년간의 성균관 유학 시절, 의지할 데 없던 그에게도 조금씩 친구가 생겼다. 영양 상태가 좋지 못해 까칠하고 창백한 얼굴에다 조숙하여 말도 없이 공부에만 열중하는 그를 두고 어릴 때 주변 사람들은 외모와 성격에 대해 흐리고 못났다는 평을 하기도 했었다. 그러나 동문수학하며 가까이에서 신채호를 겪어본 이들은 그의 진가를 인정했다.

> 단생은 얽은 코에 주름진 이마로 얼핏 보면 병든 사람 같고, 또 음식을 제대로 먹지 못한 사람과도 같아서, 이 때문에 많은 사람의 홀대를 받았다. 그러나 가만히 살펴보면 눈썹에 영롱한 기색이 은은히 배어 있고, 맑은 눈동자에 또랑또랑한 목소리는 매우 존경할 만하였다. 성격은 자유롭고 활달하며 시원하고 영리해서 세속에서 워낙 초탈하였다. 그리고 생각하는 것이 국가와 민족의 흥망에 관한 큰일 이외에 다른 것은 거의 없었다.
>
> 《단재전》

빨간 내복을 입은 일편단심의 계몽 운동가

상경해 성균관에 들어온 1898년 가을 무렵 신채호는 독립협회에 참여하는 것을 시작으로 개화 자강 운동에 나서기 시작했다. 당시 독립협회는 만민 공동회를 통해 외세 개입을 규탄하는 한편 민권 신장 운동에 나섰는데 이를 황제권에 대한 도전으로 본 정부의 탄압으로 1898년 11월 강제 해산되었다. 이때 서울 시민이 만민 공동회를 자발적으로 열어 지도자 석방과 독립협회 재설치를 요구하며 관료들에게 만민 공동회 간부로 참여하라고 요청했다. 신채호는 이에 호응하여 짧은 기간이나마 독립협회의 내무부, 문서부의 서기장 및 과장, 부장으로 활동했고, 그해 12월 만민 공동회가 다시 해산당할 때 430여 명의 주동자들과 체포되기도 했다. 출감 후에도 사람들에게 새로운 문물을 깨우쳐주려고 신규식, 신백우 등과 같이 신규식의 고향에 문동학원을 개설했는데 문전성시를 이루자 장소를 옮겨 다시 산동학원으로 설립했다. 주자학과 한문 교육 일색이던 고향에서 한문무용론漢文無用論을 제기하며 한글 교육에 과감하게 앞장설 정도로 종래의 주자학적 세계관에 비판적이었다. 고향에서 교육 운동을 전개하면서도 늘 나라의 동향에 귀 기울이던 그는 1902년 정부가 마산항을 일본에 조차지로 떼어줄 때에도 정부 성토문을 발표했고, 1904년 일본으로 황무지 개간권이 넘어가자 상경하여 성균관 학생들과 함께 항일 성토문을 만들어 정부 안의 매국 행위자들을 규탄하기도 했다.

1905년 2월 시험에 합격해 성균관 박사가 되었지만 신채호는 이를 내려놓고 계속 고향에서 교육에 전념했다. 마침 며느리를 만나러 산동학원이 있던 청원군 낭성면으로 내려온 장지연의 권면을 받아 이해 황성신문사에 입사해 본격적인 서울 생활을 시작하게 된다. 1898년 독립 협회 지도자 일부가 주도해 설립한 황성신문사에는 7년 뒤 신채호가 들어올 무렵 장지연, 박은식, 남궁훈 등 개신유학적 성향을 지닌 인물이 많았다. 이런 점도 신채호가 황성신문사에 들어가기로 한 선택에 영향을 미쳤을 것이다.

신채호 | 어떻게든 민족의식과 국가 관념이 투철하도록 국민을 깨우쳐 국권을 회복하고 버젓한 독립국, 부강국을 유지하고 발전시키는 일이 신채호의 유일한 관심사였다.

그러나 그해 말 소위 '보호 조약'이 강제 체결되고 이를 비판하는 장지연의 비판 논설 〈시일야방성대곡〉(1905. 11)으로 인해 통감부의 탄압을 받아 폐간까지 하게 되자, 1906년 신채호는 통감부의 검열을 피할 수 있는 외국인 경영의 대한매일신보사로 이적해 계속 언론 활동을 전개한다. 많이 알려져 있는 〈독사신론讀史新論〉(1908. 8~12)과 같은 대표적인 그의 글들은 바로 1907년에서 1910년 사이에 쓰였다. 그의 유일한 관심사는 어떻게든 민족의식과 국가 관념이 투철하도록 국민을 깨우쳐 국권을 회복하고 버젓한 독립국, 부강국을 유지·발전시키는 것이었다. 예를 들어 문법을 통일하는 것도 '학생의 정신을 통일하며 국민의 지식을

균일하게 개발'하기 위한 것이었고, 문학의 사명도 국민의 정신을 이끄는 데 있다고 보았다. 국문 소설의 영향력이 크다고 보아 《이태리건국삼걸전伊太利建國三傑傳》(량치차오梁啓超, 1907)과 같은 외국 영웅 소설을 번역했을뿐더러 자신도 《을지문덕전》(1908), 《이순신전》(1908), 《최도통전》(1909) 등 민족의 영웅을 소설화하는 데 애썼다.

1907년에는 국채 보상 운동에도 참여해 이를 적극 지지하는 논설을 썼을 뿐만 아니라 금연으로 모은 돈 2원을 성금으로 기부하기도 했다. 또한 같은 해 9월 비밀결사로 조직된 신민회에도 참여했다. 양기탁이 신민회 당수이자 《대한매일신보》 총무였기에 《대한매일신보》는 사실상 신민회의 기관지 역할을 했고, 신채호는 신문 지상을 통해 신민회의 입장을 날카롭게 전할 수 있었다. 1909년 신민회의 방계 조직으로 결성된 청년학우회의 취지서 초안을 잡은 사람도 신채호였다. 이 밖에도 《대한협회월

신채호의 호

변영만에 따르면 신채호는 포은 정몽주의 단심가(丹心歌) 속의 구절을 흠모해 '일편단생'이라고 자호(自號)를 붙였다가 뒤에 불필요하게 긴 것을 꺼려 '단생'이라고 썼다. 이 밖에도 무애생(無涯生), 열혈생(熱血生), 검심(劍心), 적심(赤心)과 같은 필명은 얽매이지 않으며 열정적이고 단호한 삶을 꿈꾸는 그의 마음을 보여준다. 북경(연시)에서 '꿈꾸는 자'라는 뜻의 연시몽인(燕市夢人), 그리고 민족성을 강하게 드러내는 신지(神志), 진공(震公), 진생(農生), 대궁(大弓) 등과 같은 다른 필명은 모두 중국 망명 이후 쓴 것이다.

보》,《기호흥학회월보畿湖興學會月報》 등에도 기고했으며 부녀자 계몽을 위한 한글 잡지인《가뎡잡지》의 편집 발간도 주도했다.

이 무렵 그와 가까운 변영만이 짓궂게 신채호를 끌고 목욕탕에 갔는데 성균관 박사 출신이요 유명 신문사의 논설 기자인 신채호가 남자들이 입지 않는 빨간 내복을 입은 모습을 보고 놀랬다. 신채호는 "일전에 어느 점포를 지나가다 보니 하도 빛깔이 고와서……"라고 태연히 대답할 정도로 남들의 시선에는 '무심'했다. 한 조각 붉은 삶을 말하는 그의 호, 일편단생一片丹生은 그의 관심이 오직 강도의 수중에 넘어가는 국민과 국권에 있었다는 사실을 말해준다.

《동사강목》을 지고 떠난 망명길

식민지화가 눈앞에 다가온 1910년 3월 신민회는 독립 전쟁 방략에 따라 주요 간부들을 해외로 망명시켜 독립군 기지를 창건하기로 결정했다. 1909년 첫아들 관일을 잃은 뒤 관계가 소원해졌던 아내에게는 논 다섯 마지기를 주고 사실상 이혼하고선 1910년 4월 안창호安昌浩, 1878~1938 등과 함께 배를 타고 망명길에 올랐다. 그러나 뱃멀미가 심해 육로를 택해 중국 청도로 가던 도중 정주 오산학교에 들렀다. 오산학교는 신민회 평안북도 총감이던 이승훈李昇薰, 1864~1930이 설립한 민족주의적인 기독교 계통의 학교로 신채호는 그곳에서 독특한 일화를 남겼다. 당시 오산학

교 교사였던 이광수의 회고에서 이 일화를 엿볼 수 있다. 당시 오산학교에서는 《대한매일신보》 주필로 이름이 높은 신채호를 맞아 학생들까지 모아 환영회를 열었는데, 신채호는 고대하던 답사 대신 비범한 눈길로 회중을 둘러보고는 그냥 앉았다고 한다. 또한 늘 세수할 때 고개를 숙이지 않고 두 손으로 물을 찍어다 바르는 통에 옷이 젖곤 했다는 것이다. 존경받은 독립투사가 오산학교에 남긴 이 일화는 3·1운동 직후 그곳에 입학했던 함석헌에게도 인상 깊게 전해졌을 것이다.

청도에 모인 신민회 간부들은 만주에 독립군 기지를 만들고 농사를 지으면서 무관 학교를 통해 독립군을 양성하기로 했다. 신채호는 무관 학교에서 국사와 한문을 가르치기로 했으나 뜻대로 되지 않았다. 그러던 중 블라디보스토크에서 신민회 망명 간부인 이상설, 이동휘, 이종호 등이 세운 교민 단체인 권업회勸業會에서 《권업신문》을 만들어 신채호에게 주필을 부탁했고, 그는 《권업신문》이 폐간되는 1913년까지 주필로 활동했다. 또한 1912년에는 윤세복, 이동휘, 이갑 등과 함께 독립운동 단체인 광복회를 조직했다. 신민회 계열과 대종교 계열의 민족주의자들의 합작으로 만든 이 단체는 블라디보스토크에 본부를 두고 만주 회인현과 안동현에 지회를 두어 1918년까지 활약했는데, 국내 행동 대원들은 신채호가 쓴 〈통고문〉과 〈고시문〉을 이용해 부호와 지주들에게 군자금을 징수했다.

《권업신문》 폐간 뒤 신채호는 신규식의 초청을 받아 상해로 가서 1년간 머무르며 정인보, 이광수, 홍명희, 김규식 등과 교분을 다졌다. 그들과 독립운동 방략을 토론하고 서점을 다니며 정보를 수집하고 역사 연구도 했다. 미국 유학을 다녀온 덕에 영어 실력이 유창한 김규식에게 영어를 배웠지만 발음은 필요 없다고 하여 뜻만 배우고 그 실력으로도 토머스 칼라일Thomas Carlyle, 1795~1881의《영웅숭배론On Heroes, Hero-Worship, and the Heroic in History》, 에드워드 기번Edward Gibbon, 1737~1794의《로마제국 쇠망사The History of Decline and Fall of the Roman Empire》를 읽었다.

신채호는 1년 뒤인 1914년 광복회 회인현 지부 윤세복의 초청을 받아 윤세복이 세운 대종교 계통 교민 학교인 동창학교에서 국사를 가르쳤다. 그때 교재로《조선사》를 집필했는데, 대종교와 고대사 서술과 상통하는 그의 또 다른 저작《조선상고문화사》가 바로《조선사》를 확장, 발전시킨 것으로 추정된다. 또한 틈나는 대로 고구려와 발해의 유적을 실지 답사를 하여 "집안현을 한 번 보는 것이 김부식의《고구려사》를 만 번 읽는 것보다 낫다"라는 감탄을 하며, 유적 답사를 통해 한국 고대사 연구에서 문헌이 부족한 점을 보충하고 착오를 바로잡아야 한다고 주장하기도 했다.

이후 1915년에서 3·1운동 때까지는 신민회 망명 간부인 이회영의 권고로 북경으로 옮겨 와 4년간 머물렀다. 그곳에서는 역사 연구에 집중하면서《중화보》와《북경일보》등에 틈틈이 신문 기고를 해 생계를 유지했다. 1921년 북경에서 만난 이윤재李允宰, 1888~1943에게 자신이 수년 전부터 쓰던 것이라며 원고 뭉치를 보여주면서 내용을 소개했다. '조선사통론', '문화편', '사상변천편', '강역고', '인물고' 및 부록 등으로 구성되어 있는 그 원고의 대부

분은 1910년대 중후반 북경에서 쓰인 것으로 보인다. 특히 1916년에는 한글 소설 《꿈하늘》을 통해 민족주의적 역사관을 피력하는 한편 외교론과 준비론을 비판하고 무장 독립운동을 옹호하기도 했다.

북경에서 신채호는 1917년 〈대동단결선언〉과 1919년 2월 〈대한독립선언서〉에 다른 독립운동가들과 함께 서명했다. 그리고 1919년 3월 고국에서 대대적으로 일어나는 만세 운동을 보면서 '민중'의 힘을 느끼고 상해로 옮겨 해외 독립운동가들과 함께 임시 정부 수립에 나섰다. 임시 의정원을 구성하는 초기 단계부터 주축으로 참여한 신채호는 임시 정부의 국무총리를 이승만으로 하자는 안에 결사반대하고 자신은 무장 투쟁론자 박용만을 후보로 천거했다. 이승만이 그해 2월 국제 연맹의 위임 통치를 미국 윌슨 대통령에게 청원한 사실 때문이었다. 하지만 결국 이승만이 국무총리로 하는 안이 통과되고, 이에 격분을 참지 못한 신채호는 회의장에서 퇴장한 뒤 그해 중반까지 임시 의정원으로 활동했다. 그러다 9월 상해와 러시아, 그리고 한성 세 곳의 임시 정부를 통합하는 단일 정부의 대통령으로 이승만이 추대되자 본격적으로 반임정 활동을 하기 시작했다. 그해 10월 뜻을 같이하는 신규식, 남형우의 지원을 받아 상해에서 주간지 《신대한新大韓》을 창간해 임시 정부를 비판하여 같은 해 8월에 창간된 임시 정부의 기관지 《독립신문》과는 지상 논쟁을 벌이는 한편, 신대한동맹단(단주 남형우)의 부단주로 활동했다.

그러나 《신대한》이 임시 정부의 압력으로 더 이상 발행할 수 없게 되자 신채호는 1920년 4월 다시 북경으로 옮겼다. 바로 박용만 등 반임시 정부 인사들과 함께 '제2회 보합단'을 만들고 그 내임장內任長으로 선출되었다. 이 단체는 1919년 만주에서 조직된 무장 투쟁 조직인 보합단을 계승하는 '대한민국 군정부'를 자칭하며 임시 정부의 노선을 비판했다. 같은 해 9월에 분산된 독립군 부대들을 통일적으로 지휘하기 위한 단체로 박용만, 신숙 등과 함께 군사통일촉성회軍士統一促成會를 만든 것도 같은 맥락이었다. 이해는 해외 망명 중인 신채호에게 거의 유일하게 활력이 넘치는 시기였다. 이회영의 부인 이은숙의 중매로 총독부의원 간호사로 일하다가 3·1운동에 참여한 뒤 중국으로 망명해 북경대학교에 다니던 28세의 박자혜와 재혼한 것이다.

이듬해인 1921년 1월에는 김창숙 등의 지원으로 중국인까지 독자 대상으로 한 순한문 잡지 《천고天鼓》를 창간했다. 한중 연합 전선을 고취하기 위해서였다. 이해 2월에는 박은식, 원세훈, 김창숙 등 독립운동 원로급에서 독립운동을 이끄는 최고 지도 기관의 정비를 촉구하며 국민대표회의의 소집을 주창했는데, 신채호는 군사통일촉성회를 바탕으로 '군사통일주비회'를 결성하는 한편 국민대표회의의 소집을 지지하고 이를 주비회의 주간지 《대동大同》을 통해 선전했다. 또한 이승만의 사퇴와 임시 정부의 재구성을 겨냥한 이승만 '성토문'을 작성해 서명을 받아 임시 정부에 보내고 내외에 알리기도 했다. 결국 이러한 반反이승만, 반임정 활동의 영향으로 임시 의정원에서도 국민대표회의의 소집을 가결하게 되었다.

아나키즘의 수용과 행동

한편 국민대표회의 소집을 눈앞에 둔 1922년 12월 신채호는 김원봉의 초대로 상해에 갔다. 김원봉은 신채호의 반이승만 성토문에도 서명한 인물로, 그가 이끄는 의열단은 1919년 11월 만주 길림에서 창설된 민족주의 성향의 독립운동 단체로 암살, 파괴, 폭동을 그 방법으로 택했는데, 이들의 활동에 대한 다른 독립운동가들의 비판에 직면하여 노선과 방법을 이론화, 합리화해야 할 필요가 있었다. 김원봉이 의열단 선언문을 신채호에게 의뢰할 때 의열단 쪽 이론가로 나선 이가 바로 아나키스트 유자명柳子明, 1891~1985이었다. 유자명은 수원농림학교 출신으로 3·1운동 참가 후에 중국으로 망명하여 북경대학교의 리스청李石曾,

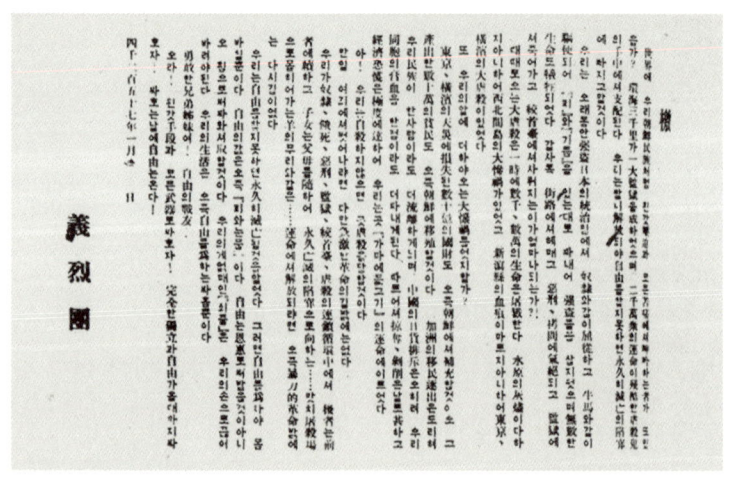

의열단의 〈조선 혁명 선언〉

1881~1973과 같은 아나키스트들의 영향을 받아 아나키스트가 된 인물로 상해 임시 정부 수립에도 참여하고 1921년에 의열단에 가입했다. 신채호가 1923년 1월에 집필한 의열단 선언문 〈조선 혁명 선언〉은 '민중 직접 혁명'을 주장하고 여타의 독립운동 방략, 국내에서 일어난 자치론, 내정 독립론, 참정권론은 물론 상해 임시 정부가 주창한 외교론과 독립 전쟁 준비론을 강하게 비판했다. 선언문은 민족의 절대적이고 완전한 독립과 함께 아나코-코뮤니즘anarcho-communism의 주된 방략인 테러적 직접 행동론을 주창함으로써 민족주의와 함께 아나키즘적 성향을 분명히 보여 주었다.

신채호가 아나키즘을 언제부터 이해, 공감하고, 나아가 자신의 중심 사상으로 받아들였는지는 의견이 분분하다. 가장 앞선 것으로는 1905년 무렵 황성신문사 재직 시 일본 초기 사회주의자 고토쿠 슈스이幸德秋水, 1871~1911의 무정부주의 관련 저작을 접했다는 주장에서부터, 제1차 세계 대전이 마무리되는 1917~1919년 사이에 불어온 세계 개조, 사회 개조 사상의 영향을 받았으리라는 점도 언급되고, 1921년 창간한 《천고天鼓》를 그 기점으로 보기도 한다. 그러나 그가 무정부주의를 본격적으로 수용한 결정적 계기는 3·1운동에서 민중의 힘과 가능성을 본 반면 임시 정부를 새롭게 만들려던 국민대표회의가 실패하면서 기존 운동 진영에 대해서는 강한 회의감을 느낀 데서 찾을 수 있다.

1923년 1월 소집된 국민대표회의에서는 이승만에 대한 대통령 불신임을 가결시켰지만 상해 임시 정부를 원칙적으로 인정하

> **개조파와 창조파**
>
> 개조파에는 안창호와 같은 초기 상해 임시 정부 수립 인사, 여운형 등 신한청년당과 상해교민회 인사, 고려공산당의 이르쿠츠크파, 김동삼, 배천택 등 서간도 독립군 단체 대표가 포진해 있었다. 창조파에는 원세훈 등 북경의 독립운동가들, 신채호, 박용만, 신숙 등 북경군사통일회 인사, 상해파 고려공산당 김규식 등 상해 임시 정부의 일부 인사 등이 포진해 있었다.

고 '개조'하는 데 그칠지 아니면 완전히 부정하고 새로운 임시 정부를 '창조'할지를 두고 강경한 대립이 끊이지 않았다. 신채호는 창조파의 맹장으로 임시 정부를 완전히 새롭게 세워 무장 투쟁 중심의 독립운동을 적극 추진하려는 꿈을 꾸었다. 결국 창조파의 활동에 분격한 개조파의 일부인 서간도 독립군 단체들이 자신들의 대표를 소환했다. 이때 창조파 단독으로 1923년 6월 '조선공화국'이라는 국호를 정하고 입법부와 행정부를 새로 만들자 이에 상해 임시 정부에서 이를 부인하고 창조파를 규탄하면서 국민대표회의는 완전히 실패로 돌아가고 말았다. 김규식을 행정 수반으로 하고 윤해를 의회 의장으로, 박은식·신채호·이동휘·문창범 등을 고문으로 한 창조파의 '임시 정부'는 1923년 8월에 블라디보스토크로 옮겼으나 대일 외교를 중시한 소련 정부가 이를 인정하지 않아 결국 해산되고 말았다. 특히 신채호는 '자유시 사변' 당시 소련군의 독립군 학살과 소련 정부의 창조파의 새 '임시 정부'에 대한 부인, 조선인 공산주의자들의 국제 공산당 노선 추종 등을 지적하며 공산주의 운동 노선에도 강한 반감을 드러냈다.

실의에 빠진 신채호는 1924년 초 잠시 승려가 되어 북경 교외의 관음사에 들어갔다. 《유마경》과 《능엄경》, 《대승기신론》 등에 밝았던 그로서는 어렵지 않은 선택이었으나 승려 생활 중 역사 연구에 정열을 태우기 시작해 6개월 만에 하산했다. 1924년 가을에서 1925년 말까지 신채호는 그동안 축적한 연구를 바탕으로 북경대학교 등지에 소장된 사료를 섭렵하며 본격적인 한국사 연구에 몰두했다. 량치차오의 《중국역사연구법》을 본 것도 이때였다. 이러한 연구의 결과 1924년에는 《조선상고사》의 총론을 저술했으며 서울에 보냈던 처자의 생계를 위해 《동아일보》와 《시대일보》의 편집을 각각 맡고 있던 친우 홍명희와 한기악 등을 통해 한국사 관련 글을 기고했다.

이회영, 유자명 등이 1924년 4월 재중국조선무정부주의자연맹을 결성하고 그 기관지 《정의공보正義公報》를 발간할 무렵에는 참여하지 않았던 신채호는 이회영, 유자명과 만나고 이들을 통해 사료 수집을 위해 북경대학교의 리스청 등 중국인 아나키스트들을 만나며 본격적으로 아나키즘을 접하게 되었다. 중국 아나키스트 잡지 《신세기新世紀》에 번역된 바쿠닌Mikhail Aleksandrovich Bakunin, 1814~1876, 프루동Pierre-Joseph Proudhon, 1809~1865의 글은 물론 중국인 아나키스트들의 글도 읽었지만 가장 큰 영향을 미친 것은 크로폿킨Pyotr Alekseevich Kropotkin, 1842~1921이었다. 《동아일보》 지면에 발표된 〈낭객의 신년 만필〉(1925)에서는 크로폿킨을 석가, 공자, 예수, 마르크스와 함께 세계 5대 사상가로 지칭하며 "크로폿킨의 〈청년에게 고하노라〉란 논문의 세례를 받자"라고 권할 정도였다.

특히 1927년에는 중국인 아나키스트 슈지안黍健이 발의하여 중

국, 조선, 일본, 대만, 베트남, 인도 등 6개국 대표 120명이 무정부주의자동방연맹을 조직했는데, 신채호는 대만인 아나키스트 린빙원林炳文, 1888~1931의 안내로 이필현과 함께 조선 측 대표로 참여했다. 이 단체는 상해에 본부를 두되 북경 교외에 폭탄 공장을 만들고 독일인 기사를 초빙해 일제 관공서를 공격할 폭탄과 총기를 만드는 한편 무정부주의 선전을 위한 기관을 설치하기로 하고 25만 원 예산을 책정했다. 신채호는 1928년 〈선언문〉, 《용과 용의 대격전》 등 아나키즘이 진하게 배어 나오는 강렬한 글을 썼다. 그런가 하면 이 조직의 결의에 따라 자금 마련을 위해 북경 우무관리국 외국위체계에서 일하는 대만인 린빙원과 공모하여 외국 위체를 위조해 일본, 대만, 조선, 관동주 등 여러 우체국에 나누어 보낸 뒤 다시 이를 찾아오기로 했다. 그러나 1928년 5월 유병택이라는 가명으로 대만 기륭항에 상륙하려던 중 체포되었고, 대련으로 호송되어 7개월 동안 조사를 받았다. 공판 과정에서 자신이 무정부주의자임을 당당히 밝히며 "동방의 기성 국체를 변혁하여 다 같은 자유로써 잘 살자는 것"을 주창한 그는 1930년 5월 10년 형을 선고받고 독방에 수감되었다.

신채호가 수감된 뒤 국내의 지인들은 그의 한국사 연구 성과를 간행하거나 신문 지상에 실어 대중에 널리 알리는 일에 착수했다. 홍명희 등은 신채호가 1924~1925년에 《동아일보》에 발표한 한국사 관련 기고를 모아 《조선사연구초朝鮮史研究草》라는 이름으로 1930년 6월 간행하기도 했다. 안재홍은 신채호가 천진의 박용태朴龍泰에게 맡겨둔 원고를 받아서 《조선일보》에 〈조선사〉(1931.

6~1931. 10)와 〈조선상고문화사〉(1931. 10~1931. 12, 1932. 5)를 연이어 게재했다. 수감 당시 신채호는 노역 중 쉬는 시간을 틈타서도 책을 본다며, 자신을 면회 온 《조선일보》 기자에게 《국조보감國朝寶鑑》, 《조야집요朝野輯要》와 같은 역사서는 물론 에스페란토 원문 책과 자전을 보내달라고 부탁하기도 했고, 출옥 후 《조선사색당쟁사朝鮮四色黨爭史》, 《육가야사六伽倻史》와 같은 책을 쓰겠다며 자신감을 보이기도 했다. 그러나 원체 병약한 데다가 여순형무소의 추위를 이기지 못하면서 그의 건강은 심히 악화되었으며, 급기야 1936년 2월 18일 뇌일혈로 쓰러진 뒤 3일 만인 21일 여순형무소에서 57세를 일기로 세상을 떠나고 말았다.

―― 만남 2 ――

씨올 함석헌의 생애와 지적 여정

"나는 대체 왜 '일본 놀이'로 인생을 시작하게 되었을까?"

"전우의 시체를 넘고 넘어 앞으로 앞으로" 하는 노래를 대수롭지 않게 부르며 고무줄을 팔짝팔짝 넘어가는 세대가 있었다. 한국 전쟁 이후 귀에 못이 박히도록 들리는 노래들을 아이들이 입에 올리고 고무줄놀이의 노래로 삼은 것은 자연스러운(?) 일이었다. 함석헌도 자기 인생을 '일본 놀이'로 시작했다며 자신이 태어나고 자란 시대를 떠올린다. 옥수수 잎으로 군인 모자를 만들어 쓰고 옥수숫대로 칼을 만들어 전쟁놀이를 할 때면 "나는 일본"이니 "너는 아라사(러시아)" 하라면서 서로가 일본을 맡으려고 했다는 것이다. "본 것이라고는 일본이 코 큰 아라사를 여지없이 때려 부순 것이니 '일본 놀이'를 할 수밖에 없었고, 무슨 뜻인지는 알

지도 못하며 '니뽕 갓다 니뽕 갓다 로시아 마께다(일본 이겼다, 일본 이겼다, 러시아 졌다)'를 듣는 대로 부른 것이요, 일본 놀이를 하고 자랐으니 수굿수굿 일본의 식민지 노릇을 할 수밖에 없지 않았나?" 일본이 러시아를 이긴 1905년은 함석헌이 5세 되던 해였고 일본은 이 여세를 몰아 고종高宗, 1852~1919을 협박해 한일 의정서를 강요하고 결국 국권

함석헌 | 신채호 세대가 일으킨 애국 계몽 운동 덕에 함석헌 세대는 국망 전에 뜨거운 민족 교육을 받았다.

을 완전히 침탈하기에 이르렀다. 일본 놀이의 숨겨진 진짜 패자는 한국이었다. 신채호가 고향에서 후학 교육을 접고 상경해 《황성신문》의 붓을 잡아 외세의 침탈을 비판하며 한국인의 각성을 촉구하던 시절, 함석헌은 이렇게 국경 지대인 용암포 근처의 사자섬에서 자라나고 있었다.

함석헌은 1901년 3월 13일 평안북도 용천군 부라면 원성동, 일명 사점(사자섬)에서 부친 함형택과 모친 김형도 사이에 5남매 중 장남으로 태어났다. 함석헌 위로 둘이 있었지만 어릴 때 세상을 떠서 함석헌이 장남이 되었다. 그가 태어나기 7년 전인 1894년에 갓 결혼한 그의 부모는 청일 전쟁으로 피난을 가야 했다. 그리고 10년 만인 1904년 러일 전쟁이 터졌다. 일본의 위협을 피해 러시아 공사관으로 피신한(아관 파천, 1896) 고종에게서 압록강과 두만강의 삼림 벌채권을 획득한 러시아가 압록강 유역의 원시림을

벌채할 때 자국 인부들을 보호한다는 명분으로 용암포의 조차를 대한 제국 정부에 요구하고 망루와 포대까지 만들자, 일본이 발끈해 러일 전쟁이 일어났다. 한국인에게는 별 관심 대상이 아니었던 변방의 국경 지대 용암포는 러시아로서는 블라디보스토크와 함께 동양을 경영할 근거지로서 군항을 만들기에 제격인 곳이었다. 1904년 용암포에서 불과 30리에 불과한 그의 고향에도 일본군 제12사단 병력이 상륙했다. 그 소식을 들은 70여 호 되는 주민이 모두 바닷가로 나가 서로 손을 잡고 일자진—字陣으로 앉아 죽어도 아니 움직이기로 했는데 총소리 한두 방에 혼비백산하고 말았다. 하지만 함석헌은 훗날 여기서 비폭력 저항 운동의 씨앗을 보았다.

함석헌의 집 사랑방에도 들어오고 동네에서 닭 잡아먹고 색시 잡으러 다녔던 일본군이 빠져나간 뒤 천자문을 뗀 그는 숙부가 세운 동네 서당 삼천재三遷齋에서 《명심보감》 등을 배웠다. 함석헌의 조부모는 농민이었으나 부친 함형택은 스물이 가까울 때까지 서당에 다녔으며 이후에 한의학을 공부하여 명의로 소문이 난 덕에 집안 형편은 그리 어렵지 않았다. 양친 못지않게 어린 시절 함석헌에게 큰 영향을 미친 이는 그의 이름을 지어준 숙부 함일형이다. 그는 신채호가 서울에서 만민 공동회에 참여했던 1898년 용천에서 개최된 만민 공동회에서 용천 부사의 해임을 요구하는 연설로 잡혀가 곤장을 맞을 정도로 그 지역에서 지도적이고 개혁적인 인물이었다. 기독교 신자인 함일형은 1906년 자신이 세운 삼천재를 기독교계 신식 사립 학교인 덕일학교로 바꾸었다. 신채호가 향리에서 문동학원을 세워 신지식을 전하려고 노력했던 사실을 떠올려본다면, 함석헌 세대는 애국 계몽 운동에 앞장선 신채호 세대를 통해 나라가 망하기 전 뜨거운 민족 교육을 받을 수 있었던 셈이다.

함석헌은 덕일소학교에서 신식 교과목으로 《사민필지士民必知》, 《유년필독幼年必讀》, 산술 등을 배울 때 "단군이 나오고 동명왕, 을지문덕, 강감찬, 이순신, 임경업이 나온다. 세계가 획 변했다. …… 아침에 찬송 기도하고, 하나님을 믿어야 하고, 천황씨天皇氏, 지황씨地皇氏는 어디로 가고 우리나라가 있는 것을 알게 되었다"라고 회고했다(〈나라는 망하고〉, 1959). 신채호같이 피 끓는 청년들이 고향으로 내려가 각지에 학교를 세워 가르치면, 함석헌 같은 순한 맘의 소년들은 단군과 을지문덕, 강감찬과 이순신과 같은 민족 영웅 이야기를 떠올리며 마음이 뜨거워졌다. 그는 "청·일, 러·일, 미·소. 해방이 될 때까지 나는 우리나라 군인은 본 일이 없다"라고 말했다. 비록 1907년 군대 해산 이전까지는 대한 제국 군대가 존재했지만 그가 회고하는 전쟁 경험은 이 땅에서 외국 군끼리 싸우는 것이 전부였다. 덕일소학교 운동장에서 당당히 북을 치며 "한산도에 왜놈을 쳐 멸하던 충무공의 칼이 오늘날 다시 번쩍번쩍 쾌한 칼이 우리 손에 빛나며 제국의 위권을 떨치는구나" 하고 노래 부르던 어린 고수 함석헌에게 나라가 망하던 날은 특별하게 기억되었다. "예배당 안에 어른들이 모여 엉엉 울며 하나님을 부르던 광경"이 눈에 선해지고 "그때부터 공포심이 마음을 덮게" 되었다. "서울서 사 온 교과서"도 순사에게 빼앗길라

감춰두고 "모여만 앉으면 서로 자랑 삼아하던 역사 이야기를 이젠 몰래몰래 쑤군쑤군" 해야 했으며, "야학도 없어지고 연설회도 그만두고 양고(서양 북) 나팔 다 못" 쓰게 된 것이다.

만세를 부른 일심단원, 오산으로 가다

함석헌이 4년제 덕일소학교를 다니던 1912년, 그 학교 졸업생인 이용엽이 방학 때 돌아와 나라 회복을 위해 목숨을 바치자며 다섯 친구가 함께 일심단一心團이라는 이름으로 단지동맹을 만들자고 제안한다. 비록 종이에 잉크로 쓰고 손도장을 찍어 나눠 가진 맹세장이었지만 근심스러우면서도 '가슴에 무엇이 꽉 찬 것'도 같은 자랑스러움을 느꼈다. 비록 잉크로 손도장을 찍었다지만 소학교 학생들 사이에 어떻게 '단지동맹'이란 말이 "유행처럼" 퍼져갈 수 있었을까?

함석헌은 어릴 적 예배당에서 기도만 하면 "해외로 나가 있는 이들을 보호해주십사"라며 눈물을 흘렸다. 자신보다 한 세대 위로 신채호와 같은 망명 정객들을 위한 시국 기도를 했던 셈이다. 이는 함석헌의 가문이 "온통 그 지방에서 민족주의 애국 운동의 중심"이 되었다고 할 정도로 숙부 함일형의 영향을 받아 함씨를 비롯해 용천 지역 사람들이 깨어 있었고, 그 지방이 압록강 건너 독립운동 기지들과 매우 가까워서 많은 소식을 접할 수 있었던 국경 지역이었기 때문이다.

하지만 저항을 내놓고 할 수는 없었다. 함석헌의 회고처럼 "나라가 망한 뒤 사람들의 생각도 풀이 죽었"다. 한의사였던 부친은 함석헌을 신식 서양 의사로 만들기로 작정하고 공립 학교에 보냈다. 그는 자신의 공립 학교 진학을 두고 "이제까지 사립 기독교 학교에 다니는 자존심을 꺾고" 간 것이며 "현실주의가 내 천성을 억누르기 시작한 것은 이것이 처음"이라고 고백한다. 천성과 자존심을 억누르게 된 계기는 무엇이었을까?

1910년대 초반 사립 학교는 '정신 있는 학교'인 데 반해 공립 학교는 그의 말대로 '나라 팔아먹는 놈만 가는 곳', '친일파 학교'로 알려져 업신여기는 시각이 적지 않았다. 일본어를 가르치지 않았던 당시 덕일학교는 학제상으로는 '4년제 사립각종종교학교'에 해당한다. 대한 제국이 만들었던 신식 학제를 총독부가 재편할 때 당시 학교의 대다수를 점하고 있던 사립 학교들은 대부분 비인가 비정규 학교가 되었고 이들을 사립각종학교로 불렀다. 시설과 교원 등이 기준에 맞지 않는다는 점을 표면상으로 내세웠지만 대부분의 사립 학교에서 행해지던 민족주의적인 교육 내용을 통제하기 위한 것이었다.

함석헌은 사립 학교 경영이 어려워지자 실력도 관립에 떨어지며, "차차 날이 갈수록 일본세력은 굳어가고 사회에는 아무 반항의 기색도 보이는 것이 없어지자 어느덧 관립 학교 학생인 것을 자랑하는 심리"가 생겼다고 한다. 관립 학교 학생은 사립 학교 학생을 '실력 없는 것'으로 깔보고 사립 학교 학생은 관립 학교 학생을 '정신 없는 것'으로 업신여기는 대립 경향까지 있었다. 그

러나 함석헌 역시 의사가 되려면 '일본어'를 가르치는 정규 학교에 가야 했다. "이제는 일본의 지배를 벗어나기는 도저히 불가능하고 부득이 학문 길로나 나가는 수밖에 없다"라고 판단한 함석헌은 공립 보통학교의 편입 문을 두드렸다. 공립 보통학교에 입학한 1914년에 일어난 제1차 세계 대전이 관립 평양고등보통학교 3학년이던 1918년에 연합국의 승리로 끝났다. 이는 연합국 측으로 참전한 일본의 승리이기도 했다. 민족주의나 민주주의 정신은 다 잠자버리고 '속된 입신 출세주의 생각'뿐이었다.

그러나 이듬해 함일형의 둘째 아들로 9년 위 사촌 형인 함석은이 3·1운동 때 평남북 학생 운동을 맡아 평양고보 측 연락을 함석헌에게 맡겼다. 이를 계기로 마음이 타고난 약질이었던 함석헌은 큰 변화를 겪는다. 함석은은 일본 메이지 대학교를 졸업한 뒤 3·1운동 직전에 평양 숭덕학교 교사로 부임한 차였다. 그는 3·1운동 직후 만주로 망명해 안중근의 변호사였던 안병찬을 총재로 하여 안동에서 대한청년단을, 나아가 만주 지역 청년단을 통합한 대한청년단연합회를 조직하는 등 열정적으로 활동했다. 그러다 일본군의 습격으로 총상과 체포, 옥살이를 거치면서 병이 심해지고, 결국 1928년 30대 중반의 젊은 나이에 세상을 떴다.

함석헌은 동향 친구들이 같이 있던 하숙집에서 평양고보 대표들을 모아 의논도 하고 자기 손으로 태극기를 목판에 새겨 밤새 찍어냈다. 다음 날 평양경찰서 앞에서 〈독립 선언서〉를 뿌리고 돌아와서 시가행진에 참여한 그는 "내 60이 되어오는 평생에 그날처럼 맘껏 뛰고 맘껏 부르짖고 그때처럼 상쾌한 적은 없었다.

목이 다 타 마르도록 "대한독립 만세!"를 부르고 팔목을 비트는 일본 순사를 뿌리치고, 총에 칼 꽂아가지고 행진해 오는 일본 군인과 마주 행진을 해 대들었다가 발길로 채여 태연히 짓밟히고 일어서고, 평소에 처녀 같던 나에게서 어디서 그 용기가 나왔는지 나도 모른다. 정말 먹었던 대동강 물이 도로 다 나오는 듯하였다"라고 회고했다.

만세 운동 후 그의 친구들 대다수는 학교로 돌아와 나중에 보통학교 훈도, 군 서기, 군수, 경부, 의사, 변호사가 되었지만 그는 복교를 거부하다 퇴학당했다. 퇴학당한 그달 장남이 태어났고 이후 수리 조합 사무원으로, 마을 소학교 선생으로 2년을 보내며 아내(평고 2학년이던 1917년 황득순과 중매로 혼인)와 잠자리에서 같이 운 적도 많았다. 그저 의사 되길 작정하고 평범하게 학과 공부에 시험도 치고, 이제 얼마 안 있으면 태어날 첫아이를 생각하며 생계를 꾸릴 생각도 했을 그였다. "무슨 새것을 발견하고 잃었던 커다란 것을 찾은 듯"해서 의사 되기를 그만두고 '관官'과는 원수가 되었다. "또다시 모른다 할 수 없는 일"이 무엇이었길래 그는 베갯잇을 적셨을까?

3·1운동은 그에게 자신과 한국인의 가능성을 발견하게 해준 계기였다. '입신 출세주의'에 빠져 있었던 자기 안에도 "개인의 행위와 역사의 사건으로 영향을 입지 않는, 입힐 수 없는 혼"이 잠자고 있었고 그 혼이 죽음을 두려워 않고 뛰쳐나온 것을 경험했다. '처녀' 같던 자신이 변했고 순사를 무서워하던 민중이 살아 있음을 본 것이다. 일자진을 짜고 앉았던 고향 사람들, "충무공

의 칼이 오늘날 다시" 하며 운동가를 부르며 행진하던 덕일학교 친구들이 살아 있었음을 확인한 시간이었다. 정말 '일단 일이 있을 때는 나선다'던 일심단의 약속을 지킨 순간이었다. 명신학교에서 잠시 교편을 잡았을 때에 학교에서 쓰다 남은 분필을 갈아 반죽해서 만든 덩어리로 단군상을 만들어 동생에게 보여준 적이 있었다. 그는 민족이 가야 할 길을 고민했으며 그 길을 이끌 지도자를 간절히 원했다.

1921년 오산학교 3학년 편입은 그의 말대로 만세 운동으로 일단 틀어진 그의 인생에 일종의 방향을 잡아주는 시발이었다. 부친의 명에 순종하여 다시 학교에 가려고 서울로 갔다가 이번에는 함일형 숙부의 큰아들인 함석규를 만났다. 함석규는 서울 배재학당에 유학해 목사가 되어 고향 사점에 처음으로 교회를 세웠다. 그러고는 어린 사촌 동생 석헌에게 하나님 말씀을 가르쳐주고 아홉 살에 학습 교인으로 세워주어 장로교에서 청교도적인 교육을 받으며 자라게 했다. 뜻밖에 만난 함석규는 평북 정주의 오산학교를 강하게 권했다.

당시 오산학교의 겉모습은 관립 학교 출신인 함석헌의 눈엔 초라하기 짝이 없었다. 3·1운동 당시 민족 운동의 소굴로 지목되어 일본 헌병이 불을 지르는 바람에 이엉을 얹은 임시 교사의 마룻바닥에 앉아 수업을 듣는 실정이었다. 게다가 산골 마을 사오백 명의 학생이 숙박할 데가 없어 농가의 사랑방과 건넌방에 북적거려서 옴이 성하고 장티푸스도 날 정도로 비위생적이었다. 교사도 뜨내기가 많았고 학생도 '합탕合湯'이어서 대부분 3·1운동 이후 모여든 사람들이었다. 자신 같은 관립 학교 퇴학자에 동맹 휴교를 하고 온 사람, 서른 된 수염 난 이에 교회 장로, 훈장 하던 이 등 다양했다. 이들이 한데 어울려 "우리 오산, 우리 오산" 하며 지내고 있었다. 관립 학교에서 "오마에(너)"라고 부르던 소리를 듣던 그의 귀가 아주 어린 학생에게도 "왜 그랬지요?" 하면서 존대하는 우리말 대화를 들으면서 그에겐 나라를 잃기 전 덕일소학교에서 느꼈던 공동체적 유대와 열정이 되살아났다.

"민족주의, 인도주의, 기독교 신앙이 한데 녹아든 정신 교육"이라고 함석헌이 표현했던 오산학교 생활은 혼자 하던 고민을 스승들을 만나 좀 더 깊이 하는 계기가 되었다. 먼저 오산학교 설립자 남강 이승훈은 매우 가난한 가정에 태어나 일찍부터 보부상으로 서북 지역 장터들을 돌아다니며 장사를 익히고 객주 및 무역업에도 손을 대면서 거부가 되었다. 그러던 중 1906년 평양에서 안창호의 연설을 듣고 감동을 받아 머리 깎고 술 담배를 끊은 뒤 교육

오산학교 전경 | 함석헌은 오산학교를 민족주의, 인도주의, 기독교 신앙이 한데 녹아든, 정신교육의 장이라고 했다.

이승훈 | 안창호의 연설에 감동을 받아 교육 산업에 투신한 결과 1907년 오산학교를 설립했다.

사업에 투신한 결과 1907년 오산학교를 설립했다. 연배가 14세나 어린 도산 안창호를 따르며 신민회를 비롯한 안창호의 민족 운동에 실질적인 추진력을 더했고 그러다가 105인 사건과 3·1운동으로 도합 7여 년간 옥고를 치르기도 했다. 함석헌은 이승훈에게서 옳은 것이라면 나이 어린 사람에게도 배울 줄 아는 겸손함과 미루지 않고 두려움 없이 '할 것은 하자'는 과단성을 배웠다. 또 하나 오산학교와 관련해 중요한 사람이 조만식曺晩植, 1882~1950이다. 함석헌이 편입할 당시 오산학교 교장이었던 그는 오산학교를 경영했다기보다 오산학교에 살았다고 할 만큼 후진 양성에 모든 것을 아낌없이 바쳤으며, 1922년 조선 물산 장려 운동으로 '조선의 간디'로 불렸다.

신채호가 독립운동의 1세대라면 함석헌은 2세대에 해당한다. 1세대가 아직은 주권이 있던 나라에서 일으킨 계몽 운동과 국권 수호 운동을 경험하면서 꿈을 키우다가 강점을 맞이한 이들이 2세대였다. 함석헌이 관공립 학교를 거쳤음에도 3·1운동에 나설 수 있었던 까닭은 어릴 적 사립 학교에서 경험한 운동회의 열정과 유대감이 그의 가슴과 뇌리에 깊이 새겨져 있었기 때문이다. 또 오산학교에서 다시 독립운동의 1세대와 만나면서 그는 독립운동의 불씨를 꺼뜨리지 않고 간직할 수 있었다. 오산학교를 세

유영모 | 함석헌에게 커다란 사상의 테두리에서부터 생각과 행동 방법에 이르기까지 매우 구체적인 영향을 준 스승이었다.

우치무라 간조 | 함석헌은 한국에서 이미 유영모를 통해 우치무라의 사상을 소개받았고, 그의 무교회주의 신앙관에 큰 영향을 받았다.

운 남강 이승훈과, 남강에게 그렇게 하도록 영감을 준 도산 안창호, 그리고 오산학교의 교장이었던 고당 조만식 등이 대표적인 인물이었다. 모두 평안도 인물이요, 저항적 기독교 민족주의자다. 그의 말대로라면 '활과 칼로 하는' '껍데기의 혁명'이 아니라 '교회와 학교를 통해 하는' '속알의 혁명'을 이끈 이들이었다. 이러한 '만남'의 경험과 기억은 식민지 상태를 탈출할 수 없는 운명으로 받아들이지 않게 해주는 내면의 힘이요 자원이었다. 함석헌은 이렇게 오산학교를 통해서 세상을 변화시켜가는 자신의 영웅들을 만났다.

그러나 이들보다 함석헌에게 가장 큰 영향을 끼친 사람은 유영모柳永模, 1890~1981였다. 앞선 세 인물이 큰 틀에서 신앙을 가진 민족주의자로서의 삶을 보여주었다면, 유영모는 그에게 커다란 사상의 테두리에서부터 생각과 행동의 방법에 이르기까지 매우 구체적인 영향을 주었다. 함석헌은 자신이 태어난 지 2만 일째를 기념하는 특이한 모임에서 인생 곡선을 직접 그리면서 자신의 일생 동안 "정신적으로 단층斷層을 이루며 비약한 때"가 두 번 있었는데 첫 번째가 유영모를 두 번째가 우치무라 간조內村鑑三, 1861~1930를 만났을 때라고 했다. 게다가 우치무라 간조 역시 동경에서 김교신金敎臣, 1901~1945을 통해 만나기 전에 오산학교에서 유영모를 통해 소개받았고, 동경 유학 후 함석헌이 우치무라의 영향을 받고 돌아왔을 때, 유영모는 무교회주의 역시 '정통 신앙'이라며 함석헌을 지지했다. 이 점에서 본다면 함석헌에게 유영모의 영향력이 꽤 컸다는 사실을 알 수 있다.

함석헌보다 11살 위인 유영모는 서울 출생으로 어릴 때 한학을 배운 뒤 15세에 기독교도가 되었고 1910년 이광수와 함께 오산학교 교사로 부임했다. 이승훈은 유영모의 영향을 받아 기독교 신자가 되었을 정도로 유영모를 따랐다. 1912년경 톨스토이 Lev Nikolayevich Tolstoy, 1828~1910에 심취한 유영모는 다니던 교회도 나가지 않게 되고 1914년 일본 유학을 떠났다. 1921년 동경물리학교를 졸업하고 막 귀국한 차에 3·1운동으로 옥중에 있던 이승훈의 부탁을 받고 오산학교의 교장으로 부임했다. 함석헌은 유영모가 '배울 학學' 자 하나를 두고 두 시간 동안 설명하던 모습, 무교회주의자 우치무라 간조의 고매한 인격에 대해 전한 이야기가 인상 깊게 다가왔다. 특히 성경은 물론 동양 철학 전반에 밝은 유영모에게 함석헌은 동양 철학의 시각에서 성경을 재해석할 수 있는 영감을 받았다. 또한 그의 영향으로 톨스토이, 노자를 보게 되고 일본 책으로 로맹 롤랑Romain Rolland, 1866~1944, 베르그송Henri Bergson, 1859~ 1941, 입센Henrik Ibsen, 1828~1906, 블레이크William Blake, 1757~1827 등을 읽고 타고르R. Tagore, 1861~1941의 《기탄잘리Gitanjali》를 보았으며, 웰스Herbert G. Wells, 1866~1946의 《세계 문화사 대계The Outline of History》를 읽었다. 또한 투르게네프Ivan Turgenev, 1818~1883, 괴테Johann Goethe, 1749~1832, 실러Friedrich Schiller, 1759~1805, 니체Friedrich Nietzsche, 1844~1900, 칼라일Thomas Carlyle, 1795~1881 등도 이 시절에 만났다.

이러한 사상가들과의 만남은 함석헌이 이후 인생 중반기를 거치면서 자신의 사상을 만들어가는 데 중요한 자양분이 되었다. 특히 웰스의 책은 그에게 큰 영향을 주어서 "역사에 취미를 갖게 했고, 세계국가주의와 과학주의의 사상을 가지게" 했다고 고백할 정도였다. 유영모는 총독부 학무과로부터 교장 인준을 받지 못해 1922년 11월 다시 오산을 떠났다. 그러나 그를 마중 나온 함석헌에게 자신이 오산에 온 것이 함석헌 한 사람을 만나기 위해서였다고 고백할 정도로 깊은 관계를 맺었고 함석헌은 그를 평생의 스승으로 여겼다. 나중에 민중을 새롭게 해석한 '씨올'이란 말도 유영모에게 배운 것이었다. 이들의 교제는 1947년 소련 군정을 피해 삼팔선을 넘어 남하한 뒤 함석헌이 YMCA에서 열렸던 유영모의 동양 사상 강의를 들으면서도 이어졌다.

함석헌의 어린 시절의 중축은 기독교와 민족주의였다. 어릴 적부터 엄격한 신앙생활을 해왔고, 흠모하는 이도 단군과 연개소문, 이순신, 외국인이라고 해야 나폴레옹Napoléon Bonaparte, 1769~1821, 비스마르크Otto Von Bismark, 1815~1898 등 한 민족의 영웅에 그쳤다. 그러던 그가 오산학교에 와서 타 종교의 책을 폭넓게 접하고 다양한 세계관을 가지고 인생과 세계의 문제에 부딪쳤던 다양한 인물을 만나게 된 것이다. 특히 이들을 소개해준 통로였던 유영모는 함석헌에겐 "전체로 생각을 참 깊이" 하는 스승이었고, 그만큼 자기 속에 '텅 빈 느낌' 곧 자기 내면의 깊이와 넓이를 깨닫게 하고 그 생각을 깊이 하는 습관을 기르는 데 도전을 주었다. 이것이 그가 어릴 때부터 내면에 경험해온 '정통적인 기독교 신앙'에 만족하지 못하게 하는 내적 원인이었다면, 3·1운동 이후 문화 통치하에서 세속과 현실에 타협해 변절해가는 기독교인이나 민족주의 지사들이 외적 요인이 되어, 함석헌은 교회에 출석하는 일이 드물어지고 현실에 점점 비판적이 되어갔다. 이러한 과정을 통해 그의 말대로 '옛날같이 남을 따라서 미리 마련된 종교를 믿기보다는 좀 더 깊고 참된 믿음이 있어야겠다'는 생각이 시작되었다.

사회주의냐 복음이냐

1923년 오산의 품을 떠난 함석헌은 현해탄을 건넌다. 목적지는 동경고등사범학교로 그가 '우리나라 형편'에는 '교육'이 가장 시급하다고 생각해서 내린 결정이었다. 그러나 오산학교가 그의 학비를 대준 점, 이승훈이 1926년 총독부로부터 오산학교를 전문학교 이상의 학력을 갖춘 교사가 필요한 고등보통학교로 인가받은 점을 본다면, 함석헌의 유학은 식민 치하에서 민족 교육을 지속하기 위해 오산 출신의 인재를 오산의 교사로 양성하기 위한 이승훈의 고심에서 나온 것이라 볼 수 있다.

그런데 세이소쿠正則 영어학교를 다니며 대학 입학 검정고시를 준비하던 함석헌이 9월 1일 맞닥뜨린 관동 대지진은 그의 생각의 지층을 매우 깊이 흔들어놓았다. 일본의 '지식인·상류 사회', 곧 '일본 제국주의자들'은 사회주의자들의 혁명이 일어날까 두려워 민심 수습책으로 조선인을 희생시키기로 결정 내렸고, 일본의 '민중'은 '그 책략에 속아' 애꿎은 조선인을 죽이는 데 앞장섰다. '불살생不殺生을 강조하는 불교의 나라'인 데다 동경 안에도 상당한 기독교도와 신학교가 있었기에 그가 받은 충격은 더욱 컸다. 함석헌은 '조선인 사냥질' 속에서 유치장 신세를 진 것을 두고, '감옥 대학'이라 표현했다. 그는 학교에서 배우지 못한 국민 국가의 적나라한 국가주의 폭력상을 경험했던 것이다. 함석헌은 어느 민족이냐를 따지기 이전에 인간이 본질적으로 어떤 존재인지, 위기 상황 속에서 종교와 민족과 도덕이 어떻게 드러나는지 직면했다.

그 후 함석헌은 과연 '기독교로 정말 우리 민족을 건질 수 있느냐'는 질문을 던져놓고 본격적으로 고민했다. 나아가 나라를 해방시키려면 종교와 도덕이 아니라 혁명이 필요한데, 민족주의 진영이 썩어가는 것을 보면서 '사회주의 혁명' 외에는 길이 없다고도 생각했다. 그는 사회주의를 '자본가의 착취에 반대하고 눌린 씨ᄋᆞᆯ을 해방하자는' 것이요, 계급 투쟁을 '계급 없는 사회를 건설하자'는 것으로 보고 찬성했다. 민족주의 시대는 지나고 사회 혁명 단계에 왔기 때문에 사회 해방도 필요한 시대가 되었다는 인

식이다. 또한 그의 눈에 "사회주의자들끼리는 민족의 차별이 없이 일본 사람 조선 사람이 서로 동지 노릇을 하는 듯"이 보였다.

그러나 함석헌은 "정말 무산 계급을 해방시키려면 한국이 일본의 종살이에서 전체로 해방되는 일 없이는 될 수도 없고 된다 해도 의미가 없"다고 보았다(〈하나님의 발길에 채어서 II〉, 1970). 남의 나라와 다르게 민족 해방과 사회 해방을 "겸해서 치러야" 하는데 초기 공산주의자들은 '조국 러시아'라고 할 만큼 민족 해방의 과제에 대한 의식이 박약했던 것이 사실이다. 또한 그 투쟁 방법에서 "계급 투쟁이란 이름 아래 민족의 전통도, 사회의 질서도, 도덕도 온통 부수자는 것"이 그에겐 악으로 보였다. "머리를 기다랗게 기르고 지팡이라기보다는 몽둥이를 들고 거리를 활보"하며 사회주의 운동을 한다는 조선인 학생들은 그에게 썩 설득력 있게 다가오지 않았다. 절친한 친구도 자신을 끌어들이려고 했지만 그에겐 신앙을 버리는 것도 문제였고, "도덕이니 인도주의니 하는 것은 전혀 무시해버리는" 것이 사회주의의 문제점으로 여겨졌다. 이처럼 3·1운동 이후 분열과 타락을 보이는 민족주의 진영과 민족적 특수성을 무시하고 사대주의적 경향을 보이는 공산주의 진영에 대한 실망은 중국에서 활동하던 신채호에게나 일본에서 유학하던 함석헌에게나 부정적으로 다가왔다. 그러나 신채호에게 제3의 대안으로 다가왔던 아나키즘은 함석헌에게 무신론적 입장과 테러리즘 때문에 받아들일 수 없는 사상이었다.

끔찍한 지진과 조선인 학살, "조선 사람이라면 하숙도 아니 주려 해서 얼굴도 못 들고 다니던 겨울"도 지나가고 바라던 동경고등사범학교에 진학하게 된 1924년, 이제 숨통이 트인 그에게 유영모의 편지가 날아들었다. "원래 오산 있을 때 선생님 말씀을 자세히 들었을 것을 그랬다"라는 제자의 편지에 유영모는 '원래'라는 말은 없다면서 홍수로 참혹해진 평북 용천, 마침 미국 하딩Warren Harding, 1865~1923 대통령이 게 통조림에 중독되어 죽은 일, 관동 대지진 등 모든 것이 다 그때 깨우치시는 하나님의 말씀이시라는 내용의 편지를 보내 왔다. 스승의 말에 매이지 말고 사회 역사적인 현상을 바라보면서 신이 어떤 메시지를 보여주는지 깨달아야 한다는 내용의 편지이니, 함석헌은 예언자적 현상 해석을 배우기 시작한 셈이다.

그리고 얼마 안 있어 다시 교회에 출석하려다가 자신보다 한 반 위인 김교신의 소개로 우치무라 간조의 성경연구회에 출석하게 되었다. 우치무라에 대해서는 이미 유영모를 통해 여러 가지 일화를 들어서 감명을 받았던 터였다. 처음 간 날 우치무라의 '예레미야' 강의를 들은 그는 강한 인상을 받고 "인생 문제와 민족 문제가 한데 얽혀 맘에 결정을 못 했던" 오랜 번민을 해결한다. 기독교가 과연 민족을 구할 수 있느냐고 고민하던 그가 "참 믿음이 곧 애국"임을 확신하면서 "아주 크리스천으로 서서 나갈 것"을 결심한다. 무엇이 그의 마음을 사로잡았을까? 우치무라가 1924년 봄부터 전했던 예레미야는 기원전 7세기 말부터 6세기 초에 활동했던 이스라엘 민족의 선지자다. 우치무라는 이스라엘의 멸망을 예언한 예레미야의 선지자적 활동을 통해 민족과 국가의 생존과 멸망을 주장하는 창조주를 믿는 신앙 안에서 참된 애

국, 애족이 가능하다고 주장했다. 우치무라 자신은 '두 개의 J'즉, 예수Jesus와 일본Japan을 사랑한다며 참된 신앙인은 조국애를 가진 자라고 역설했다. 함석헌은 자신의 조국을 식민지로 만든 제국의 심장부에서 신앙과 조국애를 결합할 수 있는 길을 만났다. 그는 6년간의 학교 공부에도 열심이었지만 우치무라의 가르침에 좀 더 큰 관심을 두고 귀를 기울였다. 그가 "우리가 일본에 36년간 종살이를 했더라도, 적어도 내게는, 우치무라 하나만을 가지고도 바꾸고도 남음이 있다고 생각하기도 합니다"라고 고백할 수 있었던 것은 우치무라를 통해 '신앙'과 '조국애'를 결합할 수 있는 방도를 발견했기 때문이다. 또한 우치무라가 삼위일체와 십자가 대속의 진리를 강조하면서도 기성 교회의 제도, 권위에 대한 비판 의식이 강한 무교회주의를 표방한 점도 기성 교회에 대한 기대를 잃은 함석헌에게 설득력이 있었다.

젊은 사범학도 함석헌은 매주 성경연구회에 동참하고 모임이 끝나고선 조선인끼리 성경을 읽고 기도를 했다. 그때 함석헌, 김교신 등과 함께한 이들이 와세다 대학교 영문과의 유석동, 동경 농과대학의 송두용, 신학교 학생 정상훈, 양인성 등이었다. 함석헌은 이들과 함께 그리스어를 배우고, 유석동을 발행인으로 삼아 동경에서 1927년 7월 동인지 《성서조선》을 창간했다. 또한 귀국한 후 이를 기획하고 발간하는 데도 힘을 모았다. 조국의 교회가 '심령의 소생하는 것이 없고 낡아빠지고 껍데기 돼버린 교회 형식만 되풀이'하는 것에 견딜 수 없었기에 시작한 일이었다. 한편 동경고등사범학교 시절 함석헌은 《기탄잘리》로 노벨 문학상을 수상한 타고르의 작품들을 읽었으며, 그의 저작을 읽다가 간디의 영향도 받기 시작했다.

루비콘 강을 건너고 쓴
《성서적 입장에서 본 조선역사》와 사상의 전환

   1928년, 함석헌은 동경을 떠나기 전 우치무라에게 세례를 받았다. 귀국 후 바로 오산학교의 역사 교사로 부임한 그는 교단에서 요한복음 10장의 '선한 목자' 구절을 읽으며 참된 교육자의 길을 다짐했다. 참된 교육자의 길은 쉽지 않았다. 1920년대 후반 강하게 불어닥친 사회주의 세력의 반기독교 운동의 영향을 받은 학생들에게 몰매를 맞기도 했다. 그러나 그들을 미워하지 않으려고 얼굴을 가린 일화는 학생들에게 깊은 인상을 남겼다.

   귀국 직후 함석헌은 분필을 잡고 역사와 윤리를 가르치는 한편 무교회주의 신앙을 적극 옹호했다. 우치무라의 대속代贖 신앙을 계승하여 '죄'에서 해방되는 것이 조선에 기독교가 필요한 이유라며 조선 기독교계가 이러한 목적에서 벗어나고 있다고 비판했다. 1930년 김교신을 오산에 초청해 《성서조선》 독자회를 열기도 했으며, 자신은 《성서조선》의 동지이자 선천의 신성중학교 교사가 된 양인성의 초청을 받아 선천기독교회관에서 '프로테스탄트의 정신'이라는 강연을 통해 무교회 신앙이 바로 프로테스탄트의 정신을 진정으로 계승한 것이라고 역설했다. 이듬해에는

오산학교 안에서도 '오산성서연구회'를 열어 일반인에게 '기독전基督傳'을, 학생들에게는 '영문 성서'를 가르치기 시작했다.

함석헌은 1932년 2월 자신이 루비콘 강을 건넜다고 할 만큼 내면에 큰 변화를 겪었다. 이후로 그의 성서 연구 및 역사 연구가 본격적으로 열매를 맺어 발표되었다. 1933년 1월 《성서조선》의 독자를 대상으로 열린 제1회 동계성서강습회에서 〈사도행전 연구〉를 발표한 그는 〈히브리서〉(1937. 12), 〈묵시록〉(1940. 1) 등 성서 연구 결과도 발표했다. 함석헌은 이 성서 강습회에서 경성의 학전문학교 부속의원 외과 강사로 있었던 장기려張起呂, 1911~1995를 만나기도 했다. 함석헌과 같은 평북 용천 출신의 장기려는 말년까지 신앙의 동지이자 벗으로 함께했다.

역사 연구도 빛을 발했다. 1933년 12월 말에서 1934년 1월 초

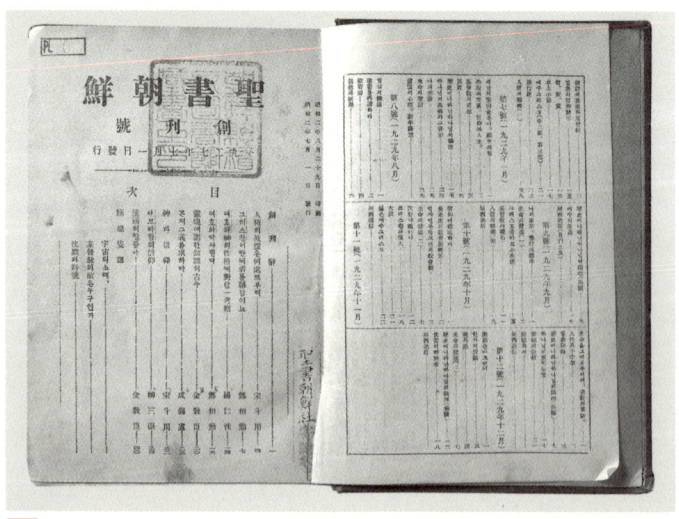

〈성서조선〉

까지의 제2회 동계성서강습회에서 〈성서적 입장에서 본 조선역사〉를 강의한 뒤 이를 《성서조선》에 22회 연재하기 시작했다. 1934년 말의 제3회 동 강습회에서는 〈성서적 입장에서 본 세계역사〉를 발표했으며, 1년 뒤 4회 동 강습회에서는 〈기독교사〉를 발표했고, 1936년 5월부터 〈성서적 입장에서 본 세계역사〉도 《성서조선》에 22회 연재에 들어갔다. 성경에 대한 깊은 묵상과 함께 낮에는 오산의 교단에서 학생들에게 역사를 가르치는 수고 속에서 맺은 결실이었다. 《프로테스탄트의 정신》(성서문고 제1권, 1936), 《무교회》(성서문고 제2권, 1937) 등도 이 무렵에 출간되었다. 이처럼 함석헌은 김교신과 함께 조선 무교회주의 운동의 쌍두마차 역할을 했다.

그러나 함석헌의 황금기라고도 할 이 시절도 위기를 맞았다. 1937년 7월 일제가 중일 전쟁을 일으키고 학내에 조선어 사용을 아예 금지하는가 하면 〈황국신민서사〉를 낭독시키면서 민족적, 신앙적 양심을 마비시키는 조치를 취한 것이다. 결국 그는 1938년 2월 10년간 섰던 오산학교의 강단을 떠났다. 이후 학교 근처에서 과수원을 경영하면서 《성서조선》 일을 계속하다가 1940년 3월 김두혁에게서 평양 송산리의 농사학원을 인수하여 신앙과 교육과 농사를 한데 가르치는 실험을 시작했다. 그러나 이해는 매우 괴로운 일이 연이어 일어났다. 이미 2월 병으로 두 자녀를 잃었고, 9월 초 김두혁을 항일 운동 혐의로 체포한 '계우회 사건'에 연루되어 평양 대동경찰서에 투옥되었으며, 11월 초 옥중에서 부친이 돌아가셨다는 소식까지 들어야 했다.

급기야 1942년 3월 김교신의 주례로 장남 함국용의 결혼식을 마친 직후 함석헌은 '성서조선지 사건'으로 김교신 등 12명과 함께 체포되어 서대문형무소에 투옥되었다. 《성서조선》 3월호에 김교신이 쓴 〈조와弔蛙〉와 같은 글이 독립을 암시했다는 구실이었다.

함석헌은 서대문형무소에서 불경을 읽다가 1943년 3월 1년 만에 나와서는 똥통을 지고 굴원屈原, ?B.C. 343~?B.C. 277 의 〈어부사漁父辭〉를 읊으며 농사짓는 세월을 보냈다. 신채호와 마찬가지로 함석헌도 낙심과 좌절과 고난의 시기에 지조를 지키다 죽었던 굴원을 떠올렸던 것이다. 게다가 1945년 4월에는 김교신이 발진티푸스로 세상을 떴다. "온 세상 다 나를 버려 마음이 외로울 때에도 '저 맘이야' 하고 믿어지는 그 사람을 그대는 가졌는가" 하며 평생 그리워하는 사상과 신앙의 동지까지 잃은 것이다.

그러나 이 시기는 함석헌의 내면의 밭에서 사상적 전변이 일어나는 시기이기도 했다. 일본 정토진종의 시조인 신란親鸞, 1173~1262의

🍀 **굴원**

신채호는 상해에서 만난 아나키스트 유자명에게 "평생토록 서한 시대 역사학자인 사마천의 책을 애독했다. 《보임안서(報任安書)》와 《굴원열전(屈原列傳)》에 대해서 참을 수 없이 좋아한다"며 "매번 곤란한 상황을 겪을 때마다, 혹은 심적으로 고민을 하게 될 때마다 《굴원열전》을 읽으면 정신이 상쾌해진다"라고 했다. 신채호가 기존의 패권적 세계관 및 이념에 대해 회의하며 반권위적인 아나키즘의 보편주의에 심취하게 된 계기와 함석헌이 국가주의와 기성 교회의 교권주의에 반발하며 무교회주의 신앙의 정신을 스스로 소화하면서 보편적 종교를 지향하는 새로운 신앙관을 갖게 된 계기가 유사하다.

《교행신증敎行信證》을 계기로《무량수경無量壽經》,《반야경般若經》,《법화경法華經》,《열반경涅槃經》,《금강경金剛經》 등을 읽으며 불교와 기독교는 다르지 않다고 생각하게 되었다. 훗날 함석헌은 오산학교에 있을 때까지 우치무라의 무교회 신앙에서 벗어나지 않았고, 내 종교가 없었다고 하여 서대문형무소에 있던 이 무렵부터 대속 신앙에서 벗어나 나름의 종교관을 갖게 되었다고 회고했다.

1945년 8월 15일 해방 직후 함석헌은 용암포 자치위원회 위원장으로 추대된 데 이어 용천군 자치위원회 위원장, 평안북도 문교부장으로 추대되었다. 그러나 이를 역임하던 중 그해 11월에 일어난 신의주 학생 사건의 주범으로 몰려 소련군에 잡혀가 처형 위기를 맞았다. 그 뒤 50일간 신의주경찰서에 갇혀 있다가 이듬해 1월 풀려났다. 두 달 후에는 5정보(1만 5,000평) 이상의 지주의 땅을 몰수하는 조처로 인해 부친에게 상속받은 땅과 집까지 빼앗겨 거리로 쫓겨났으며 이해 12월에는 오산학교 학생들의 반정부 유인물 사건으로 다시 끌려가 옥살이를 하고 이듬해인 1947년 1월에야 풀려났다. 그러나 당시 평북 인민위원회 위원장인 백영엽 목사의 동태를 보고하라는 조건부 석방이었다. 함석헌은 더 이상 머물 수 없음을 깨닫고 3월 중순에 월남했다.

월남한 후 스승 유영모를 만나 노자를 배우던 그는 1948년 7월에야 월남한 아내와 자녀를 다시 만났다. 이해부터 서울 YMCA에서 일요일마다 성경 강의를 시작했고, 1950년 3월에는 《성서적 입장에서 본 조선역사》를 간행했다. 석 달 후 한국 전쟁이 일어나 부산으로 피난살이를 가던 중 함석헌은 헌책방에서

《바가바드기타Bhagavadgītā》를 찾아 읽기도 했는데, 처참한 동족상잔의 전쟁을 전후로 하여 해방 직전부터 시작된 자신의 사상적 변화를 본격적으로 표현했다. 〈새 시대의 하나님〉(1951), 〈흰 손〉(1952), 〈대선언〉(1953)에 이어 1954년《말씀》을 창간해 우치무라의 대속 신앙에서 벗어났다는 사실을 밝혔다. 동시에 1956년 1월《사상계》창간호에는 〈한국기독교는 무엇을 하고 있는가〉라는 글로 분단과 전쟁 속에서 민중이 당하는 고난을 수수방관하는 기독교계를 강하게 비판하여, 윤형중 신부와 유명한 지상 논쟁을 벌이기도 했다. 이 논쟁 덕분에 함석헌은 지식인의 주목을 받았고 언론인으로서 뚜렷한 족적을 남기기 시작했다.《사상계》는 1950~1960년대 한국 지식계에 가장 큰 영향력을 미치던 잡지로서 광복군 출신으로 상해 임시 정부 주석 김구의 비서를 지내고 함께 귀국한 장준하가 발행하고 있었다. 당시 장준하는 신성중학교 시절 함석헌에 대해 익히 알고 있었고 숭실대학교 철학과 교수인 안병무安炳茂, 1922~1996를 통해 함석헌을 만나 원고 청탁을 했다. 이후 장준하는 함석헌의 말이 사회정치적, 조직적 힘을 발휘하도록 뒷받침해주는 역할을 했다.

한편, 이해 12월 함석헌은《대학大學》을 강의하던 유영모에게 듣게 된 '씨올'이란 말에 착안해 1957년 '씨올농장'을 경영했고, 본격적으로 간디도 공부했다. 씨올농장의 땅은 그의 강의에 감명받은 한 이발사가 기증했고, 농장의 모델은 간디가 운영하던 톨스토이 농장이었다. 이 농장은 1903년 남아프리카 공화국에서《인디언 오피니언Indian Opinion》신문을 발간해 인도인의 지문 등록을 강제하는 '아시아인 등록법'에 반대하면서 경영됐던 인도인 공동체였다. 이처럼 악법에 수동적 저항으로 대응하는 간디의 사상과 실천은 그의 생애 후반에 꾸준한 영향을 미쳤다.

1958년에는 《사상계》 8월호에 기고한 〈생각하는 백성이라야 산다〉라는 글이 국가 보안법 위반 혐의를 받아 다시 서대문형무소에 20일간 투옥되었다. 국가주의가 행한 야만적 폭력의 결과 전쟁과 분단이 일어났음을 지적하며 한국 전쟁의 '뜻'이 오히려 세계가 하나 되게 하는 데 있다고 역설적으로 해석한 글이었으나 경직된 정부는 이를 받아들이지 못했다. 이렇게 일제 강점기에는 물론 북한 사회주의 체제 아래에서도, 남한 자본주의 체제 아래에서도 함석헌은 계속 투옥되었다. 1960년에는 4·19혁명으로 정국이 급반전을 이루었으나 정작 그 자신은 이른바 이성 문제로 양심의 가책을 느껴 어떤 글도 발표하지 않았다. 스승 유영모의 질타를 받고 회개와 자숙의 기간을 갖는 동안 그는 고생물학자이자 가톨릭 신부인 샤르댕Pierre Teilhard de Chardin, 1881~1955의 사상을 접하며, 종래 가져왔던 이성적 과학적 신앙관을 더욱 다지기도 했다.

독재에 맞선 퀘이커교도

1961년은 위축된 함석헌을 다시금 일으켜 세우는 해였다. 신앙적으로는 한국인 최초의 퀘이커교도인 이윤구를 통해 미국인, 영국인 퀘이커교도가 한데 모이는 자리에 참석하면서 회복되기

시작했다. 함석헌은 이미 오산학교 시절 칼라일의 《의상철학衣裳 哲學》과 퀘이커교 창시자인 조지 폭스George Fox, 1624~1691의 《일지The Journal》를 읽어 퀘이커주의Quakerism를 알고 있었다. 동경 유학 시절 우치무라 간조, 니토베 이나조新渡戶稻造, 1862~1933와 함께 일본 퀘이커교 모임에 출석한 적도 있었다. 그러나 퀘이커교에 마음이 열린 때는 1947년 월남한 뒤에 미국 퀘이커교도들이 양심적 병역 거부 운동을 전개한다는 소식을 듣고 한국 전쟁 직후 의료 봉사로 나온 영국인, 미국인 퀘이커교도를 직접 만나면서부터다. 함석헌은 1962년 2월 장준하의 주선으로 미국 국무성 초청을 받아 해외여행을 떠났고 그 과정에서 퀘이커교 인사들과 교제했으며 뒤이은 영국 외무성 초청 해외여행에서도 영국인 퀘이

🌀 퀘이커주의

창시자인 조지 폭스는 엄격한 청교도 가정에서 자랐으나, 각 개인이 하나님과 직접 교감할 수 있는 능력으로서의 내면의 빛(inner light, holy spirit), 내적 그리스도가 있다고 보아 몇 세기 전에 계시해준 성경의 기록보다 '지금 여기서' 절대자가 직접 전해주는 말씀을 듣는 것이 더 중요하다고 설파해 탄압받았다. 퀘이커교는 설교, 교리, 의식에 의한 제도보다 침묵 예배를 통해 내면의 빛을 발견하고 따르는 것을 중시하며, 타 종교의 경전도 존중하고 성경의 내용을 문자적으로 믿기보다 교훈을 얻는 데 치중한다. 또한 성속을 구별하지 않고 전체로 보기에 종교 문제만큼 사회 문제를 중시하여 사회 개혁에 힘쓰는 한편, 과학 연구와 종교와의 접목에도 많은 관심을 기울였다. 인종 차별을 반대한 윌리엄 펜(William Penn, 1644~1718), 사회 개혁가 엘리자베스 프라이(Elizabeth Fry, 1780~1845), 건축 설계가 에이브러햄 다비(Abraham Darby, 1678~1717), 천체 물리학자 아서 에딩턴(Arthur Eddington, 1882~1944), 화학자 존 돌턴(John Dalton, 1766~1844) 등이 퀘이커교도다.

커들과 교제했다.

정치적으로는 1961년 박정희의 5·16쿠데타 소식을 듣고 장준하의 요청으로 이를 비판하는 〈5·16을 어떻게 볼까〉(《사상계》 7월호)와 〈인간혁명〉을 비롯한 여러 글을 잇달아 발표했으며, 1963년 1월 영국 외무성 초청 여행에 이어 민중신학자 안병무의 안내로 독일에 있을 무렵 민정 이양 소식을 듣게 됐다. 그는 곧장 귀국하여 이후 30년간 본격적으로 군사 독재 반대 투쟁을 벌이기 시작했다. 대중 공개 강연과 기고 같은 여론 활동을 통해 "비폭력 국민운동을 일으켜 민정民政을 수립"하도록 하는 것이 목적이었다.

이어 1964년에는 장준하 등과 함께 한일 조약에 반대하는 대일굴욕외교반대 범국민투쟁위원회를 결성해 전국을 돌며 시국 강연회를 열었고, 이듬해 한일 조약 체결에 반대하는 각계각층 300여 명의 인사가 만든 조국수호국민협의회 상임 대표로 선출되었다. 1967년 6월 국회의원 선거에서는 수감된 장준하가 당선되도록 신민당 당원으로 선거 유세를 벌였으며, 1969년 박정희의 삼선개헌 반대 투쟁에도 나섰다.

특히 4·19혁명 10년을 맞은 1970년 4월 19일에는 《씨올의 소리》를 창간해 반독재 투쟁의 나팔수 역할을 자임했다. 비록 2호부터 폐간 조처를 맞기도 했지만 국가를 상대로 한 항소심에서 이겨 1971년 9월호부터 다시 발간되었다. 1972년에 위촉된 《씨올의 소리》 편집위원에는 계훈제, 김동길, 김성식, 법정, 이병린, 이태영, 장준하, 천관우 등 당시 재야의 굵직한 인사가 망라되어 있었다.

1973년에는 씨올농장을 정리하고 대신 장준하의 도움으로 천안의 구화고등공민학교를 인수해 이사장으로 취임했으며, 박정희 대통령의 유신 독재에 반대하는 시국 선언 발표 후 장준하와 백기완이 이끄는 '개헌청원 백만인 서명운동'에 참여했다. 이 서명운동으로 1974년 《씨올의 소리》 편집위원 장준하, 김동길이 긴급 조치 위반으로 투옥되자 함석헌은 8월 민주회복선언대회를 열어 구속자 석방 등을 요구하고 나섰으며, 11월 윤보선, 김대중과 함께 민주회복국민회의 공동 대표가 되어 저항의 수위를 높였다. 1975년 장준하가 갑작스런 의문사로 세상을 뜬 뒤에도 저항을 계속되었다. 1976년 명동성당에서 개최된 '3·1민주구국선언 사건'으로 윤보선, 김대중, 문익환, 이문영과 함께 불구속 입건되었으며, 이듬해 최종 공판에서 징역 5년, 자격 정지 5년을 선고받기도 했다. 이처럼 숨 가쁜 활동 중에 1978년에는 그를 수십 년간 묵묵히 뒷바라지하다가 파킨슨병을 얻은 부인을 먼저 떠나보내야 했다. 1979년 세계퀘이커회에 의해 한국인 최초로 노벨 평화상 후보로 추천되기도 한 함석헌은 세계퀘이커대회에 참석 차 출국했다가 미국에서 박정희 대통령의 저격 소식을 들었다. 귀국 후 11월 말 결혼식을 가장하고 YWCA 강당을 빌려 개최한 '통일주체국민회의 대통령 선출저지 국민대회'에 참석했는데, 이 사건(세칭 'YWCA 위장결혼사건')으로 불구속 입건돼 징역 1년을 선고받았다.

　1980년 2월 말 복권된 함석헌은 4~5월 전국을 순회하는 《씨올의 소리》 10주년 강연회 중 "광주사태(광주민주화운동)"로 가택

연금 당하고 《씨올의 소리》도 7월 말 폐간되기에 이르렀다. 그럼에도 신군부의 권력 장악에 대한 그의 비판은 꺾이지 않았다. 1982년 YMCA 강단에서 있었던 간디 서거 34주기 추모 강연회에서는 "내란음모라고 왜곡된 광주사태는 반드시 바로잡혀야 한다"라고 공개적으로 비판했으며, 1983년 5월 말에는 '광주 학살 진상 규명' 등을 요구하는 '긴급민주선언'을 문익환 등 재야인사들과 함께 발표한 뒤 단식하기도 했다. 1987년 초 서울대학교 학생 박종철 고문 살인 사건에 재야인사들과 함께 대응하기 시작해 6월에는 '민주헌법쟁취국민운동본부'의 공동 고문으로 활동하며 6·29민주화선언을 이끌어내는 구심 역할을 했다.

이렇게 거침없이 반독재 운동에 앞장섰던 함석헌의 노구는 6·29민주화선언이 있던 바로 그날 서울대학병원에 누워 담도암 수술을 받아야 했다. 이듬해인 1988년 간디 40주기 추모 강연을 했던 함석헌은 제24회 서울올림픽 평화대회 추진위원장직을 수락했다. 비록 함께 민주화 운동을 했던 지인들에게 정부에 이용당한다며 비판받기도 했지만 함석헌은 한국 전쟁 이후 냉전 체제 속에서 늘 대립했던 미국과 소련을 위시한 양 체제가 처음으로 함께하는 '평화 올림픽'이라는 점에서 그 자리를 수락한 것이다. 이해 폐간 8년 만에 《씨올의 소리》가 두 번째로 복간을 맞이했으나 함석헌은 죽음을 직감했음인지 11월에 오산학교장에게 자신의 시신을 스승 이승훈이 유언했던 것처럼 실험용으로 기증한다는 유언을 남겼고, 자택도 남강문화재단에 기증했다. 그리고 이듬해인 1989년 2월 4일 88세를 일기로 세상을 떠났다.

만남 3

역사의 주체를 찾아서
국가를 넘어 민족, 민중, 씨올로

국가와 국민의 시대 속에서 찾은 민족과 민중

'민족'과 '민중'은 신채호와 함석헌을 이해하는 데 반드시 거쳐야 할 핵심 용어들로, 이 두 단어가 한국사 전면에 가장 강하게 드러난 때가 바로 1980년대다. 신채호가 태어난 지 100년이 되고 함석헌이 세상을 떠난 1980년대의 운동 진영은 크게 보아 이념적 강조점이 뚜렷하게 다른 두 계열로 나뉘었다. 외세의 지배로 생긴 민족의 모순 해결을 근본으로 보는 '민족해방파'(이른바 NL)와 자본주의화로 인해 생긴 계급 모순의 해결을 근본으로 보는 '민중민주파'(이른바 PD)가 그것이다. '민족'과 '민중'이라는 두 단어는 각 진영을 대표하는 것이었다.

만약 신채호가 1980년대 학생 운동에 나섰다면 그는 어디에

몸담았을까? 사람들은 그를 보면 어느 쪽이라 보았을까? 도무지 NL인지 PD인지 알 수 없었을 것이다. 그가 보였던 사상적 자장은, 김철준과 해방 후 1세대 사학자들에게 민족주의 사학자로 해석되면서도 민족주의 역사학의 문제를 지적한 강만길, 정창렬, 이만열 등 2세대 사학자들에게는 민중주의적 사학자로 해석될 수 있는 폭을 갖추고 있다. 더욱이 최근에는 민족주의와 계급주의를 넘어서는 아나키스트로서의 면모가 적극 해석되고 있다. 그가 선언한 대로 어느 하나로 규정할 수 없는 '괴물' 같은 사상의 바큇자국을 보여주고 있다.

함석헌 역시 '줄 세우기'가 어렵다. 청년 시절 3·1운동에 참여한 그는 장년 시절 굴욕적인 한일 회담 반대 투쟁에로 이어지는 민족주의 투사의 면모와 함께 세계주의적 시각을 견지했으며, 반독재 민주화 운동에 나서되 끝까지 민중의 하나로 남기를 원했다. 또한 외적 환경의 변화를 중시한 정치·경제적인 민중론에만 머물지 않고 내면에서부터의 자기 혁명을 필수로 하는 '씨올'로서의 독특한 민중론을 주창했다. 함석헌의 자유로운 사상적 지향과 흔적을 일정한 틀에 맞추어 평가하는 것은 바람을 잡아매려 하는 것처럼 무모할지도 모른다. 다음에서 살펴보겠지만, 이러한 어려움은 그들이 책상 위에서 글만 쓴 것이 아니라 행동하는 실천적 지식인으로서 '민족'과 '민중' 개념을 사고하고 벼리어내며 활용한 것에서 비롯된다.

국가 경쟁의 시대와 영웅 만들기

　사회 역사적 주체로서의 민족과 민중의 개념은 어디서 그 역사적 뿌리를 찾을 수 있을까? 민족과 민중의 개념은 20세기 초 제국주의의 침략 속에서 사회 진화론과 국가주의를 수용해 국가와 국민을 지켜내려고 애썼던 시기에 출발했고, 나아가 사회 진화론과 국가주의를 극복하는 과정에서 부각되었다. 신채호와 함석헌 역시 사회 진화론과 국가주의를 거치고 넘어서야 했다. 이 과정에서 신채호는 영웅, 국민, 민중이라는 개념으로 사회 역사적 주체를 설정하는 변화를 보였고, 함석헌도 민족, 민중 또는 씨올이라는 사회 역사적 주체를 설정하게 되었다.

　그렇다면 사회 진화론은 어떻게 이 땅에 뿌리를 내리게 되었을까? 19세기 중반 이후 조선인은 심각한 위기의식에 빠졌다. 전통적인 대국으로 '큰 우산'처럼 여긴 중국이 서양 열강 앞에 맥을 못 추는 반면 얕잡아 보던 일본이 점점 강국으로 자라나 조선에 육박해왔기 때문이다. 19세기 초까지 조선은 중화주의 외교 체제 속에서 작은 '중화'를 자처하며 자신의 영역과 지위에 자신감을 표현했다. 그러나 이제 통상과 개혁을 요구하는 무력적인 함포 외교를 배경으로 만국이 공히 준수해야 하는 새로운 국제 질서로서의 국제법이 제시되면서 그 속에서 자신의 새로운 위치를 찾아야 했다. 고종이 친히 정사를 주관하게 된 뒤부터는 일본과 중국에 조사 시찰단과 영선사를 보내면서 이웃 나라의 생존 방략을 주의 깊게 살펴보고 주체적인 생존 방략을 모색해야 했다. 이 시기에 세계정세를 바라보고 한국의 생존 방략을 가늠하기 위해 수용된 이론이 바로 사회 진화론이다.

사회 진화론은 1851년에 '적자생존'이라는 용어를 처음으로 사용한 스펜서Herbert Spencer, 1820~1903가 주창했다. 스펜서는 그의 영향을 받은 다윈Charles Darwin, 1809~1882이 1859년에 간행한 《종의 기원On the Origin of Species》과 1871년에 펴낸 《인간의 유래와 성 선택The Descent of Man and Selection in Relation to Sex》 등을 기반으로 자신의 이론을 확립했다. 그는 진화evolution를 우주와 사회를 생성시키는 첫째 법칙이라고 보았으며, 생물 유기체가 단순한 것에서 복잡한 것으로 진화하고, 그 과정에서 구조와 기능이 분화하며, 분화된 각 부분이 상호 의존하여 통합되듯이 사회도 단순한 데서 복잡한 것으로 진화하며, 그 과정에서 분화와 통합이 이루어진다고 보았다. 또한 생물계의 진화를 일으키는 원동력인 적자생존, 자연 도태가 사회에서도 일어나 성원들의 생존 경쟁에서 지적 우수자는 살아남고 지적 열패자는 도태되며 이것이 사회 진화의 원동력으로 작용한다고 판단했다.

스펜서의 학설은 제국주의적 침략 경쟁을 정당화함으로써 19세기 후반과 제1차 세계 대전이 일어난 20세기 초반까지 구미 학계의 선풍적 지지를 받았고, 제국주의적 세계 질서 속으로 재편되어가던 동아시아의 세 나라, 일본·중국·한국에도 수입되었다. 특이한 점은 한·중·일이 처해 있던 사회·정치적 상황에 따라 동일한 사회 진화론을 다른 각도에서 보고 이용했다는 것이다. 이미 발 빠르게 근대화에 성공해 제국주의적 경쟁에 나선 일본은

사회 진화론을 동아시아에서의 제국주의적 확장을 정당화하는 논리로 사용한 반면, 중국과 한국은 우승열패의 현실을 국민에게 알리고 제국주의적 침략에 맞서는 국가와 국민의 경쟁력을 강화하도록 촉구하는 논리로 사용했다. 중국의 변법자강 운동과 한국의 자강 운동, 실력 양성 운동은 바로 사회 진화론을 수용한 결과로 나온 것이다. 역사관에서는 종래의 순환론적이고 상고주의적尙古主義的인 사관에서 발전론적이고 진보주의적인 사관과 이에 입각한 시기 구분론이 파생되었다.

한국의 경우, 1883년 〈경쟁론〉을 쓴 유길준과 《독립신문》에 사회 진화론적 시각에서 글을 쓴 서재필, 윤치호 등 미국을 통해 사회 진화론이 유입되기도 했지만, 1900년대 초반 사회 진화론을 소개한 옌푸嚴復, 1853~1921, 량치차오와 같은 중국인의 저작이 수입되어 읽히면서 본격적으로 확산되었다. 옌푸가 스펜서의 《사회학 연구The Study of Sociology》를 번역한 《군학이언群學肄言》, 1903년 간행된 량치차오의 문집 《음빙실문집飮氷室文集》 등이 국권이 흔들리던 당시 한국 지식인에게 큰 영향을 미쳤다. 《음빙실문집》에는 스펜서는 물론 사회 진화론 학자인 벤저민 키드Benjamin Kidd, 1858~1916, 다윈 등이 소개되어 있었다. 또한 일본 유학생도 자신들이 새로이 배운 학설을 유학생 잡지에 게재하기 시작했으며, 국내의 애국 계몽 운동가들도 학회지에 많은 기고를 했다.

사회 진화론은 구한말 제국주의 침략에 맞서 한국, 한민족 스스로가 강해져야 한다는 '자강론自强論'의 기반이 되었다. 대표적인 자강 운동 잡지인 《대한자강회월보》에서 박은식은 "현시대는 세계 인류가 생존 경쟁으로 우승열패지추優勝劣敗之秋"에 있으며 "개명국開明國의 민족은 교육으로 지식을 개발하고 식산殖産으로 세력을 증진"한다며 이 잡지를 통해 일반 국민의 교육과 산업을 일으켜 자강적 사상과 실력을 기르려 한다는 취지를 밝히기도 했다.

일찌감치 량치차오의 글을 탐독했던 신채호도 사회 진화론에 근거해 제국주의와 민족주의를 이해했다(〈제국주의와 민족주의〉, 1909). 그는 제국주의를 전부터 있던 민족주의가 이 시대에 와서 이르게 된 일종의 변종으로서 '약육강식의 원리'에 따라 "영토와 국권을 확장하는 주의"이며, 제국주의가 가는 곳은 어디나 우승 열패의 참극이 일어난다고 보았다. 그리고 이에 저항하는 방법으로 "타 민족의 간섭을 받아들이지 않는 주의"로서 "우리 민족의 나라는 우리 민족이 주장"하는 '민족주의'를 강건하게 할 것을 주장했다. 신채호도 량치차오처럼 벤저민 키드의 외경론外競論

🟠 **벤저민 키드**

영국의 사회학자로서, 그는 관리 생활을 하다가 세계 각지의 사회를 조사한 뒤 사회 진화가 국가와 같은 집단 간 투쟁과 도태에 따라 결정된다고 보게 되었다. '열등 민족'의 '문명화'를 위해 우수한 민족이 열등한 민족을 정복하는 것을 정당하게 보았다. 우수한 민족이 되려면 초합리적 힘으로 사회를 통제할 필요가 있다고 보고, 이 점에서 종교적 교화의 우위를 주장했다. 키드는 《사회 진화론(Social Evolution)》(1894)을 통해 영국과 앵글로·색슨족이 다른 국가, 다른 민족과의 경쟁에서 최종으로 승리하리라 전망하는 등 영국의 제국주의를 지지했다.

을 적극 받아들여 같은 민족이면 먼저 합하고 다른 민족이면 먼저 경쟁하기 때문에 같은 민족 안에서보다 다른 민족 사이에 우승열패가 더 적나라하게 나타난다고 보았다.

신채호와 박은식 등의 자강론은 주체적인 자력에 의한 실력 양성을 중시한 것으로, 실력 양성을 위해서는 일본과 같은 타국의 보호와 지도도 무방하다는 일부 자강론자의 논리와는 분명한 선을 긋는다. 그러나 자강론의 기반 자체가 약육강식의 국제 질서를 정당화하는 사회 진화론인 한 제국주의를 근본적으로 부정하는 인식 수준에 머물 수밖에 없다.

이러한 세계 인식 속에서 신채호가 역사를 이끌어가는 주체로서 처음에 주목했던 범주는 '영웅'이었다. 그는 "영웅은 세계를 창조創造한 성신聖神이며, 세계는 영웅의 활동하는 무대"(《영웅과 세계》, 1908. 1)라고 보았다. 또한 "국가의 강약強弱은 영웅의 유무有無"에 있지 장수와 병졸이 많고 적은 데 있지 않다며, "일국 강토는 그 나라 영웅이 몸을 바쳐서 위엄이 있게 한 것이고, 일국의 민족은 그 나라 영웅이 피를 흘려서 보호한 것"이라고 했다. 국가와 민족의 존속과 성패에서 영웅이 차지하는 비중을 절대적인 것으로 본 것이다(《을지문덕전》). 물론 이 영웅은 자기 당파, 자기 가족을 뛰어넘어 '국가'를 위하고 자기 권리와 부귀보다는 '정의'를 구하는 '국민적 영웅'이었다. 즉 종교, 학술, 실업, 미술 모든 부문에서 뛰어난 이들이 국민적 차원에서 가족이나 당파의 사람이 아니라 나라의 사람으로서 정의롭고 공정하게 활동할 줄 알아야 되며, 나아가 세계와 '교섭'하고 '분투'할 수 있는 세계적인 영웅이 되기를 원했다(〈영웅과 세계〉).

　신문과 잡지를 통해 영웅론이 쏟아져 나오는 현상은 비단 한국만의 특징은 아니었다. 당시 동아시아에서 영웅은 국가 간의 생존 경쟁 속에서 각 민족 국가 국민의 가능성을 보여주는 대표적 존재였다. 그러나 각 민족이 처한 '시세時勢'가 달랐기에 영웅상도 달랐다. 일본처럼 근대 국가의 대열에 일찌감치 들어선 경우 사회 진화론의 결정론적 우승열패의 시세는 영웅의 성공을 당연하게 해주는 배경으로 그려졌지만, 중국이나 한국처럼 식민지 상태로 전락해가는 경우 영웅은 사회 진화론의 결정론적 시세를 극복해가야 하는 존재로 그려졌다.

　신채호도 '시세', 즉 기회가 영웅을 낳는다면서도 동시에 영웅이 기회를 스스로 만들 수 있으니 앉아서 기다리고만 있어서는 안 된다고 하며(〈기회는 불가대좌〉, 1908. 3), 역사 속에서 기회를 만들어낸 영웅들로서 위태한 나라를 구할 상무적 영웅을 그려냈다. 나라가 망하기 전까지 그가 열정을 다해 써낸 글 가운데 다수의 영웅전이 포함된 것은 이러한 그의 관심을 보여준다.

　가장 먼저 눈에 띄는 것은 《이태리건국삼걸전》이다. 량치차오가 쓴 것을 신채호가 번역한 뒤 장지연에게 교열을 부탁해서 발간한 책이다. 신채호는 그 서문에서 "애국자가 없는 나라는 지금 비록 강하다고 해도 분명 약해질 것"이나 "애국자가 있는 나라는 지금은 비록 약하다 해도 분명 강해질 것"이라며 그 책을 통해 "대한 중흥中興 삼걸전, 아니 삼십걸전, 삼백걸전을 다시 쓰게 되는 것이" 자신의 피 끓는 염원이라며 번역 목적을 밝혔다. 말미에는 량치차오의 짧은 결론 뒤에 자신의 긴 결론을 덧붙여 동포 가운데 삼걸이 나오기를 바라고 동포들이 삼걸이 못 되더라도 삼걸의 시조가 되고 삼걸을 따르는 자가 되기를 간절히 바랐다. 타국 위인에서 '애국자'로서의 영웅을 발견한 그는 한국 역사 속에서 이러한 애국 영웅을 발굴하기 시작했다. 《대한매일신보》에 〈이순신전〉, 〈최도통전〉, 〈한국의 제일호걸대왕〉 등을 싣고 휘문관을 통해서는 《을지문덕전》을 출간하기도 했다. 이 시기 신채호의 이상은 이태리와 같은 부국강병과 독립을 성취하는 것이었으며, 이를 이루는 데 민중보다는 민중을 지도할 이상적인 애국적 지도자로서 '영웅'을 사회 역사의 주체로 설정했다.

영웅에서 국민으로

그러나 신채호는 1908년 중반 이후부터 생각의 변화를 보인다. 영웅의 역할을 높이 사던 그가 영웅도 교육을 통한 국민의 성장 속에서 태어날 수 있고 한두 명의 영웅이 아닌 국민 전체의 실력이 성장해야 한다고 역설한다. "여러분은 혹 어디 풀뿌리나 석굴에서 일개 영웅이 태어나서 이 나라 산하를 정돈할 줄로 믿는가. 고대에는 일국의 원동력이 항상 하나둘 호걸에 있고 국민은 그 지휘를 따라서 좌우할 뿐이러니, 금일에 이르러서는 일국의 흥망은 국민 전체 실력에 있고, 하나둘 호걸에 없을뿐더러, 또한 완전한 교육이 없으면 진정한 일국의 근세적 호걸이 나타나지 못할지어늘, 만일 이들 미신을 지니고 천회운시天回運施를 앉아 기다리면 어찌 어리석은 사람이 아닌가"(〈소회일폭으로 보고동포〉, 1908. 8). 역사 주체로서 영웅보다는 국민을 강조하기 시작한 것이다.

또한 영웅 이전에 영웅을 길러내는 국가적, 사회적 풍토를 강조했다. 영웅은 "그 나라 민족들이 숭배하는 마음속에서 만들어져 나오는 것"이라 보았다. 영웅이 많은 나라에서는 한 사람의 총명한 청년만 있어도 온 사회가 그를 열성으로 숭배·찬미하고, 채찍질하여 영웅이 되는 대로에 오르도록 해준다는 것이다. "뿐만 아니라 영웅이 수염과 눈썹이 한 가닥이라도 불려서 흔들리게 되면 천백의 화가畵家들이 모여들어 그것을 본받아 그리고, 영웅의 침과 기침 한 번만 소리 나서 떨어져도, 천억의 사가史家가 모여 와 그것을 수습하고 나선다. 그런가 하면, 영웅의 어깨에는 송축의 꽃다운 말들이 어지럽게 피어나고, 영웅이 죽은 뒤에는 동상이 높이 우뚝 솟아, 그 민족의 영웅에 대한 신앙심이 신명神明과 같고 성사聖師와 같기만 할 뿐이다"(〈영웅을 길러내는 기계〉, 1908. 8). 그가 전 국민적인 영웅 숭배심을 '영웅을 길러내는 기계'라고 하여 '기계'에 비유한 것은 단순히 정신적 계몽 차원이 아니라 영웅을 길러내는 체제 차원의 메커니즘, 국가적 시스템이 필요함을 보여주는 것이다. "고상하고 순결한 공덕심公德心"을 배양해서 영웅을 숭배하면 영웅이 많이 나온다는 언급 역시 영웅 만들기가 공적인 국가 사업임을 말해준다.

신채호의 말대로라면 아무리 워싱턴George Washington, 1732~1799이나 나폴레옹 같은 뛰어난 웅재雄才가 있어도 이들을 숭배하는 사람이 별로 없다면, 그들이 워싱턴이나 나폴레옹 같은 인물이 될 수가 없다. 결국 그의 비판은 국민에게 있는 '시기나 질투하는 악습'을 향한다. '열등한 민족'은 영웅을 백안시하고 '미친 혀'로 조롱하며 '냉정한 태도'로 그를 접하고, 영웅이 눈물을 흘리면 곁에서 비웃고, 피를 뿌리면 그 등 뒤에 숨어서 욕한다고 했다. 여기서 신채호와 그의 동료들을 향한 정치적 반대자들의 시선을 느낄 수 있다. 그는 자신과 신민회에서 같이 활동하는 안창호의 말을 빌려 '우리 집 형'이 '이웃 집 형'보다 어리다고 우리 집 형을 부인해서는 안 되듯이 우리나라 영웅이 다른 나라 영웅보다 능력이 덜하다고 해도 이들을 "숭배하고 보조해야만 하는 것"이라 주장했다. '공덕심'을 가지고 '민족', '국민'과 '국가'를 위해 청춘을 다 바쳐 활동을 하는 이들에 대해서는 그만큼 합당한 지지와 지원이 필요하다는 것이다.

 신채호가 사회 역사의 주체로서 영웅보다 '국민'에 더 주목하게 된 계기는 무엇이었을까? 첫 번째 생각할 수 있는 계기는 의병 운동이다. 1907년 8월 고종이 강제 폐위를 당하고 군대가 해산되면서 의병 운동이 전국으로 확산되어 1908~1909년에는 그 활동이 매우 활성화되었는데, 신채호는 이 기간 동안 '민民'을 국가의 실체, 국가와 민족을 구성하는 실질적 주권자로 인식해간다. 형식적이나마 국가주권을 담지하던 기존 군주는 결국 강제로 물러나고 그가 기다리던 영웅은 출현하지도 못하는 상황에서 국권을 빼앗기지 않기 위해 역동적으로 움직이는 민을 보면서 새로운 국민의 탄생을 바라게 된 것이다.

그리하여 〈20세기 신동국지영웅新東國之英雄〉(1909. 8)을 쓸 무렵에 와서는 '영웅'이라 말하지만 사실상 각성된 국민을 영웅시한다는 점에서 역사 전개의 주체를 '국민'으로 바꾸었다. 영웅은 "국민에서 낳는 바"이며 "정의에서 나오는 바"이지만, 한국에서는 과거부터 영웅을 숭배하지도 않았고 역사 속에서 매몰했기에 결국 국민은 없고 "사당私黨 관념 가족 관념만" 있으며 정의는 없고 권리사상 부귀사상만 있을 뿐, 당시에 영웅다운 영웅이 없음을 개탄했다.

이러한 영웅론의 변화는 그에게서만 볼 수 있는 것은 아니다. 신채호가 속했던 비밀결사인 신민회新民會, New People's Society (정식 명칭은 대한신민회)의 '신민'의 개념을 보면 당시 구국 운동자들의 공통된 생각을 살펴볼 수 있다. 〈대한신민회 통용장정〉에는 "아한我韓의 부패된 사상과 관습을 혁신하고 국민을 유신維新시켜 쇠퇴된 교육과 산업을 개량하고 사업을 유신시켜 유신된 국민이 통일 연합하여 유신한 자유문명국自由文明國을 성립시킴"이라고 되어 있다. 창립된 해에 약 400명, 1910년에는 800명에 달한 신민회의 우국지사들이 '새로운 국민'을 열망하고 있었던 것이다. 이들은 자신들도 '국민의 일원'이라고 자처하면서 전체 국민을 새롭게 하기 위한 언론·출판·교육·실업 분야에서 국민 계몽 프로젝트를 실천했다. 함석헌이 후일 다니게 된 오산학교도 바로 이 배경에서 태어났다.

그렇다면 이들은 왜 국민을 새롭게 해야 한다고 여겼을까? 이

는 신채호가 국민 일반을 이끌 영웅이 출현하면 시세가 바뀌리라는 다소 단순한 생각에서 국민 모두가 영웅적인 존재로 거듭나야 한다는 생각으로 바꾼 것과 상통한다. 국권 회복이 그만큼 어려워지는 정세를 절감하면서 변화해가던 그의 사고는 특히 신민회의 이념을 대중적으로 설파한 논설 〈20세기 신국민〉(1910)에서 명확히 정리된다. 그는 "20세기의 국가 경쟁"은 그 원동력이나 승패의 연유가 모두 한두 사람이 아니라 "국민 전체"에 있기에 사실상 "국가 경쟁"이 곧 "전 국민의 경쟁"이 되므로 국민 전체가 "20세기 신국민"이 되어 나서줄 것을 요청했다. 국민 동포 전체가 20세기 신국민으로 변화되어야 국가 경쟁에서도 이길 수 있다는 것이다.

신채호가 바라는 이상적인 국가상도 이렇게 새로워진 국민에 의해 구성된 '국민적 국가'였다. 신국민은 무릇 평등, 자유, 정의, 의용毅勇, 공공公共이라는 다섯 가지 도덕적 자격을 갖추어야 한다고 했다. 평등은 민족 간, 관민 간, 적자와 서자 사이의 계급주의를 없애자는 것이다. 이때의 계급주의는 자본주의적 계급 차별이 아니라 '차별' 내지 '불평등'이 작용하는 지점을 포착한 말이다. 또한 압제와 의뢰의 악순환 속에서 벗어나려는 '자유'가 필요하며, 지역과 군주와 나라를 팔아먹는 사리심을 타파해야 한다는 점에서 '정의'를 주장했다. 또 외적 경쟁력을 키우고 모험을 진취하기 위해서는 '의용'이, 공익과 공덕으로 국가의 기초를 다지기 위해서 '공공'이 필요하다는 것이다. 따라서 무엇을 하더라도 '국민'적, '국가'적 단위나 규모로 해야 한다고 주창한다. 전

국민을 대상으로 한 상무적인 교육과 병역 의무제로 국가를 지켜내야 하고, 개인 사업 역시 "반드시 국민 경제"를 목적으로 세워야 한다는 것이다.

신채호는 자기 한 몸, 자기 가족이나 자기 단체만을 생각하는 이기적인 생각으로 집단의 공동체적 운명에 무관심한 이들을 질타한다. 〈대아와 소아〉(1908. 9)라는 글에서는 "반드시 죽는 나를 잠깐 살리기 위하여 영원히 죽지 않는 나를 욕되게 하"는 어리석음을 비판했다. "작은 내가 탄환에 맞아 죽거든 큰 나는 그 앞에서 하례賀禮하여 나와 영원히 있음을 축하"하리라는 것이다. 이처럼 신채호는 고립된 개인이 아니라 '영원히 죽지 않는 나', 즉 '민족'이나 '국민'이라는 집합적 존재를 중시한다. 그가 생각하는 '나'는 집합적 존재 내지 공동체와 강한 유대를 맺고 있어서 그와 떨어져 설명할 수 없는 존재다. 이러한 사고는 생존 경쟁이 '민족국가'라는 거대 단위로 벌어지고 날고 기는 사람도 도매금으로 넘어가는 세태를 보면서, 국가 내지 국민이라는 좀 더 넓은 집단적 생존 경쟁의 범주에서 이해득실을 사고할 줄 아는 사람이 필요하다는 생각에서 나왔다.

신채호는 국가의 멸망을 눈앞에서 대하면서 영웅의 출현을 대망했고 자신도 그렇게 헌신하고자 했다. 그러나 그는 곧 아무리 민족적 가능성이 있고 시세가 무르익었다고 해도 서구와 일본을 강국으로 만들고 영웅을 출현시킨 것, 곧 국가적인 영웅 숭배 메커니즘과 국민 교육 체제가 한국에 없었다는 사실을 깨닫고 교육과 역사 서술을 통해 이를 이루고자 애썼다. 그가 1908년 상반

기, 영웅호걸도 평범한 '전국 가정'에서 자라난다며 《가뎡잡지》를 발간했던 것은 미래의 영웅을 배출해야 한다는 책무감을 느끼고 있었다는 뜻이다. 〈청년학우회 취지서〉(1909. 8)에서 청년을 '한 나라의 사명司命'이며 '일세의 도사導師'로 표현한 것도 같은 맥락에서 이해할 수 있다. '사명'은 도가道家에서 '인간의 수명을 관장하는 신'이니 청년이 한 나라의 흥망을 주관한다는 뜻이고, '도사'는 불교에서 중생을 계도하여 깨달음으로 이끄는 존재이니 청년이 전 국민을 이끄는 선구자이자 지도자라는 지위와 책무를 가졌다는 뜻이다.

또한 민족적 위기를 타개할 절박함 속에서 '영웅'을 대망하며 역사 속에서 영웅을 찾아 대중에게 제시하던 신채호는 국가 경쟁력이 궁극적으로는 '국민'에 있음을 깨닫고 국민정신, 민족정신을 역사적으로 재구성하여 제시하고자 〈독사신론〉을 썼다(《대

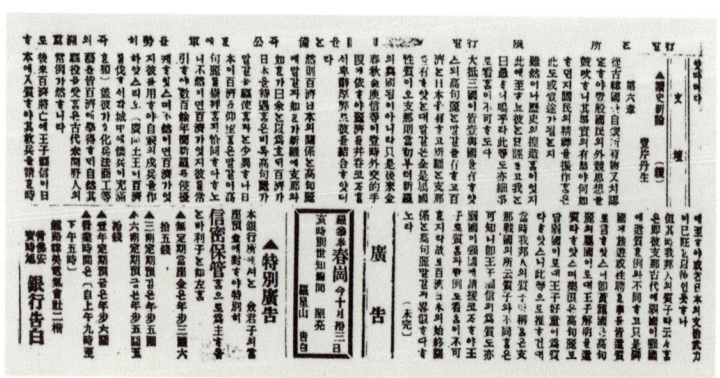

〈독사신론〉

한매일신보》 연재). 그는 〈독사신론〉에서 국가를 민족정신으로 구성된 유기체로 보고 단군에서 비롯되어 계승되는 민족정신과 한민족의 독자성을 역사 속에서 형상화하고자 했다. 특히 "국가의 역사는 민족의 소장성쇠消長盛衰의 상태를 서술한 것"이며, "민족을 버리면 역사가 없을지며 역사를 버리면 민족의 그 국가에 대한 관념이 크지 않을지니 오호라 역사가의 책임이 막중할진저"라고 하여 역사 서술의 주체를 '민족'으로 잡았다. 신채호의 이 같은 견해는 기존의 왕조 중심 역사에서 벗어난 민족 중심의 역사관으로서, 학계는 신채호가 한국 근대 역사학에서 민족주의 사관을 처음 제시했다고 평가한다. 또한 그의 민족주의는 "아국我國의 국國은 아족我族이 주장한다"라는 민족 보전론에서 더 나아가 '팽창적, 웅장적, 견인적 광휘'를 떨치는 민족주의의 필요성까지 주장한다(〈제국주의와 민족주의〉). 〈독사신론〉에서 만주를 주요 활동 무대로 삼았던 '부여족'을 주족主族으로 하여 역사를 재구성한 그의 발상에도 만주를 근대 국가의 영토로 포함해 이를 토대로 국권을 회복하려는 의도가 보인다. 사회 진화론에 기반한 그의 제국주의 비판은 이러한 한계를 지니고 있었다.

국민에서 민중으로

그렇다면 신채호가 말하는 '국민'은 정치적으로는 어떤 존재였을까? 이 국민과 지배자인 '왕'과의 관계는 어떻게 보았을까? 그

> **공화 정체**
>
> 신채호가 번역한 《이태리건국삼걸전》에는 마치니(Giuseppe Mazzini, 1805~1872)가 국민의, 국민을 위한, 국민에 의한 정치로서 공화정을 추구했다는 내용은 나오는데, 마치니가 공화정을 위해 봉기하려다가 실패하고 물러나게 되었다는 량치차오의 원전에 있는 대목은 빠져 있다. 또한 량치차오가 1899년 대한 제국의 헌법이라 할 수 있는 '대한국국제'가 선포된 것을 두고 국민의 혁명 없이 헌법을 만든 나라로 조선을 지칭한 대목도 빠져 있다. 이는 국권의 상징인 대한 제국 황제를 의식했다는 뜻이다.

가 독립 협회의 청년 회원으로 활동하던 1890년대 말에는 독립 협회가 공식적으로 표방하던 입헌 군주제, 즉 왕이 있되 국민의 의지가 반영된 헌법으로 통치되는 체제를 지지했으리라 추측된다. 그러나 그가 신민회의 창립 멤버로 활약하던 1907년 무렵에는 신민회가 국권 회복을 통해 공화 정체의 자유 독립국을 세우는 데 궁극적 목적을 두었던 것을 본다면 이미 신채호도 공화 정체를 지향했었다는 사실을 알 수 있다.

〈20세기 신국민〉에서 그는 "전제봉건의 낡고 고루함이 사라지고 입헌 공화의 복음이 두루 퍼져, 국가는 인민의 낙원이 되며, 인민은 국가의 주인"이 되는 것을 문명의 진보로 보았다. 정치적으로는 국민이 국가주권을 갖는 공화주의를, 경제적으로는 국민경제를 바탕으로 한 자본주의를 지향한 것이었다.

〈논충신論忠臣〉(1909. 8)이라는 글에서는 지배자에 대한 충성과 국가에 대한 충성을 구별하여 군주 주권론과 선을 그었다. 신채호는 고대에는 '국가'라는 뜻이 명확하지 않아서 귀족이나 군주가 "국가의 중심점"이었기에 "귀족 및 군주의 충신이 많고 국가의 충신이 적었"지만 이제 국가 간, 민족 간 경쟁 시대에 와서 지배자와 국가를 동일시하던 인식에서 벗어났으며, 이러한 현실을 국가에 대한 이해가 깊어진 결과로 보았다. 동시에 "군상君上은 일국의 주권자라 군상과 국가의 관계가 항상 서로 같은 고로 국가에 충忠하는 자는 자연 군상에게도 충忠할지어니와 만일 군君과 국國의 이해가 양립하지 않는 경우에는 군君을 버리고 국國을 따르느니라"고 하여 국가의 존립을 해치는 지배자를 용납하지 않았다. 특히 "백성이 중하며 사직은 다음이고 임금이 가볍다〔民爲重 社稷次之 君爲輕〕"라는 맹자의 한 구절에 '임금=군주, 사직=황실, 민=국가'를 넣어 해석했다. 즉, 군주와 황실과 국가는 별개이며, 국가에 대한 충성을 상위 가치로 자리매김한 것이다. 그러나 이때의 '국민'은 공화 정체를 획득하기 위해 왕정 체제와 싸우는 마치니처럼 국민 혁명을 일으키는 존재가 아니라 '국가'와 동일시되고 국가의 한 부분으로서 유기체적인 국가에 충성을 바쳐야 하는 존재로 그려지고 있다. 군주가 국민 혁명이 아니라 제국주의의 강권에 의해 밀려나게 되어 국권 자체를 지키는 것이 급무였던 시대 상황 때문이었다.

이처럼 1910년 국권 상실을 전후한 시기 신채호는 소수 영웅을 대체할 참된 사회 역사의 주체로서 왕이나 왕조와 같은 지배자에 예속된 존재가 아니라 국가 자체에 직결된 존재로서 국민을 주창했다. 고종 황제가 이미 강제 퇴위를 당했고, 순종純宗, 1874~1926도 곧 물러나야 할 상황에서 군주 주권론은 더 이상 설 곳이 없었고, 군주 정체의 형식을 가진 대한 제국의 멸망이 완전한 국권의 상실로 치닫는 것을 막아야 했다. 이를 위해 형식상 국가는 망해도 국민 주권 의식을 가진 신국민의 애국심을 고취

하면 정신상 국가는 보전된다는 논리로 망국의 위기를 극복하려 했다(《정신상 국가와 형식상 국가》, 1909. 4).

애국심이 있으면 나라를 다시 회복할 수 있다는 생각은 이후 1910년대 신채호가 보인 활동에 면면이 드러난다. 재중 동포를 대상으로 하여 애국심과 민족의식을 고취하기 위한 역사 서술과 교육 활동을 하는 한편 신한청년당, 대동청년단 등 '신국민' 양성과 국권 회복을 지향하는 조직 활동에도 적극적이었다. 특히 1917년 신규식을 필두로 하여 박은식, 신채호, 박용만, 윤세복, 조소앙, 신석우 등 14명이 발기한 〈대동단결선언〉은 식민지 상황하에서의 국민 주권론을 선명하게 보여주고 있다. "융희 황제가 삼보三寶(토지·인민·정치)를 포기한 8월 29일은 즉 우리 동지가 삼보를 계승한 8월 29일이니, 그동안에 한순간도 숨을 멈춘 적이 없음이라. 우리 동지는 완전한 상속자니 저 황제권 소멸의 때가 곧 민권民權 발생의 때요, 구한국 최후의 날은 곧 신한국 최초의 날이다." 신채호 등은 이 선언을 통해 1910년 8월 29일, 군주인 순종이 주권을 포기한 사건은 묵시적인 주권의 선위로서 국민에게 주권이 계승, 상속되는 계기로 보았다. 공화주의에 기반한 신한국이 그때 탄생했다는 것이다. 동시에 주권은 국민에게 넘겨졌지만 일본이 국토를 강점한 상황에서 해외 동포가 주권을 행사할 수밖에 없으니 해외 동포가 민족대회의를 열어 임시 정부를 구성하자고 제안했다. 이 선언은 이후 각각 1년 뒤에 조직된 신한청년당과 2년 뒤에 출범한 대한민국 임시 정부의 공화주의에 사상적 기반을 제공했다.

그러나 임시 정부가 출범한 지 얼마 안 된 1923년 신채호가 쓴 〈조선혁명선언〉에는 혁명을 일으킬 사회 역사적 주체로 '국민'이 아닌 '민중'이 전면에 드러나 있다. 〈조선혁명선언〉을 보면 '강도 일본'과 '대다수 인민 곧 일반 농민', '강도 일본'과 '민중', 또는 '강도 일본'과 '우리 민족'이 대극을 이루며 등장한다. 물론 이들 사이에서 일본의 제조품을 조선에 내다파는 '여간 상업가'가 있지만 "자본 집중의 원칙하"에서 필연적으로 멸망할 것이라고 보았으니 큰 구도에서는 그리 중요한 존재가 아니다. 흥미로운 점은 인민, 민중, 민족이 각각 독특한 의미를 지니고 강도 일본과 대극 관계를 이루면서 인민, 민중, 민족이 사실상 서로 동격으로 다루어지는 점이다. 먼저 '인민'은 한 국가 안에서 지배자로서의 상전, 특수 세력에 지배받는 피지배 세력(제국 지배하의 조선 인민) 차원에서 언급되며, '민중'은 과거의 지배-피지배 관계가 아니라 '금일'의 지배-피지배 관계에서 지배 세력이자 특수 세력, 특권 계급인 '강도 일본'을 몰아낼 혁명의 주체로 언급된다. 또한 '민족'의 대다수 구성원은 민중이며, 민중의 혁명으로 '조선 민족의 생존 유지', '우리 민족의 신생명 개척'이 가능하다고 보았다. 여기에서 알 수 있듯이 민족은 능동적인 사회 역사적 주체의 자리에서는 '민중'보다 한층 내려와 있다. 이러한 수사학에 따라 〈조선혁명선언〉의 내용을 정리해 본다면, 조선 '민족'은 제국주의 일본의 침략으로 인해 식민지 피지배 세력으로서 '인민'이 되었으나 '민중'의 혁명을 통해 그 살길을 보전할 수 있으리라는 논리가 된다.

이전에도 신채호가 민중이라는 용어를 쓴 적은 있으나 이 선언문에서처럼 사회 역사의 주체로 명확히 개념화해 쓰지는 않았다. 신채호는 어떻게 민중을 발견하게 됐을까? 민중을 어떤 사회 계층으로 파악했을까? 왜 민중을 민족 해방 운동의 주체로, 나아가 역사의 주체로 설정하게 되었을까?

1910년 이후 본격적인 망명 생활 속에서 신채호는 민족적, 계급적인 차별에 적극 대항하고 나서는 다수 대중의 흐름을 목도할 수 있었다. 중국에서 만난 신해혁명과 러시아 혁명, 무엇보다 해외가 아닌 고국 동포가 대대적으로 일어난 3·1운동과 그 영향을 받아 일어난 중국의 5·4운동, 그리고 국내외에 활짝 핀 각종 사회 운동과 대중 운동은 새로운 시대의 도래를 전하고 있었다. 그래서인지 1920년대 이후에 그는 역사 주체를 가리키는 용어로 국민이 아닌 민중을 많이 쓴다. '무산민중', '식민지 민중', '다수의 민중', '무전無錢·무병無兵한 민중', '2,000만 민중' 등이 그것이다. 그 수식어에서 '민중'이 누구인지를 가늠할 수 있다. 민족적으로나 계급적으로 보나 돈도 힘도 없는 약자의 위치에 있는 식민지의 다수 대중을 뜻한다. 그러나 신채호는 식민주의자는 물론 지주, 자본가에게도 반대하는 이들을 경험하면서 계급적 평등과 민족적 해방에 좀 더 이해가 깊고 적극적으로 행동하는 존재들로 '민중'의 가능성을 보았다. 그러나 민중은 쉽게 혁명을 각오할 수 없고 "선각한 민중이 민중의 전체를 위하여 혁명적 선구"가 되어야 하며 이를 위해 직접 폭력적 수단을 갖고 폭동을 일으켜야 한다고 보았다.

이쯤 되면 신채호가 '국민'을 연호하던 1910년대에 '공화 정체'와 국민 경제에 기반한 '자본주의 경제 체제'를 지향했던 때와는 뭔가 다른 지점에 와 있음을 직감할 수 있을 것이다. 〈조선혁명선언〉에서 가장 큰 적으로 지목한 강도 일본은 약탈적 경제 제도와 불평등한 사회 제도를 강제한 존재로서, 조선 혁명은 이를 파괴하고 '민중적 경제'와 '민중적 사회'를 건설하는 것으로 언급되었다. 제1차 세계 대전과 그 전후 처리 과정을 통과하면서 신채호에게 일본 같은 제국주의 국가는 더 이상 모방해야 할 모델이 아니었다. 사회주의 국가가 보이는 패권적 성향, 더욱이 이들을 모델로 삼는 조선인 운동 진영이 보이는 패권적 모습에도 실망했다. 현실적으로 국권을 상실한 상황에서 '국민'이라는 용어는 이제 식민지 국가를 손에 쥔 총독부와 일본 제국을 인정하는 개념이 될 수도 있기에 달갑지 않았을 것이다. 특히 내정독립론, 참정권론, 자치론 등과 같이 일본 제국주의 국가 권력의 식민지 지배를 용인하는 주장이 들고 일어나는 상황에서는 더욱 그러했다.

이러한 때에 매혹적으로 다가온 사상이 바로 아나키즘이다. 아나키즘이 19세기 말 일본에 소개되고 일본을 통해 동아시아에 소개될 무렵에는 '무정부주의'로 번역되는 등 대체로 부정적인 면이 부각되었다. 신채호가 번역한 《이태리건국삼걸전》에서는 아나키즘에 대해 카르보나리Carbonari당을 예로 들어 "파괴만 있고 건설은 없는" 것이라며 그 구성원을 "저 횡포하고 방자한 무정부주의자"라 부르며 이들과 "우리 절대 가인偉人 마치니"를 구별했다. 비록 량치차오의 견해이긴 하지만 국권 수호와 애국을 강

조하는 신채호가 강점 이전에 모든 국가 권력을 강권으로 보고 부인하는 아나키즘을 긍정적으로 보았을 가능성은 적다. 그러나 이와 같은 아나키즘에 대한 부정적인 인식은 망명 후 세계정세의 변화와 1910~1920년대 중국에서 잇단 아나키스트들과의 접촉을 통해 점차 달라지기 시작한다.

1921년 《천고》의 〈고고편〉에서 신채호의 이러한 사상적 전환 과정을 볼 수 있다. 그는 "국수론國粹論, nationalism은 군국침략의 별명으로 이것에 의해 국가 사이의 관계가 파괴되어 전쟁이 일어나게 되었다. 그래서 몇천만 명의 사람이 죽었고, 억만의 재물이 파손되었고, 불구자가 된 남자가 길을 메우고 과부가 나라를 메웠다. 전 유럽이 비참한 상태에 빠지게 되었고, 모두 국수론 그 단어의 위험성을 알 수 있다"라고 하였다. 국수론의 횡행으로 세계 대전이 일어났고, 그 전쟁이 그친 뒤에도 오히려 대국이나 소국에서도 국수론이 번성하고 있다며 국수론, 즉 민족주의의 위험성을 경계했다. 이러한 인식은 신채호가 문명의 진보에 민족 간의 경쟁이 불가피하다고 보는 사회 진화론 일변도의 시각에서 벗어났음을 보여준다. 과거에 교육과 실업을 일으키고 군사력을 키우면 약자도 강자가 될 수 있으리라던 전망은 실제 좌절되었을 뿐만 아니라 오히려 인류 사회에 비극을 가져오는 것으로 판명된 것이다. 문명한 강국은 약자가 본받아야 할 모델이 아니라 약자의 생존을 위해 폭력적으로 파괴하고 부정해야 할 대상으로 파악되었다.

그러나 동시에 국수론, 즉 민족주의는 완전히 버릴 수는 없는 이념으로 언급된다. "새로운 조류가 파급되는데 세계가 진동하였고, 국수론은 무식한 사람을 우롱하는 것이며 듣는 자들은 이것을 지양하려고 한다. 한 가마의 고기를 전부 맛을 보지 않고 다른 사람을 따라서 배가 아프다고 하는 것은 너무나도 슬픈 일이다"라고 하여 자신도 국수론의 위험성을 알고 있으며, 세계 개조의 대세를 운위하는 시점에서 자신의 주장이 지양의 대상이 될 수도 있지만 여전히 의미가 있다고 말한다. 그는 남의 집 가마의 고기를 예전에도 먹어보았고(공자와 한학), 지금에도 먹어보았지만(양학) 아직 우리 집 가마의 고기는 먹어보지 못한 것 아니냐고 반문한다. 중화주의에 입각한 전통적 세계관과 그에 따른 실천, 서구적 근대의 세계관과 그에 따른 실천 모두가 실패한 사실을 그들의 실패, 즉 그들의 자의식과 전통에 근거한 프로젝트의 실패로 간주하고 우리의 자의식과 전통에 근거한 시도는 아직 해보지 못했다며 새로운 가능성을 점치고 있다. 예컨대〈조선 고대의 사회주의〉(《천고》, 1921. 2)에서는 우리의 정전제井田制가 중국에 전해졌다고 주장하면서 사회주의적, 민중주의적 맹아를 조선 민족의 역사에서 추출하려는 노력을 보이기도 했다.

왜 신채호는 아나키즘에 접근해가면서도 '국수' 전통에 미련을 버리지 못했을까? 이는 정치적으로는 조선인이 겪는 강권적 지배가 같은 민족이 아닌 타 민족의 제국주의 지배에서 온 탓인 듯하다.《동아일보》에 발표한〈낭객의 신년만필〉을 보면, "일본인이 아무리 무산자일지라도 그래도 그 뒤에 일본제국이 있어 위험이 있을까 보호하며, 재화災禍에 걸리면 보조하며, 자녀가 나면

교육으로 지식을 주도록 하여, 조선의 유산자보다 호강한 생활을 누릴뿐더러, 하물며 조선에 이식한 자는 조선인의 생활을 위협하는 식민植民의 선봉이니, 무산자의 일인日人을 환영함이 곧 식민의 선봉을 환영함이 아니냐"라고 했다. 당시 식민지 조선에서 급속히 성장한 사회주의 운동 진영에서 일본 무산 계급과 연대하자고 주장하는 것을 경계한 것이다. "(조선의) 유산자보다 나은 (일본의) 무산자의 존재를 잊지 마라"라는 신채호의 주문은 민족 차별의 현실 인식에서 나온 것이며, 이러한 현실 인식은 여전히 민족주의를 완전히 도외시할 수 없게 만드는 계기로 작용했다.

역사 속에서 찾은 민중과 혁명

신채호 안에서 민족주의 역사학은 그 주체를 영웅에서 국민, 국민에서 민중으로 변화해가며 내용이 심화되고 있었다. 1908년 〈독사신론〉 단계에서 신채호가 사회 역사적 주체로 본 것은 민족 또는 민족국가였다. 그가 〈대아와 소아〉에서 참된 '나'로 지칭한 '큰 나(대아)'는 개인과 가족을 뛰어넘는 민족과 국가였다. 개인과 가족, 문중의 사적인 이해관계에 매몰되어 민족과 국가가 살 길을 잃는 것을 애통해했기에 '애국'과 '애족'이 그에게는 지고지상의 절대적 가치였다. 따라서 애국, 애족을 실천한 '영웅'과 '국민'을 찾아내고 제시하는 것이 그의 역사학적 과업의 목표이기도 했다. 이처럼 국권 상실 전후 신채호가 말하는 '아'는 구체적 실체인 '조선 민족'에 고정된 것이다. '약자'인 조선 민족이 '강자'와의 경쟁 속에서 이겨 강자가 되는 것이 목적이었고, 이처럼 부강한 역사상을 고대사 등에서 찾아 기술했다.

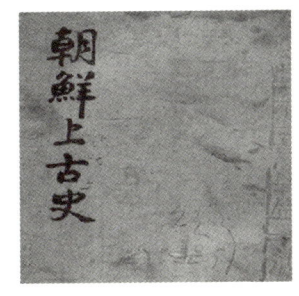

《조선상고사》 | 기존 정통 역사관에서 반역자로 취급된 이들을 신채호는 《조선상고사》에서 혁명가로 조명했다.

그러나 1920년대 그의 역사관을 보여주는 《조선상고사》에 와서는 '나'가 '조선 민족'에만 고정되어 있지 않다. 그는 민족적이든 계급적이든 개인이든, 또는 학문, 기술, 직업, 의견, 그 밖의 무엇이든 주관적 위치에 선 존재를 '아我'라고 하고 이에 대치한 존재를 '비아非我'라고 하며 이들 사이에 벌어지는 투쟁의 기록을 역사라고 정의했다. 자연히 '아'는 '조선 민족'에만 고정되지 않고 다른 민족과 다른 계급도 될 수 있다.

왜 신채호는 이와 같은 상대주의적 역사관으로 역사를 바라보고 쓰게 되었을까? '아와 비아의 투쟁'에서는 어떤 '아'든 자신의 존재 가치를 지니며 그 고유성을 발휘하기 위해 그 존재와 고유성을 부정하는 '비아'적 요소에 대해 투쟁하는 것이 당연해진다. 이러한 상대주의적 역사관은 당시의 지배적인 세력과 그 세계관의 절대성과 당위성을 부인하기 위한 고민에서 나온 것으로 보인다. 식민 지배 현실을 극복하지 못하고 있는 패자로서의 '아=조선 민족'의 존재 근거를 '비아=일본 제국'과 대등하게

확보하고 '아' 역시 승자가 될 수 있다는 전망을 확보하고 싶었던 것이다. 이런 점에서 그는 승리자나 강자보다 패배자와 약자에 주목하고, 후자 속에서 '비아'에 대해 투쟁하는 혁명성을 찾아 이를 현실의 패배자요 약자인 조선 민족에게 전하고자 애썼다. 〈실패자의 신성神聖〉이란 글을 보면, 성공자는 대개 이해타산에 밝은 소인배인 반면 실패자 중에는 실제 '인용仁勇'의 덕을 겸비한 군자가 많으며, 이 실패자야말로 오히려 "진취, 분투, 강의, 불굴 등의 문자로서 인간에 교훈을 준" 이들이라 칭송했다. 그가 과거 성공한 영웅에게 신성을 발견하고 칭송했던 것을 생각하면 크나큰 전환이라 할 수 있다.

 기존 정통 역사관에서 반역자로 취급된 이들을 신채호는 어떻게 혁명가로 조명했을까?《조선상고사》에서 신채호는 "문화상 혹 정치상 현연히 시대를 구획할 만한 진화의 의의를 가진 인위적 대변혁"을 혁명이라고 개념화하면서 충성으로 신하가 군주를 섬기고 작은 나라가 큰 나라를 섬기는 전통적인 유교적 사고로 연개소문을 평가하는 것을 경계했다. 신채호가 보기에 연개소문은 "봉건세습의 호족공치제豪族共治制를 타파하여 정권을 일처一處에 집중"하여 "분립의 대국을 통일로 돌리"었고 그 반대 세력을 소탕했으며 당 태종을 격파할뿐더러 중국 본토를 진동시킨 '혁명가'였다. 물론 1908년 〈독사신론〉에서도 연개소문을 높였지만 그때는 외국 문물을 익히고 귀족을 눌러 군사권을 장악하고 군사력으로 정복 전쟁을 한 것, 국가를 위해 군주를 제거한 것 등 연개소문을 군사적 영웅으로 그렸지 '혁명가'로 그리지는 않았다.

궁예 역시 신채호의 《일목대왕의 철추》(1918)라는 소설에서 새롭게 조명받았다. 애꾸눈인 궁예를 '일목대왕'으로 지칭한 신채호는 궁예라는 인물을 통해 유교, 불교 등 밖에서 들어온 기성 종교를 비판했다. "우리의 풍속과 습관에 맞추어 선과 악의 표준을 세우"기 위해 "단군, 고주몽, 박혁거세, 진흥대왕, 남랑, 술랑 등 모든 조선의 성인이 하여 온 것"을 더 발휘해서 온 세계에 펴고자 한다는 궁예의 말은 실상 신채호가 이 시기에 하고 싶었던 말이다.

《백세 노승의 미인담》(1919)이라는 소설에서는 고려 시대를 배경으로 계집종 엽분이를 통해 혁명가적 발언을 쏟아냈다. 국무총리 격인 평장사가 데려와 종으로 삼은 엽분이는 평장사가 "여개소문女蓋蘇文"이라 부를 정도의 대단한 여성으로 몽골 침략으로 망국의 위기에 닥치자 평장사의 요청에 나라를 구할 계책을 말한다. 엽분이가 제시한 다섯 가지 계책의 핵심은 '노예 문서'를 불살라 신분을 해방시켜 차별로 인한 분열을 없애고 한마음으로 대적하자는 것이었다. "가령 몽고 사람 100만 명이 있다 하면, 그 100만 명이 다 몽고입니다. 우리 고려는 100만 명이 있다 하면, 그중에 양반이 있고, 노예가 있고, 상놈이 있고, 잡색이 있어, 100만 명에 99만 명은 고려가 아니요, 겨우 1만 명이 고려입니다. 1만 명의 고려로써 100만 명의 몽고를 대적하게 됨으로 매양 '과부적중寡不敵衆'의 한탄이 생기는 것입니다." 더 놀라운 것은 이러한 혁명적인 계책을 실행할 만한 이를 천거하라는 말에 엽분은 "쉰네에게 국정을 맡기십시오"라고까지 당당하게 말한다.

민주주의의 대명사, 본고장처럼 불리던 미국이나 영국에서도 여성 참정권은 1910년대 이후에나 주어졌다. 신채호는 19세기 중반부터 확산된 여성 참정권 운동의 결실이 제1차 세계 대전 이후 맺히는 것을 신문 지상에서 목도했을 것이다. 비록 엽분이가 자신의 때가 아니라고 판단해 자결한 것으로 묘사했지만 신채호는 민중이 정치를 장악하는 기대를 이 소설에 담았던 것이다.

위에 언급한 연개소문, 궁예, 엽분이 등은 과거의 실패자이나 주목해야 할 혁명가로 그려졌는데, 신채호는 이런 개개 혁명가만이 아니라 세력으로서의 민중에도 주목하며 이를 역사 속의 주체로 부각하려고 노력했다. 그 대표적인 예가 《조선상고사》에 서술된 삼한 분립 과정이다. 그는 사료에 보이는 '진한부', '변한부'를 '자치촌', '자치계'라 표현하며 "일부 인민들이 신인神人과 영웅들의 허위"를 깨닫고 설립하여 "민중의 력力으로 민중의 일을 자결自決함을 시험"한 것이라 해석했다. 그러나 이러한 자치 단체도 "제왕의 묘예苗裔(먼 후대의 자손)"가 "전통적 미신 세력"에 의거하여 자신들은 하늘에서 내려왔다거나 바다 멀리서 왔다거나 태양의 정기로 낳았다거나 알 속에서 나왔다거나 하여 민중을 유혹하거나 위협하면서 정복당하고 소멸되었다는 것이다. 소멸의 근본 원인으로는 당시에 "미신을 타파하여 우주문제, 인생문제 등을 진정하게 해결한 학설"이 없고 "군권君權을 옹호하는 사상과 학설"뿐인 중국의 글자를 수입하게 된 것이 "민중의 진보"를 가로막게 되었다는 점을 지적했다. 신채호는 이러한 자치단체를 "민중 세력의 새싹"이라고 보았는데, 이들이 정복당한 것을 애석하게 여겼다.

그러나 실제 역사 서술이 고대사에 그쳐서 이것만으로는 그가 구상한 민중사의 전모를 파악하기 어렵지만, 〈낭객의 신년만필〉과 같은 글을 통해 그 일단을 엿볼 수 있다. 그는 고대부터 내려온 '고정한 계급제'를 '선민先民'이 타파하여 사회 문제를 해결하려고 한 '반역 혁명'이 역사 기록 속에도 자주 보였다며 나름대로 혁명의 역사를 조망했다. 그는 당이 고구려와 백제를 유린했을 때 (명확한 언급은 없지만) 혁명의 맹아가 꺾였고, 고려 시대에는 "양반 대 군주, 노예·잡류 대 양반의 쟁투"에 여러 차례의 유혈流血이 있었으나 몽고가 침입하여 그 영향력이 잦아들었고, 조선 시대도 귀천의 계급이 존재하여 그 틈이 벌어져 "소년계·검계劍契·양반살륙계 등 비밀혁명단체가 분기"했다가 일본의 침입으로 혁명의 종자까지 멸절되었다는 것이다. "사회 진화의 경로를 개척하려는 혁명이 매양 반혁명적 외구外寇 때문에 붕괴"되었다고 진단한다. 신채호는 이처럼 당대에 풍미하던 계급주의적 혁명사에 비견할 만한 나름의 아나키즘적 혁명사를 구상하고 있었다.

신채호에게 역사 서술의 주어가 되는 '아'는 기본적으로 조선 민족이었다. 역사적으로 경험적으로 부인할 수 없는 하나의 민족으로서의 조선 민족이 왕조적 정치 체제하에서 제국주의 침략을 받았고 국가주권을 위협받았을 때, 신채호는 그 위기를 타개할 '영웅'의 출현을 바랐다. 그러나 식민지화에 조직적으로 저항하는 과정에서 '영웅'은 그냥 출현할 수 없으며, 국가의 운명을

자신과 동일시하는 애국자, 국가주권의 담지자로서 기존의 군주가 아닌 '국민'이 형성되어야 함을 깨달았다. 더 나아가 1920년대에 들어와 '국민 국가'의 전망이 여전히 멀고 국가주의와 민족주의의 폐해가 전 세계에 횡행하며 그 피해를 조선 민족이 겪는 상황에서 신채호는 '민중'이 제 살길을 스스로 도모하는 민중 혁명의 길을 찾았다. 이러한 모색의 과정에서 신채호는 역사 속에서 영웅, 국민, 민중을 찾아가면서 자신도 역사적 소임을 담당할 일개 영웅이자 국민, 민중의 한 사람으로서 실천적으로 살고자 애썼다.

함석헌, 제국 속에서 경험한 민족, 민중

인간은 누구나 타자와 함께 살며 타자를 나름대로 의식한다. 타자와의 관계 속에서 벌어지는 사건은 매우 일상적이지만 그 가운데서도 매우 인상 깊게 남아 우리의 '처세' 방향과 내용에 영향을 미치곤 하는 특별한 사건이 있다. 알베르트 슈바이처Albert Schweitzer, 1875~1965의 예를 들어보자. 그는 어릴 때 작은 몸집으로 동급생인 큰 친구를 물리쳤는데, 너는 고기를 먹으니까 힘이 세서 그렇다는 그 친구의 말을 듣고서는 고기도 안 먹고, 깨끗하고 값비싼 옷도 마다하게 되었다. 슈바이처에겐 학교 교실이 아니라 그 친구와의 싸움과 그에게 들은 말이 일생의 방향에 영향을 주었던 것이다. 함석헌에게 민족과 민중을 생각하게 만든 경험은 무엇이었을까? 그는 이를 바탕으로 민족과 민중을 어떻게 인식했고 이를 사회적 실천과 역사 서술에 어떻게 반영했을까?

함석헌은 어릴 때 신분적, 계층적으로 남을 하대하지 않는 환경 속에서 자랐다. "종이란 것을 눈으로 본 일이 없다"라고 말할 정도로 그가 자란 용천 사자섬은 양반이 없어 평등한 곳이었다. 용천에서도 윗동리 사람들이 사자섬 사람을 업신여겨 "물아랫놈들"이라고 불렀는데, 윗동리에서도 "오막살이"에 사는 이들이 "고랫등 같은 기와집"에 사는 이들에게 반말을 듣는 모습을 보고 가엾게 여기면서 사자섬엔 "그런 꼴은 없었다"라고 고백할 정도였다(〈물 아래서 올라와서〉, 1959). 하지만 그가 어릴 때부터 받은 교육은 "어느 날엔 물아랫놈을 면해보아야 하는 것"이었고 근대 교육은 신분, 계급, 계층의 격차를 늘리는 것이었다. 함석헌의 이런 경험은 세상은 신분과 부로 불평등하지만 평등한 삶도 가능하다는 생각을 심어주었다.

함석헌은 특히 3·1운동을 통해 민중이 무기력한 존재가 아님을 깨닫기도 했다. 특히 3·1운동에 대해서는 해방 이후의 평가이기는 하지만 "씨올이…… 자기네를 사람으로 대접해주는 것을 보고 그 가슴이 열렸"던 것으로 평가했다. 기존 역사는 "정치가, 지배자, 영웅주의의 역사"였고 귀족 계급과 군인이 주도했지만, 3·1운동 이후로는 "이제부터는 자주하려는 민의 역사"가 시작되었다고 보았으며, 그 방법 면에서도 "쿠데타식 정변이 아니라 민의 평화적인 반항으로 하는 것"에 주목했다. 물론 3·1운동 이후 조선인의 모습에 대해 일부는 해외로 나가 독립 운동을 했지만

일부는 남아 "순사, 주사 자리"를 해먹으려고 '개싸움'을 한 반면, "그 중간에 있어 이러지도 저러지도 못하고 있는 것은 백성이다. 생명 없는 씨올이다. 그들은 못생겼기 때문에 도망도 못했고 해먹지도 못했다. 못생긴 덕택에 이 땅의 주인으로 되어 있었다"라고 보았다(〈죽을 때까지 이 걸음으로〉, 1959).

3·1운동이 함석헌으로 하여금 훗날 민 또는 민중의 실체와 세력을 경험하게 만든 사건이었다면, 국가와 민족, 민중의 관계를 깊이 생각하게 만든 것은 일본 유학 시절의 경험이었다. 그는 유학 시절 부산과 시모노세키를 다니는 연락선을 타고 다니면서 "망국민으로서의 설움"을 느꼈다. "일본 사람과 꼭 같은 돈을 내고, 하라는 대로 국어(일본어)를 지지거리고, 내지(일본 본토)엘 가노라 해도 대접은 짐승 대접이지 사람으로 여기지 않았다"는 것이다. 그러나 막상 일본 안에서 만난 일본인은 조선 안에서 만나던 일본인과는 달랐다. "일본 사람이라면 여우나 승냥이 같은 것으로만 알았"던 그는 "동경 안에 살면서도 조선은 독립한 나라인 줄 알지 자기네 식민지인 줄도 모르고 있었"던 순박한 일본인 목수도 만난 것이다. 이는 식민자로 조선에 들어와 조선인의 따가운 시선을 느끼며 경계를 늦추지 않는 재조선 일본인과는 달리 평범한 본토 일본인은 특별한 계기가 없는 한 차별적이지 않았기 때문으로 보인다.

그러던 중에 겪은 관동 대지진은 그가 평범한 일본인에 대해 느꼈던 호감을 뒤흔들었다. 지진 이후 정부는 물론 평범한 일본인까지 앞장서서 조선인을 범죄자로 몰아붙이는 상황을 겪으면서 "나의 유일한 범죄는 내가 한국인이었다는 것입니다"라고 할 정도로 강한 민족적 차별 의식과 자각을 하게 되었다. 함석헌은 "그때 일본 민중은 미쳤다. 민중이 아니었다. 민중은 없었다. 그 모든 일을 보며 들으며 참 섭섭했다"라고 고백한다(〈하나님의 발길에 채여〉).

함석헌은 이러한 혼돈을 "두 개의 일본"으로 보면서 정리했다. "인간성으로 대표되는 일본, 권력으로 대표되는 일본"이 있으며 그 가운데 참일본이 첫째 것이라면서, "사람을 죽이라고 명령하고 선전한 것은 정부", 즉 두 번째라고 본다. 따라서 대일본 제국은 전체 일본이 아니라 "국가란 이름하에 나라를 도둑 해가지고 있는 소수의 지배자"에 불과한 것이며, 이것에 죄가 있다고 보았다(〈내가 겪은 관동대지진〉, 1973).

함석헌은 이러한 시각에서 일본의 조선 식민지화도 "일본에 있던 제국주의 정치가들이, 그들이 민족을 속여서 한 일"이라면서 "일본 민중이 우리 민중과 원수질 까닭이 없다"라고 단언한다. "일본 민중에 섞여 살아보고 그 전고에 없는 큰 재난을 같이 겪어본 나로서는 일본 민중을 미워하고 의심할 아무 거리도 없다. 민중은 어디서나 같은 단순한 인간들이다. 미운 것은 민중이 아니고, 그들을 속이고 선동하는, 거기도 있고 여기도 있는 지배주의자, 폭력주의자들이다"(〈한배움〉, 1959). 함석헌의 이와 같은 시각은 '(조선인) 유산자보다 나은 (일본인) 무산자'를 언급하며 일본인 무산자와의 연대를 경계한 신채호의 시각과는 대비된다.

웰스와 우치무라에게 배운 국가주의 비판

이처럼 함석헌이 민중을 국가와 분리해 바라보고 국가를 부정적으로 대하는 사고는 그가 현실에서 경험한 제국주의 일본의 국가 권력에 대한 불신도 역할이 컸지만, 사상적으로는 국가 권력과 국가주의를 비판적으로 보는 사상가들과 그들의 서적을 섭렵한 영향도 크다. 가장 먼저 주목되는 것은 그가 "나의 인생관을 지어가는 데 한 큰 영향을 준" 책으로 오산학교 시절에 읽은 허버트 웰스의 《세계 문화사 대계》(1920)를 들었다는 점이다. 함석헌 스스로가 세계 국가를 주장하는 점이나 역사에 흥미를 느끼게 된 계기, "진화론에 대해 좀 보게 된 것", 나아가 "정통적인 기독교신앙에 만족하지 못하게 되는 원인"이 거기에 있다고 한 것을 보면 웰스의 이 책이 함석헌의 사상에 미친 영향이 매우 크다고 할 수 있다.

웰스는 《타임머신》과 같은 유명한 과학 소설을 쓴 작가였으며 사회주의자였다. 그가 제1차 세계 대전 이후 아마추어 역사가로서 쓴 것이 바로 《세계 문화사 대계》로, 함석헌은 제1차 세계 대전 이후로 성경 다음으로 가장 많이 읽혔다는 소문을 들었다고 했다. 제1차 세계 대전의 비극 이후 독일 슈펭글러Oswald Spengler, 1880~1936의 《서구의 몰락Der Untergang des Abendlandes》(1918)과 함께 세인의 관심을 끌었던 이 책은 패전국 독일인의 비판적인 시각으로 바라본 《서구의 몰락》과 달리 승전국인 영국인의 낙관적인 입장에서 역사를 바라보았다. 웰스는 궁극적으로는 "세계 통일"로 나아가기 위해 "지금까지 있었던 어떠한 정부보다도 더욱 광범위하고 더욱 포괄적인 통제와 권위"로써 "세계 정부"를 지향하되 현실적으로 세계적인 힘을 가진 국제기구를 이용해야 한다고 생각했다. 그리고 이러한 "국제적 조정이 애국적인 시기猜忌나 의혹을 통제"할 수 있으려면 "일반대중이 인류통일이라는 생각에 입각해서 인류는 한 가족이라는 생각이 전 세계적으로 교육되고 이해되는 것"이 필요하다고 보았다. 과학이 가져다줄 물질적 유토피아로서의 미래에 대한 낙관, 세계 정부와 세계 통일에 대한 지향이 바로 웰스의《세계 문화사 대계》에 면면이 흐르는 내용이며, 이 책은 이러한 웰스의 사상이 "전 세계적으로 교육되고 이해"되도록 저술되었다.

오산학교 재학 시 이 책을 처음 본 함석헌은 동경 유학 시절에 웰스가 페이비언 협회Fabian Society의 회원이요 '세계 국가주의자'임을 알게 되었다. 동경고등사범학교 졸업 후 다시 오산에 와서 강단에 서 있을 때까지 역사를 "줄곧 웰스의 문화적인 자리"에서 보아왔다고 고백했다. 함석헌은 페이비언주의Fabianism를 표면적으로 부르짖지는 않았다. 하지

🔅 페이비언 협회

1884년 창시된 영국의 사회주의 단체로서 1906년 영국 노동당 창당의 모태가 되었다. 원래 청빈한 삶을 통한 사회 개혁을 추구한 '신생활회(The Fellowship of New Life, 1883년 창립)' 회원 중 사회 개혁에는 정치적 개입이 필요하다고 본 이들이 따로 모여 조직했다. 페이비언은 혁명적 방법보다는 계몽과 개혁을 통한 이념 실천을 활동 방법으로 삼았다. 자유 무역에 반대했고 국제 경쟁에서 이익을 보호하는 보호 무역주의를 선호했으며, 토지의 국유화를 주장했다. 창립 초기의 주요 활동 인물로는 조지 버나드 쇼(George Bernard Shaw, 1856~1950), 시드니(Sidney Webb, 1859~1947)와 베아트리스 웨브(Beatrice Webb, 1858~1943) 부부, 웰스 등이 있다.

만 전체 흐름에서 세계사를 바라보며 그것이 일정한 방향성이 있다 판단하고, 국가주의의 극복과 세계 정부, 세계 통일이라는 지향점으로 역사를 바라보았던 함석헌의 생각은 단연 웰스에게 큰 영향을 받았다고 볼 수 있다.

함석헌에게 두 번째로 큰 영향을 준 사람은 무교회주의자 우치무라 간조다. 독실한 기독 신자였던 그는 함석헌이 태어나기 10년 전인 1891년 동경 제일고등중학교 교사로 재직 시 개학식 때 〈교육칙어〉 봉독식을 하는 과정에서 천황에게 경례하는 것이 우상 숭배에 해당해 신앙적 양심에 배반된다고 여겨 경례하지 않고 단상에서 내려왔다. 60여 명의 교원과 1,000여 명의 학생은 그에게 반기를 들었다. 학교 당국은 그를 두고 국가 원수의 신성을 침범한 '악한국적惡漢國賊(악독한 자, 나라의 적)'이라며 그를 학교에 그냥 두느니 폐교하는 편이 낫다며 협박했다. '우치무라 불경 사건'으로 불리는 이 일로 우치무라를 비롯한 기독교인은 전국적인 비난 여론의 대상이 되었고, 이 사건을 두고 200편 이상의 논문과 30권에 달하는 책이 발간될 정도로 논쟁이 벌어졌다. 이 사건 이후 그는 몇 달 동안 폐렴을 앓았고 그사이에 해직을 당함은 물론 아내까지 잃었다.

일본 정부는 메이지 유신 이래 서구적 근대화를 배워 살길을 모색해왔지만 배우려는 학생에게 서구 제국은 불평등 조약으로 자신의 이익을 강제하려 했다. 조약을 개정하려는 노력이 잇달아 난항을 겪자 국수주의적인 배외 열풍이 일었는데, 메이지 정부는 이를 바탕으로 1890년 프러시아를 모방한 제국 헌법을 시행해, 천황제 절대주의 국가 체제를 수립할 수 있었다. 〈교육칙어〉는 이러한 이데올로기를 국민에게 주입할 국가 윤리 체제로 만들어졌고, 기독교의 기본적인 교리와 상충되는 면이 많았다. 1893년 국가주의의 신봉자인 독일 유학파 동경대학교 교수 이노우에 데쓰지로井上哲次郎, 1855~1944가 기독교도를 공격한 논리는, 사랑에 차별이 없다는 기독교의 세계주의로는 일본만을 특별하게 사랑할 수 없으며, 천황과 부모의 뜻보다 하나님의 계명을 중요시하므로 충효 사상에 위배된다는 것이었다. 이후 청일 전쟁(1894)과 러일 전쟁(1904~1905)에서 잇달아 승리하면서 일본 집권층은 물론 일본인 대부분이 배외주의적 국가 팽창의 열기에 달아오르는 속에서 우치무라를 비롯한 기독교인은 '국적國賊'이라는 비난을 감수하며 고립된 날을 보내야 했다.

불경 사건이 일어난 지 10년이 지난 1901년, 함석헌이 태어난 이해에 우치무라는 '세상에서는 고독해도 좋다, 고독한 편이 낫다'며 자신의 결단으로 빠져야 했던 '고독' 속에서 도리어 하나님의 사랑을 느꼈다며 기뻐했다. 그는 구약 성서에서 동족에게 불리한 내용을 예언해야 했던 예레미야의 고독을 통해 동병상련의 위로를 받았고, 동족과 국가와 마찰을 빚을 수밖에 없는 신자는 어떤 길을 가야 하는지 영감을 얻었다. 구약의 역사관은 민족과 국가의 생멸은 창조주인 하나님에게 있다는 것이니, 민족과 국가의 생존을 하나님께 의뢰하는 것은 당연하고, 참된 애국 애족은 신앙 안에서만 의미도 있고 가능도 하다는 생각이 자리 잡게 된 것이다.

우치무라는 각 민족이 자신의 소임을 부여받았으며 일본은 지정학적으로 서양과 동양을 연결하는 매개자 역할을 하는 천직을 신에게 부여받았다고 보았다. 그러나 실제 19세기 말, 20세기에 일본이 제국주의 국가로 전쟁과 파괴를 선도하는 모습을 보면서 고통스러워했으며, 1923년 관동 대지진이 일어나자 이를 일본에 대한 신의 심판으로 해석했다. 일찍이 애국심이 없는 인류애도 헛되지만 인류를 사랑하지 않는 애국자도 헛된 애국자라며 애국심과 인류애를 통합적으로 보았던 그는 "진정한 애국자는 타국의 권리를 존중하고 그 발달을 희망한다"(〈기독교와 애국심キリスト教と愛國心〉, 1924)라고 했다. 예수의 보편적인 사랑에 근거한 독특한 애국론을 전개한 것이다. 이처럼 일본 민족을 사랑하되 타 민족, 타국과의 평화 공존을 지향하고, 각 민족이 자기 소명을 다해야 한다는 우치무라의 생각은 함석헌에게 큰 영향을 미쳤다.

《성서적 입장에서 본 조선역사》와 민족, 민중

신채호가 사회 역사의 주체로서 민족, 민중과 함께 영웅이나 국민에 주목했던 것과 달리 함석헌은 영웅이나 국민을 긍정적으로 언급하지 않는다. 왜 그럴까? 함석헌이 선 자리와 경험이 신채호의 그것과 달라서였을까? 또한 함석헌은 민족과 민중을 어떻게 역사관과 역사 서술에 적용했으며, 이는 신채호와 어떻게 달랐을까?

함석헌이 《성서적 입장에서 본 조선역사》를 쓴 것은 신채호처럼 매우 실천적인 동기에서였다. 그의 육성을 들어보자. "나는 6~7년 이래 중학생에게 역사를 가르치는 기회를 가졌으므로 어떻게 하면 그 젊은 가슴 안에 광영 있는 역사를 파악시키려고 노력하여 보았다. 그러나 무용無用이었다. 어렸을 때 듣던 모양으로 을지문덕 강감찬의 이름을 크게 불러보려 힘썼으나 그것으로써 묻어버리기에는 조선의 역

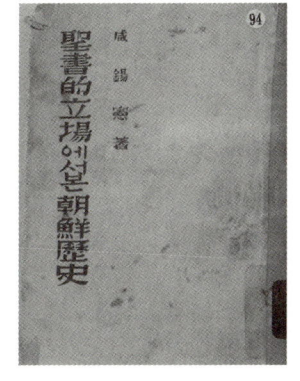

《성서적 입장에서 본 조선역사》 | 식민지 현실에서 함석헌은 역사 교사로 학생들을 가르치면서 부딪히는 문제를 새로운 '고난 사관'으로 정리했고, 그 결과로 나온 책이 《성서적 입장에서 본 조선사》다.

사 전체에서 발하는 신음의 소리가 너무도 컸다. 남들이 하는 모양으로 생생자生生字, 구선龜船(거북선), 석굴암, 다보탑을 총출동시켜서 관병식을 거행해보려 하였으나 그것으로써 숨겨버리기에는 속에 있는 남루襤褸가 너무도 심했다"(《성서적 입장에서 본 조선역사》). 신채호가 민족의식과 저항 의식을 불러일으키려고 독립운동의 현장에서 사론과 역사 논문, 역사서를 발간했듯이 함석헌은 교육 현장에서 식민지 조선의 다음 세대를 일으키려는 실천적 관심에서 역사를 연구했다. 그러나 아직 국권이 있던 시기, 신채호와 같은 이들이 "젊은 가슴 안에 광영 있는 역사를 파악시키려고" 을지문덕과 강감찬 같은 영웅들을 가르치면 함석헌과 같은 세대들이 가슴이 뛰던 시기는 지났다. 국권을 잃은 식민지

의 역사 교사로 강단에 선 함석헌은 식민지에서 자라난 다음 세대에게 희망과 소망을 가르쳐주기에는 '식민지'가 되어버린 현실, 그 현실을 낳은 역사를 있는 그대로 가르쳐주는 것이 괴로운 일이었다. 함석헌은 이렇게 자신이 교육 현장에서 가르치면서 부딪힌 문제를 신앙 차원에서 새롭게 풀어 '고난 사관'을 정리하고 그 관점에서 내용을 가다듬어 신앙 동지들을 대상으로 '고난의 역사'로서 조선 역사를 전했다.

함석헌은 이러한 점에서 국민, 영웅이나 계급 등을 역사 주체에서 제외한다. 먼저 '국민'은 왜 제외했을까? 여기에는 첫째, '국가'를 잃은 식민 상황에서 '국민'이라는 용어를 쓰게 되면 제국주의 식민 권력을 자연스럽게 전제하기 쉽다는 문제가 나선다. 이는 신채호가 국권 상실 이후 '국민'을 역사 주체로 설정하지 않았던 것과 같은 맥락에서 볼 수 있다. 둘째, 일본 유학 시절을 통해 형성된 국가주의에 대한 비판 의식도 작용했을 것이다. 국가의 선전과 동원으로 이성을 잃을 만큼 어리석기도 하지만 본바탕은 선한 일본 민중을 보며 '국민'이라는 용어 사용에 반감을 가졌으리라 보인다.

한편 '영웅'을 주체로 삼는 영웅 사관에 대해서는 사회와 전체의 일을 보는 데 한계가 있음을 지적한다. "칼라일이 가르치는 영웅 사관은 옷깃을 정正히 하고, 진지엄숙眞摯嚴肅한 태도로 인생의 전선에 출진하고자 하는 숭고한 인생을 환기하는 진리가 있다. 그러나 이는 아무리 하여도 인생의 개인적 방면만을 강조하는 사상이다. 개인은 그 자체로 자족적인 것이 아니다. 그 배후에는 항상 사회가 선다"라는 것이다. 또한 계급을 주체로 삼는 계급 사관에 대해서는 "사람을 사회관계에서 가지는 경제적 이해관계에 예속시키는 사상"으로 규정하면서 "이해관계가 역사적 사건 변천의 동인"이 되는 일이 많지만 모든 원인을 그것에서 찾을 수 있다는 생각은 독단이며, 또한 '계급의 대립'은 예부터 있었지만 민족과 같이 과거의 계급을 오늘날의 계급과 동일시할 수 없다는 점에서 역사 주체로 설정할 수 없다고 보았다(《성서적 입장에서 본 조선역사》).

물론 함석헌이 '영웅'과 '계급'의 존재와 역할을 전면 부인하지는 않았다. 역사 속에 "영웅의 활동"도 있고 "계급의 동인"도 있지만 역사에 남을 때는 "민족의 일"로 남으며, "개인도 계급도 다 민족적 세력의 대표자 대행자"라고 주장한다. 예를 들어 모세 개인의 일은 유대 민족의 일로 남고 자코뱅당의 일도 프랑스 민족의 일로 남으며, 그리스 철학도 아테네 귀족 계급의 산물이지만 그리스 철학이라고 불리는 이유가 거기에 있다는 것이다. 이 점에서 함석헌은 민족이 바로 역사의 하담자荷擔者, 즉 역사라는 등짐을 지는 자라고 주장했다. 민족을 역사 주체로 설정한 것이다. 그렇다고 민족주의, 특히 배타적 민족주의를 주장한 것은 아니며 민족주의는 버려도 민족은 가치가 있다고 말했다.

그렇다면 민족사는 세계사 속에서 어떤 위치와 의미가 있을까? 함석헌은 세계사를 "한 위대한 교향악"으로 보고 "조선 역사를 이해한다는 것"을 "그 연주 중에서 조선이라는 악기는 어떤 음색을 가지고 어떤 소리를 어떻게 발하는가를 아는 일"로 보

왔다. "각 민족의 역사는 각 민족 특유의 성질을 발휘하는 것"으로 이해한 그는 "조선사의 각항 각 절에 잠겨 있는 조선사의 기조"를 알기 위해서는 역사의 세 가지 구성 요소를 알아야 한다고 했다. 첫째, 조선사가 이루어진 그 '지리', 둘째, 그 역사를 지은 '조선 민족의 특질', 셋째, 그 민족으로 그 땅에서 그 역사를 짓게 한 '조물주의 섭리'로서, 이를 연극에 비유하면 각각 무대, 배우, 각본과 같고 과일 재배에 비유하면 기후 토질, 과실의 성질, 과수 재배자와 같다고 보았다. 그러나 이 구성 요소 중 지리와 민족적 특질은 중요한 조건이 되지만 결정적인 것은 조물주의 섭리라고 보았다. 앞의 둘은 그 자체로 자족적인 존재가 아니고 섭리 안에서 존재 이유를 구해야 하기 때문이다. 어떤 성질의 과일나무를 어떤 풍토에 심을지는 순전히 "재배자의 심중"에 있다며, 조선의 지리나 조선 민족의 특질도 우연한 것이 아니라 조물주의 계획에서 나왔다고 생각했다.

그렇다면 조선 민족의 특질은 무엇이며 조물주는 어떤 계획을 세웠다는 말일까? 함석헌은 이광수의 〈민족 개조론〉의 내용을 인용해 조선 민족의 근본 심성의 하나로 '착하다'고 할 '인후仁厚'를 들었고, 동시에 신라의 박제상, 김유신, 고구려의 밀우, 유유, 백제의 계백 등을 들며 '의용義勇'을 말했다. 함석헌은 조선 민족이 이처럼 인후하고 의용심이 풍부한 심성을 갖추어서 큰 민족을 이룰 자격이 있었으나 "현상의 배후에 실재를 파악하려 하고, 무상의 밑에 상주常住(생멸의 변화가 없이 늘 그대로 있음)를 찾는 철학적, 시적, 종교적 성질이 박약"하여 '심각성'이 부족한 탓에 자존심이 없고 그래서 자유정신도 부족하다고 보았다. 함석헌은 이처럼 "낙천적인 인후한 그리고 심각성 없는 평화의 백성을 명랑하고 온화한 중용적인 지리인 한국 안에 그저 두면, 침체 부패할 것은 정한 일"이기 때문에 조물주가 "고난으로써 짐을 지워 그 결함을 보충하게" 했다고 판단했다. 고난이 인생을 심화하고 역사를 정화한다며 고난은 조선 민족이 조물주가 내린 큰 임무를 위해 받는 '고통스러운 교훈의 초달'이라고 보았다.

민족의 심성을 바라보는 함석헌의 시선은 신채호와 사뭇 다르다. 신채호는 《꿈하늘》에서 "조선열전 가운데마다 조선인의 천성이 인후仁厚하다 하였으니, 이 인후 두 자가 우리를 쇠하게 한 원인이라. 동족에 대한 인후는 흥하는 원인도 되거니와 적국에 대한 인후는 망하게 하는 원인이 될 뿐이니라"라고 지적한 바 있다. 또한 제1차 세계 대전 이후에 쓴 〈이해利害〉란 글에서도 중국 사서의 《조선열전朝鮮列傳》,《삼한열전三韓列傳》에 우리 민족을 칭찬한 글로 "조선 사람은 천성이 인후하여 도로써 다스리기 쉽다朝鮮人天性仁厚 易以道御"라는 구절이 있음을 지적하며 "이이도어易以道御라 함은 해 되는 일이라도 이것이 선도善道라 여기면 이에 빠지고 이利 되는 일이라도 이것이 선도라 여기면 이를 버리어 도刀 ·검劍 ·창槍 ·포砲의 무기를 아니 가지고도 다만 인의도덕仁義道德이란 글씨로 굴레를 만들어 끌면 끌려 나온다 함이니 이는 모욕이요 칭찬이 아니거늘 슬프다"라고 하였다. 자신의 생존과 관계된 이해관계를 잊고 시비만 가리다가 쇠망했다는 진단이다. 함석헌은 '인후'한 조선 민족의 성품 자체를 문제시하지 않으나 신채호는 이

성품을 조선 민족이 쇠망한 원인으로 본 것이다.

함석헌은《성서적 입장에서 본 조선역사》에서 민족을 역사 주체로 설정했지만 후대로 내려올수록 민족 구성원 중에 '민중'을 중요하게 부각했다. 먼저, 삼국 시대와 같은 고대사 서술을 보면 "군왕, 귀족이 있어 백성을 부리었다"는 정도일 뿐 민중이 드러나지 않으며 서술에서는 고구려, 백제, 신라라는 국가명이 역사 전개의 주체로 나타난다. 그러다가 고려 시대 백성의 비참한 삶을 언급하는 부분에서 '궁민窮民', '양민良民'이라는 단어가 보인다. 함석헌은 고려 말 이성계의 위화도 회군을 받아들인 백성에 대해 "살기를 애원하는 민족이 전쟁을 무서워하고 싫어한 것도 사실이다. 비참의 밑바닥에 신음하는 민중을 몰아 싸움의 길에 내세움은 과연 민중을 학대하는 일인 듯하다"라며 민족과 민중을 거의 동일시하면서도 민중을 부림당하는 피지배층, 이성계와 같은 지배층의 아첨에 넘어가기도 하는 '중우衆愚', 즉 어리석은 다수 대중으로 표현했다.

민중을 본격적으로 언급한 때는 조선 시대로, 특히 훈민정음 창제에 대한 서술에서 함석헌은 자신의 민중관을 명확히 드러냈다. 그는 "민중이란 본래 어느 역사에서나 참혹한 존재지만 조선 역사에서 더욱 그렇다. 건축을 지지하는 토대와 같이 오직 압박 받음으로써 그 의미를 다하는 것이 그들의 존재였다"고 하며 세계사적으로 압박받는 피지배층인 민중이 조선 역사에도 있었음을 말한다. 또한 민중은 "자기 안에 어떤 힘이 들어 있는지 얼마나 한 가치를 가졌는지 그를 알기 위하여 자기를 들여다볼 여유도 없었고 따라서 자기표현을 위한 기구도 필요하지 않았"던 존재였으나 "민중의 필요에 응하여" 훈민정음이 창제되어 "민중의 자각운동"이 싹트게 함으로써 이들이 "자기 해방의 기구"를 갖게 되었다고 평가했다. 동시에 훈민정음이, 민중이 "본격적 고난에 들어가려 할 때 그 수난이 무의미에 돌아가지 않게 하려고 자기 수난상을 여실히 볼 수 있는 눈"의 역할을 한 것으로 해석했다. 또한 "오천년의 역사를 가지는 민중이 이제 눈을 얻은 것"이라고도 하고 "오천년의 역사를 가진 민족이 지금부터 겨우 오백년 전에야 눈을 떴다"라고도 표현해, 민중을 민족과 동일시하면서 동시에 5,000년의 역사를 가진 자기 영속적인 역사적 존재로 보았다.

훈민정음 창제 이후로는 임진왜란 때 의병을 언급하면서 "가장 먼저 반응을 보인 것은 민중이었다. 조정 대신들이 막지소조莫知所措(조처할 바를 모름)하는 때에 민중은 적수赤手(맨손)를 가지고 구국운동을 일으켰다"라는 대목과 19세기 초반에 일어난 홍경래의 난을 "압박된 민중을 대표"하여 "혁명의 칼"을 든 것으로 기술한 대목이 눈에 띈다.

이를 종합해보면, 함석헌은 '민중'을 지배층에 의해 학대와 압박을 받는 하부의 피지배층을 통칭하는 데에 사용했는데, 다만 민족과 동일시할 수 있을 정도로 고대로부터 자기 영속성을 가졌음에도 조선 시대 한글 창제와 같은 도구를 통해서야 뒤늦게 자기 인식을 할 수 있었고 의병 운동 등을 통해 자신을 역사에 드러내기 시작한 것으로 보았다.

그러나 신채호의 경우처럼, 역사 서술에서는 민중보다는 주로 개인, 영웅이나 고구려, 신라, 고려와 같은 국가를 부각하고 있다. 민중을 사회 역사의 주체로 보면서도 실제 역사 서술에서는 그다지 부각하지 못한 것이다. 물론 여기에는 자료와 연구의 부족이라는 한계도 작용했을 것이다. 그러나 민중을 5,000년의 역사를 가진 자기 영속적인 역사적 존재로 전제한 것이 문제는 아닐까? 함석헌이 과거의 계급과 현재의 계급을 "동일한 자아의식 속에 통일"하여 '우리'라고 할 수 없다며 계급 사관의 문제점을 지적한 질문을 '민중'에게도 동일하게 던진다면 어떨지 의문이다.

또한 함석헌은 민중에게는 자기 스스로만의 힘이 아니라 그들을 이끌어줄 존재가 필요하다고 보았다.《성서적 입장에서 본 조선역사》를 쓸 무렵 그는 "참말 위대한 정치가 …… 억눌린 사회 계급의 민중을 살길로 지도하는 사람이라고 합니다. 그 이유는 상류 사회를 위한 시설을 아무리 잘하고라도 하층에 짓밟히고 억눌린 민중이 있으면 국가는 위협을 느끼기 때문입니다. 국가의 운명은 하층민에 달린 것이지 결코 상층민에게 있는 것이 아닙니다"라면서 버림당한 민중층에 들어가는 것이 기독교인의 사명이라고 주장했다(〈무교회신앙과 조선〉, 1936. 2). 사회 역사의 주체는 민중이지만 그들에게는 참된 지도자가 필요하다는 생각이다.

함석헌은 이러한 사회 역사의 주체인 민중에게 복음을 전하는 한편 역사를 전하는 것을 자신과 같은 지식인의 사명으로 자임했다. 그는 이러한 민중에게 "자기네 위에 일하는 보이지 않는 손의 작위作爲를 체득시키는 일"이 "민중의 역사가 목표로 삼는 것"이요, 이를 전문적 역사가의 궁극적 사명, 참사명으로 보았다. 그는 "사실의 세세한 기록"과 "사실의 역사요, 연구적 역사"는 전문가의 일이지만 "민중은 그것보다도 해석의 역사를 요구"하며 "세계현상의 밑을 흐르는 정신을 파악시키는 어떤 명료한 주장을 가지는 역사"를 구한다고 보았다. 따라서 연구와 보고로 자기 임무를 마쳤다고 보는 역사가는 원료를 곳간 안에 저장만 해두거나 원료 그대로를 식탁 위에 가져오는 "졸렬한 요리사"이니, "그 자료를 써가지고 한 그릇 진미를 조진調進(주문받은 물건을 만들어 바침)"하는 것이 "참 역사가의 사명"이라고 하였다. 함석헌에게 역사 교육은 민중에게 창조주요 통치자의 계획을 알려주는 일이므로 성경의 복음을 전하는 것 못지않게 중요한 과제로 떠올랐던 것이다.

해방 이후의 국가주의 비판과 민족, 민중

함석헌은 일찍이 조선을 식민지화한 일본에도 국가와 민중, 그 '둘'이 있으며, 그 후자인 민중이 선하면서도 어리석어 국가에 이용당하기 쉬운 존재이지만 그들이 역사의 주체라는 생각을 갖게 되었다. 이 생각은 해방 전후 그가 경험한 조선의 민중에도 적용되었다. "일제시대에 내가 감옥에 드나드는 것을 보고 민중은 멍청하게 바라보고 있었고, 해방이 되자 언제부터 친했던 것같이 가까이 오더니, 공산당이 나오는 것을 보고는 다시 멀찍이

섰고, 소련군 감옥에 가는 것을 보고는 "저 사람은 감옥 가는 것이 일이야" 했다. 그러나 나는 지금도 그들을 믿고 의심하지 않는다. 이 이상 더 개인적 영웅주의에 서서 비판하는 눈으로 민중을 보고 싶지 않기 때문이다. 비판으로 민중 속에 들어가지는 못한다. 민중을 믿지 않고는 전체를 알 수 없는 것이 마치 신을 믿지 않고서는 신을 알 수 없는 것과 마찬가지다. 병아리가 제 알을 깨고 나오듯이 씨올이 저를 깨고 나오는 날이 올 것이다. 깨기 전엔 씨올이다. 깨면 전체다"(〈내가 맞은 8·15〉, 1973).

함석헌이 조선 민중에게 최고의 선물인 '성경'을 주려고 《성서조선》을 내는 데 최선을 다하다가 감옥에 들어갔을 때 그의 투옥을 두고 민중은 별말이 없었다. 해방 이후 용천군 자치위원장과 평안북도 임시자치위원회 문교부장 자리를 수락한 것도 그는 민중에게 이롭도록 자신이 이용되기를 바라는 마음이었다고 말한다. 신의주 학생 사건으로 소련 군정의 유치장에 들어갔다 나온 뒤론 "이웃이 내 감시자"가 되었지만 여전히 민중에 대한 신뢰를 거두지 않는다. 오히려 배신당한 이유를 자기 자신에게 찾았다. 일제 말 송산농사학원을 경영할 때 "농사꾼으로 자처하고 농사꾼의 벗이 되려고" 애썼지만 농사꾼들이 자신을 벗으로 알아주려 하지 않은 이유를 "지식의 죄"와 "개인주의의 죄"로 보았다. 책상물림으로서 "서로 품앗이"도 못 되어주고 그들의 "시시한 잡담이 마음에 맞지 않"아 포기했던 자신을 돌아본 것이다. 함석헌은 이토록 민중이 자신을 이용하고 위태로울 때 자신을 배신해도 민중을 의심하지 않으며 기꺼이 민중을 위해 이용당하겠다는 태도를 보인다.

해방 직후 정국을 바라보는 그의 시선에도 민중에 대한 이러한 시각이 뚜렷하게 보인다. 함석헌은 해방이 "도적같이 불의에" 왔기 때문에 하늘에서 온 해방이요, '하늘의 선물'로서 다른 이들이 아닌 "민중에 떨어져 온 해방"이라 표현했다. 식민지 시기라는 '고난의 수련'이 끝나고 새 시대가 올 때 "그 해방이 어느 계급이나 어느 당파의 손으로 된다면 또다시 되풀이를 하는 수밖에 없어질 것"이므로 "섭리는 이 나라의 해방을 누구의 손에도 맡기지 않기로 했다"는 것이다. 해방의 공로를 어떤 사람이나 집단에 돌릴 수 없고 하늘에 돌릴 수 있게 되어야 "고역을 마치고 나오는 민중을 속일 수 없고 (민중이) 오는 시대의 주인이 될 수 있기 때문"이라는 것이다.

여기에는 일제 강점기에 민중을 제대로 대변하지 못하고 변절한 수많은 지식인층에 대한 강한 불신이 깔려 있다. 함석헌은 그들을 '협잡꾼'이라 부르면서 해방을 '도적질하려는 도적놈'이라 부르고 유일하게 해방과 관련된 자로서 '무지한 민중'만을 들었다. "만일 생활로, 정신으로, 말로, 사고방식으로까지 일본이 다 되어버렸던 유식인·유력자·유산계급만이 있었다면 해방을 주려고 해도 가 닿을 곳이 없었을 것"이지만, 무지해서 학문도 출세도 못하고, 황국 신민으로 변할 줄 모르고, 외국으로 도망갈 용기도 없고, 한국 땅을 못 떠나고 한국 냄새를 못 버리고, 한국의 고난을 못 피하는 그 민중이 남아 있었기 때문에 '한국'이 남아 있을 수 있었고 '해방'도 한국인의 해방이 될 수 있었다는 것이

다. 하여 "한국민 없는 한국에 무슨 나라를 세울 수 있을까" 질문하며 "민이 본本이요 주主"라고 주장한다.

그러나 이렇게 나라의 근본이요 주인으로 본 민중은 동시에 '국가사상의 결핍'으로 나라 생각을 할 줄 모르는 존재이기도 했다. 함석헌은 해방 직후, 시설을 파괴하고 공유물을 약탈하고 학교도 일본 사람이 지었으니 뜯어 가도 좋다고 하고 길가의 나무나 공원의 꽃도 일본인이 심었으니 없애자고 하는 민중의 인식과 행동을 보며 그 한계를 느꼈다. 그러면서도 이렇게 국가사상이 결핍된 원인을 따뜻한 혜택을 받지 못하고 시달리기만 했던 정치 경험과 일제 치하에서 자라면서 "국가라면 적으로만" 알아왔던 인식 때문이라고 진단했다. '국가주의'의 폐해, 잘못된 정치가의 탓으로 돌렸다. 그러는 한편 민중이 '새 역사의 주인'이 될 수 있도록 '선생'과 '지도자'가 필요하다며 지식인의 역할을 강조했다.

민중을 역사의 주체로 보고 이에 유일한 희망을 거는 함석헌의 생각은 해방 이후 정치 지도자들이 보인 국가주의에 대한 비판 의식이 강화되면서 더욱 견고해졌다. 특히 한국 전쟁에 대해서는 국가주의가 패배하고 세계주의가 역사와 인류 미래의 대안으로 부상하는 계기로 보았다. 그는 세계 각국이 군대를 보내어 이 땅에서 희생을 치른 것을 두고 한국이 "세계의 공동묘지"가 되었다면서, 이를 성경에서 아브라함이 아들 이삭을 제사의 희생 제물로 드리려 했던 것에 비유했다. 즉 "인류가 그 아들을 잡아 새 시대를 위한 번제燔祭(제물을 태워드리는 제사)를 드린 것"으로 해석해 한국이 "인류의 제단"이 되었다고 하였다. 그 결과 이제 세계 각국이 이전보다 "훨씬 더 긴장된 심리로 세계문제를 의논하고" 있다며 이렇게 각 민족과 국가가 자기 자신보다 '세계'에 주목하게 되었고 "역사는 세계를 향하여 달음질을 하고 있다"고 보았다(《성서적 입장에서 본 조선역사》).

해방 이후 정치권력이 보여준 반민주적인 정치 행태 역시 국가주의를 비판하는 불쏘시개가 되었다. 예를 들어 함석헌은 1963년에 군사 혁명 공약을 어기고 정치인으로서 민정에 참여하겠다는 박정희의 행태를 비판하면서 '오늘날의 민중'은 옛날처럼 "먹여만 주고는 짐승처럼 부릴 수" 없다고 했다. 그러면서 "지식이 이처럼 발달된, 스스로 자각하는 근대인간"임을 상기시키며 군인들이 정치에서 물러나고 민정을 세워야 한다고 말했다. 군인들이 "썩어진 구정치인"을 탓하며 정치 참여를 정당화하는 것을 "5천 년 부대끼면서도 망하지 않고 온 이 민족이 주인이지, 그 민중의 가는 길에 거품처럼 떴다 사라지는 이른바 정치가란 것이 문제냐?"라고 반문하면서 정권을 민에게 돌리라고 성토한다.

그렇다면 국가주의를 부르짖는 정치가는 어떻게 생겨났을까? 함석헌은 사회 역사의 발전 단계에서 생겨났다고 보았다. "문명이 발달하면 교통 범위도 넓어지고, 그러면 사회관계도 더 복잡해질 수밖에 없다. 그러면 사회의 질서는 소박한 옛날의 인정, 의리, 신앙으로만은 될 수 없고 보다 더 법적인 방법이 필요하게 된다. 한편으로 개인이 깨어감에 따라 야심적인 영웅도 일어났다. 그래서 사람의 정치 생활의 과정을 보면 후세에 올수록 점점

더 성문법적으로 강제적인 폭력주의로 되어왔다. 그렇게 해서 나온 것이 이른바 근대 국가라는 것이다"(〈세계평화의 길〉, 1972). 문명의 발달이 개인적 자각을 일깨우자 지능이 앞선 어떤 이가 지배욕을 발동해 권력을 탐하여 '나라'를 도둑질하고 국가로 만들었다는 것이다. 함석헌은 이렇게 나라를 도둑질해 국가로 만든 자를 역사적으로 영웅이라 불러왔다며, 이러한 영웅이 권력을 지키려고 법을 만들고 이것으로 인민을 강제하고 압박했다고 보았다.

여기에서 주의해야 할 것이 국가주의를 비판하는 입장에서 '나라'와 '국가'를 구분해서 쓰는 점이다. 함석헌에 따르면, '나라'는 사회적인 의미에서 하는 말로, 문명의 정도가 낮아 사람의 교통 범위가 좁은 지역 안에 있었을 때 "인간성과 종교 신앙에 근거를 두는 불문법에 의해 유지되어 가는 단단한 전통의 사회"로서 정치와 종교, 도덕이 완전히 하나 된 사회다. 이 사회의 지도자는 "인망人望으로 되는 족장, 성군聖君 타입"이다. 반면 '국가'는 고대 사회에 들어와 지배욕에 가득한 이들, 즉 영웅이 나라의 권력을 장악하고 법과 힘을 주장하여 정치를 종교, 도덕에서 분리하면서 나온 것이다. 그리하여 나중에 국가에서는 종교와 도덕을 완전히 무시해 성문법적인 강제적 폭력주의에 기반한 노골적인 권력 정치가 행해지게 된다. 이처럼 "소수의 몇몇이 짜고 들어서 전체를 지배"하는 사상을 함석헌은 '국가주의', '국가 지상주의', '정부 지상주의'라고 불렀다.

함석헌의 이러한 반국가주의를 두고 무정부주의적 경향으로 보는 시각도 있다. 이를 신채호와 비교해 살펴보자. 신채호는 세계 정치판을 '자본주의 강도 제국의 야수군野獸群' 대 '세계 각 식민지 무산민중'의 대결 구도로 보았다. 그러면서 전자는 소수이고 후자는 다수인데도 후자가 지는 이유를, 지배 계급이 민중을 속여 지배자의 지위를 얻고 약탈 행위를 조직적으로 하기 위해 '정치'를 만들고 민중을 제재하는 법조문을 만들며 노예적 복종을 시키려는 명분, 논리 같은 '도덕률'을 만들기 때문이라고 하였다. "저들의 세력은 우리 대다수 민중의 용허에 의하여 존재하는 것"이므로 "우리 대다수 민중이 부인하며 파괴하는 날이 곧 저들이 그 존재를 잃는 날"이라며 민중이 속임수에서 깨어나면 "무산계급의 진정한 해방"을 이룰 것이라 하였다(〈선언〉, 1928. 4).

　신채호가 지배층과 그들의 정치 행위를 부정적으로 보는 점은 함석헌과 같지만, 신채호는 "제왕, 추장 등이 건설한 정치의 '그물'"만 적대시하는 것이 아니라 "석가, 공자의 도덕의 '독'"도 적대시한다. 특히 《용과 용의 대격전》(1928)에서는 예수를 무정부주의의 혁명적 이상인 '지국地國', 즉 땅의 나라가 이루어지지 못하도록 민중을 현혹한 '천국' 상제의 아들로서 "아비보다 더 간흉한 놈"으로 그리고 있다. '국가주의'를 비판하면서도 신채호는 일체의 정치와 함께 종교, 도덕을 배격한 반면 함석헌은 종교, 도덕에 의해 제어되는 정치를 구상했던 것이다. 법 없는 사회는 있을 수 없기에. "우리가 이상을 말하고 초월적인 정신의 세계를 목적하면서도 무정부주의의 입장을 취하지 않는 것은 이 때문입니다"(《씨알 함석헌 평전》, 2005).

국가주의에 대한 비판의 강도를 높여가면서 역사와 사회를 새로운 차원으로 이끌어갈 이상적인 주체로서 민중을 바라보는 함석헌의 생각은 더 깊어졌다. 함석헌은 왜 굳이 민중이란 말, 씨올이란 말을 썼을까? 그는 단어 하나라도 역사적 현실적 의미가 있기 때문이라고 답한다. 예를 들어 '국민'이란 용어가 "글자 그대로는 나라의 백성"이지만 실제로는 "국가주의 내지 제국주의에서의 민중을 억압하느라고 붙인 이름"이라고 했다. 그러면서 '인민'이라는 말도 그냥 인민, 백성이지만 "공산주의하에서 자유를 허락하지 않고 일당독재를 하기 위해서 쓰는 그런 뜻"이라는 것이다(〈권력도 문화도 분산되어야〉, 1964).

'씨올'이란 용어는 오산 시절부터 스승이었던 유영모에게 배운 것이다. 함석헌은 월남 직후 유영모를 다시 만났으며, 한국 전쟁 이후 YMCA 목요 강좌에서 유영모를 통해 이러한 해석을 배웠다. 유영모는 《대학》의 한 구절인 "대학지도大學之道 재명명덕在明明德 재친민在親民 재지어지선在止於至善"을 풀이할 때 "한 배움 길은 밝은 속알 밝힘에 있으며 씨알 어뵘에 있으며 된 데 머묾에 있니라"고 옮겨 '친민親民'을 '씨알 어뵘'으로 옮겼다. 함석헌의 회고에 따르면 유영모는 '민'을 씨알로 해석하고 별다른 해석을 덧붙이지 않았고, '친'을 어버이를 뵙는다는 점에서 '어뵘'으로 옮겼다. 따라서 '씨알 어뵘'은 "어버이 뵈오듯, 사랑과 따사로운 육친의 정과 가까움과 몸소 직접 몸으로 정성껏 찾아가서 섬기고 돌보고 사랑한다"는 뜻이다. 유교 사상에서는 대다수 민에 해당하는 '소인小人'은 본능적 충동에 지배되어 본성을 잃은 존재로 보아

성인과 군자가 어버이처럼 어리석은 민을 아이 대하듯 가르치고 다스려야 할 것으로 보았다. 그러나 유영모는 민을 어버이처럼 섬겨야 할 존재로 격상한 것이다. 함석헌은 자신이 생각하는 민중의 개념과 달리 당시의 '민', '민중' 개념이 '기성 체제' 안에서 많이 오용되고 있다고 보고 새로운 용어를 찾고 있었다. '알'을 '올'로 고쳐 쓴 것은 '올'에 쓰인 아래아(·)가 '알, 얼, 올'의 뜻을 함께 갖춘 기초 모음이면서 좀 더 힘 있어 보이기 때문이었다. 함석헌은 '씨올'을 1957년 '씨올농장' 때부터 쓰기 시작했는데, 그 뒤로도 주로 '민중'을 쓰다가 1970년 초《씨올의 소리》를 내면서는 '씨올'을 본격적으로 사용했다.

함석헌의 씨올 개념은 매우 포괄적이기에 쉽게 정의 내리기는 어렵지만 몇 가지로 살펴보면 무엇보다 정치권력과의 관계에서 '특권 없는 보통 사람들'이다. 이 점에서 그는 씨올을 사회적 지위와 치장으로 장식하지 않은 '맨사람'으로 부르기도 했다. 둘째, 한글 '씨앗'과도 통하는 생태적 용어라는 점에서 보면 씨앗 하나에 우주적 생명이 응축되어 있듯이 사람, 민중 속에 우주적이고 신적인 생명이 담겨 있다는 생각이다. 함석헌은 씨앗 하나에 나무 전체가 담겨 있듯이 생명체 하나하나가 벌레처럼 아무리 작고 낮아 보여도 "전체의 나타남"이라고 했다. 즉 '너'와 '나'는 구별이 없는 '하나'이니 적대 관계를 넘어선 전체 관점에서 개체를 봐야 한다는 것이 씨올의 개념이다. 따라서 씨올은 "하나의 세계를 믿고 그 실현을 위해 세계의 모든 씨올과 손을 잡기를 힘"쓰는 존재이다. 또한 '올'을 설명하면서 "'ㅇ'은 극대極

ㅊ 혹은 초월적 하늘의 표시이고, 'ㆍㆍ'은 극소極小 혹은 내재적 하늘 곧 자아自我의 표시이며, 'ㄹ'은 활동하는 생명의 표시"라고 하여(《우리의 내세우는 것》, 1976) 민중과 하나님을 일치해서 보았다. 이처럼 함석헌의 '씨올'은 국가 권력, 국가주의에 대한 비판적 주체 정도를 넘어 자연과 인간과 신을 관통하는 그의 독특한 생명 철학에 바탕을 둔 전인적 존재로서 평화주의적이고 공동체적이며 세계주의적인 특성이 있다. 그렇다면 이와 같은 민중 또는 씨올 인식은 실제 역사를 바라보고 해석할 때 어떻게 작용했을까?

《뜻으로 본 한국역사》와 씨올

1960년대 이후 독자에게 《성서적 입장에서 본 조선역사》는 매우 생소한 책이다. 그러나 그것이 《뜻으로 본 한국역사》의 전신이라고 하면 아하 하며 관심을 보인다. 함석헌은 왜 이렇게 제목을 바꾸었을까? 역사의 주체에 대한 생각이 바뀌었는가?

《성서조선》의 독자만이 보았던 《성서적 입장에서 본 조선역사》는 해방 이후에야 일반 독자의 손에 들렸다. 한국 전쟁이 발발하기 석 달 전인 1950년 3월에 발간된 《성서적 입장에서 본 조선역사》의 머리말에서 함석헌은 '성서적 입장에서 본'이라는 구절이 일반인에게 걸림돌이 될 수 있지만 "이 글이 이 글 된 까닭은 성경에 있다. 쓴 사람의 생각으로는 성경적 입장에서도 역사를 쓸 수 있는 것이 아니라, 성경의 자리에서만 역사를 쓸 수 있다. 똑바른 말로는 역사 철학은 성경밖에는 없기 때문이다. 서양에도 없고 동양에도 없다. 역사는 시간을 인격으로 보는 이 성경의 자리에서만 될 수 있다"라고 했다. 자신이 정리한 기독교적 사관, 기독교적 역사 철학을 포기할 수 없다는 생각에서였다.

그러나 함석헌의 생각은 그 저류에서부터 이미 바뀌고 있었으며 표면화할 때를 찾고 있었다. 그는 이미 우치무라의 무교회 신앙과 같이 "남이 해준 사상 그 말을 그대로 외우는 것"이 부끄러워 "나로서 보고 싶은 내 생각, 내 믿음을 가지고" 싶어 했다. 《뜻으로 본 한국역사》를 내면서 함석헌은 자신이 일제 말 감옥에 들어가 생각을 깊이 파다가 사상의 테두리가 넓어지고 해방과 한국 전쟁을 겪는 동안 아주 결정적으로 달라져 〈대선언〉과 〈흰 손〉 같은 사상의 전환을 표명하는 글을 내기에 이르렀고, 1961년에 대폭 수정할 계획을 세웠다고 말한다.

그 입장 변화는 "고난의 역사라는 근본 생각"은 변치 않지만 기독교만 유일의 참종교가 아니고 성경만 완전한 진리도 아니며, 역사 철학도 성경에만 있지는 않다는 것이었다. 그는 1960년 겨울 해인사에서 "모든 교파주의적인 것, 독단적인 것"을 없애고 제목을 바꾸어 자신의 입장 변화를 담은 서문을 담으려 했으나 출판 전에 서문이 불에 타 없어진 탓에 유달영의 발문으로 대신하여 《뜻으로 본 한국역사》로 제목을 바꾸어 출간했다. 이에 무교회주의 신자들로부터도 '믿음에서 타락했다'는 지적을 받기도 했지만 함석헌은 "타락이니 올라가는 것이 상대적이 아닌가?"

질문하며 "천당도 지옥도 문제가 되지 않는 높은 자리에서는 남이 타락이라거나 구원이라거나 상관이 없다"라고 과감하게 말할 정도였다. 1965년 네 번째 판 《뜻으로 본 한국역사》에서는 그의 입장이 분명히 표방된 새로운 머리말과 한국 전쟁 이후 4·19와 5·16 등의 역사를 포괄한 〈역사가 주는 교훈〉을 추가했다. '천당도 지옥도 문제가 되지 않는 높은 자리'란 무엇일까? 그 시각에서 본 역사의 주체는 누구일까?

《뜻으로 본 한국역사》를 보면 세계사적인 시대 인식에서 질적으로 비약하는 새로운 역사 단계를 전망하고 있음을 알 수 있다. 함석헌은 "지금은 진화의 한 새 단계가 나오려" 하고 있다며 과거 유인원의 한 가지에서 돌연변이에 의해 '사람'이 나왔듯이 '종교'에서 "엉뚱한 새 사람"이 나오리라고 보았다. 그 새 단계가 나오기 전까지의 현재는 '혼란기' 또는 '전환기'로 부르며 현대인이 처한 비참함의 원인을 "보편적 세계 사상의 결핍"에서 찾았다. "문명의 날카로운 기계가 도리어 인류의 자살하는 연모"가 될 것을 우려하며, 이 위기를 벗어나려면 "새로운 세계 이상"을 세워야 하고 그러기 위해 "역사를 고쳐 읽자"라고 제안한다.

함석헌이 생각한 새로운 시대의 이상은 바로 "세계가 하나" 되는 것이었다. 이 관점에서 과거 역사를 보면 "모든 인류의 아들들을 지금까지 서로 원수인 듯 서로서로 다투고 죽이던" 것이다. 함석헌은 "모든 민족, 나라, 인종, 교도, 주의자를 총동원하여 한 전선에 내세워서, 모든 모순, 모든 허비, 모든 오해를 다 내버리고 새로운 건설적인 하나에로 향하게" 하려면 이렇게 싸우는 인류로 하여금 그들에게 '한 조상'이 있으며, 그들이 '한 형제'이고 '한 나라 백성'이며 "한 곳에 만날 것"을 알게 해야 한다고 역설했다. 따라서 세계 인류가 하나임을, "각각 서로 한 몸의 지체"임을 알게 하는 것이 역사 교육의 목적이 되는 셈이다.

그렇다면 새로운 비약은 어떻게 가능하다고 보았을까? 함석헌은 "새 종교, 하나의 종교, 참종교"의 필요성을 역설했다. 이를 위해 "새 프로테스탄트", "종교개혁"이 다시 나와 일부 종교, 종파만 아니라 종교 전체에서 이루어져야 한다고 하였다. 그는 기존의 씨족, 민족, 국가, 종교를 버리고 "그 모든 것이 다 문제가 되지 않는 자리"에 서야 한다고 주장했다.

이러한 새로운 비약과 역사 주체인 씨올은 어떤 관계일까? 함석헌에게 기존의 민족, 인종, 나라, 교도, 주의를 이끌던 이들은 자기 자리를 지키려고 하여 다툼과 전쟁을 일으키는 문제다. 반면 씨올은 재주도 책략도 쓸 줄 모르고 지키려고 할 자기 자리도 없기에 정치인, 지식인보다 오히려 '대아大我'적 입장에 설 수 있는 존재다. 이런 점에서 씨올은 기존의 씨족, 민족, 국가, 종교를 버리고 "모든 것이 다 문제가 되지 않는 자리"에 설 수 있는 가능성을 지녔다.

또한 함석헌은 자신의 씨올론이 1970~1980년대 사회 운동 일반의 민중론과는 다른 점이 있다며 선을 그었다. 함석헌은 '민중'은 "일반이 하는 소리"로서 종교적인 신념이 없이 이성만 가지고 한 말인 데 반해, 자신이 말하는 '씨올'은 파 들어간 궁극적인 자리, 더 들어갈 수 없는 자리에서 한 말, 즉 이성을 초월해서

"종교적인 절대지경"에서 한 말이라고 하였다. 함석헌은 일찍부터 공산주의와 계급 투쟁론을 경계했고 말년에도 계급 투쟁론에 대해 "하나로 만들기는 고사하고 저쪽을 향해 죽이겠다, 쏴라, 미워하고 보복하고 하는 정신뿐"이라며 노동자를 대상으로 한 도시산업선교회의 활동도 공산주의를 가르치기 쉽다며 우려했다(《세계 속의 한국, 어디로 가나》, 1988). 함석헌의 '씨올'은 정치·경제적인 계급 투쟁론에 기반한 '민중'을 가리키는 것이 아니었다. 그러나 반국가주의라는 점에서는 현실적으로 같은 입장에 처했기에 보조를 맞추었다.

함석헌은 아무것도 더한 것도 없고 덜한 것도 없는, 난 대로 있는 사람이란 뜻으로 "맨씨올" 또는 "맨사람"이란 말을 잘 썼다. 그는 사람들이 보통 어떤 소유나 지위, 권력으로 자신을 무장하고 남과 구별하는데, 이런 것이 없는 존재는 공公만 있고 사私는 없는 존재로서 하나님은 이들을 쓰기에 이들이 바로 역사를 이끌어가는 주체가 된다고 보았다. 함석헌은 사람들 안에는 본래 '씨올'이 있으나 교육을 받을수록 오염되므로 잘못된 생각의 껍질을 자주 벗겨내야 한다고 보았으며 그 '씨올'은 그냥 내버려두지 않고 내 속에서나 남 속에서도 길러가야 한다고 보았다(《씨올은 죽지 않는다》, 1987).

함석헌에게 역사의 주체는 민족, 특히 민중이었다. 그는 정복은커녕 외침만 당해오다가 식민지 상태로까지 빠져든 민족의 역사를 절대자의 섭리가 깃든 '고난'으로 바라보고 긍정적으로 해석했다. 사회 진화론적인 경쟁의 근대 세계에서 내세울 것 없는 민족의 역사를 십자가 수난을 당한 예수에 비추어 봄으로써 그 가치를 찾고자 했던 것이다. 식민지 시기를 거치면서 국가주의에 대한 비판 의식을 키우며 국가와 민중을 별개로 보았던 함석헌은 해방 이후에도 통치 권력의 국가주의를 경험하면서 역사 주체로서 민중을 중시했다. 나아가 자신이 꿈꾸는 하나 된 세계를 내올 수 있는 순수한 역사 주체를 명시하기 위해 '씨올'을 사용했다. 함석헌의 '민중' 또는 '씨올'은 권력에 매이지 않고 국가주의에 반대한다는 점에서 신채호와 공통점이 있다. 그러나 함석헌은 신채호와 같은 무력적, 폭력적 방법론에는 반대한다. 이는 역사를 바라보는 기본적인 관점의 차이에서 비롯된다.

만남 4

역사의 의미를 찾아서

투쟁 사관과 고난 사관

    신채호와 함석헌의 역사학은 모두 근대 민족주의 역사학과 많은 부분을 공유하고 있다. 그러나 이들의 사관을 민족주의만으로 포괄하기는 쉽지 않다. 신채호의 사관에는 계급 투쟁론, 또는 무정부주의적 요소도 보인다. 함석헌의 사관은 기독교적인 색채뿐만 아니라 세계주의적 특징도 강하다. 따라서 민족이 독립된 국가를 갖추어 웅비하는 것을 이상으로 삼는 민족주의를 넘어서는 시야가 필요하다.

    신채호의 전 생애, 그리고 함석헌의 반 생애 속에서 민족주의의 이상은 실현되지 않는 꿈이었다. 자라나는 민족의 다음 세대에게 희망을 불러일으키고 싶어 했던 그들에게 여전히 그 이상이 실현되지 않는 식민지 상황을 어떻게 해석해야 할지는 큰 숙제였다. 이렇게 식민지로 귀결된, 실패한 것만 같은 한국 역사 전체의 상을 어떻게 구축하고 그 의미를 어떻게 해석하여 후손에게 전할 것인가? 이들은 기본적으로 민족주의를 지향하면서도 그 한계를 넘어서고자 애썼다. 이 숙제를 무정부주의적인 모색을 통해 풀고자 했던 신채호, 성경적 조명을 통해서 풀려고 했던 함석헌을 따라 그 씨름의 현장으로 들어가보자.

민족의 생존을 위해 유교 사관을 벗다: 〈독사신론〉 단계

신채호를 역사 연구에 발 벗고 나서게 만든 중요한 계기는 1905년 을사조약이었다. 그는 이 국치國恥에 분노하면서 《동국통감東國通鑑》을 보기 시작했고, 실학파의 눈으로 본 과거 역사와 자신이 부딪히고 있는 현실 역사를 두루 보면서 《대한매일신보》 지상에 〈독사신론〉이라는 사론을 발표하기에 이르렀다. 그는 역사를 새롭게 읽는다는 모토 아래 기존의 유교적 사관과는 물론이요 '신사체新史體'를 표방한 당대의 다른 역사서의 사관과도 다른 새로운 관점을 제시하고자 했다. 그렇다면 그는 당대를 어떻게 새롭게 읽었을까?

신채호가 지난 역사를 보고 가장 먼저 새롭게 읽고 기록한 것은 민족적, 국가적 영웅이었다. 〈독사신론〉이 발표되던 1908년에 출간한 《을지문덕전》에는 신채호가 을지문덕의 대목을 읽다가 하늘을 바라보며 "우리 민족의 성질에 이 같은 자가 있었는가? 이 같은 웅위한 인물의 위대한 공업功業은 옛날이나 지금이나

비할 데가 없으니, 우리 민족의 성질이 강하고 용맹함이 과연 이러하던가" 하고 감탄하는 대목이 나온다. 조선의 현실에서 볼 수 없었던 영웅을 역사서를 통해 조선의 과거 속에서 만난 것이다. 그는 자신이 과거의 영웅 을지문덕을 접하면서 담이 커지고 기운이 난 것처럼 국민 사이에서도 "영웅을 존숭하는 심성"이 자라나기를 바랐다. "을지문덕의 죽지 아니한 정령이 수천 년 된 무덤 속에서 뛰어나와 당년에 타던 안장에 다시 앉아서 …… 표트르 대제, 워싱턴으로 더불어 6대주에 함께 횡행하며, 넬슨, 비스마르크로 더불어 천백년에 같이 빛나서 독립 기초를 정돈할 날이 있으리라"며 내일을 꿈꾸었다.

이처럼 "지나간 영웅을 기록하여 장래의 영웅을 부르노라"가 그의 모토였지만 지나간 영웅을 복원할 만한 사료가 적다는 것이 그의 탄식거리였다. 조선 시대의 주된 역사관은 문치와 덕치를 중요시하는 성리학적 지향 아래 있었다. 특히 관에서 편찬한 사서들은 중국의 한족漢族 왕조를 존중하는 역사 서술로 일관했다. 유교의 발상지요, 임진왜란으로 사라질 뻔한 나라를 다시 세워준 '재조지은再造之恩'의 은혜를 끼친 나라였기 때문이었다. 따라서 을지문덕과 같은 무신으로서 중국 왕조에 대적한 인물에 대한 서술은 빈약할 수밖에 없었다. 신채호는 이 같은 유교 사관을 이 땅에 뿌리내리게 한 원흉으로 김부식을 지목했다. 이광수는 신채호가 "김부식을 원수같이 미워하였다"라며 "그는 조선역사를 바로잡는 것을 일생의 목표로 삼는 동시에 역사상에 불충불의한 무리들을 필주筆誅하는 것으로 사명을 삼았다"라고 평가했다. 신채호가 정한 김부식의 죄목은 "사실을 굽혀서 한족漢族을 주主로 하고, 제 나라를 종從으로 하여서 민족에게 노예근성을 넣은 것"이었다. 그의 비판의 붓 끝은 김부식은 물론 김부식이 인용한 사서의 원 편찬자인 중국 측 사가들을 겨눈 것이며, 동시에 동북아의 패자로 등장한 자국의 역사를 미화하는 당대의 일본 측 사가들과 일본 측 역사서를 '근대적'이라며 무비판적으로 받아들이던 한국인을 향한 것이었다.

신채호가 보기에 이웃 나라들은 자기 민족의 역사의 틀을 짓고 미화하기까지 하는 데 반해, 한국인의 과거 역사서는 중국인을 주로 삼는 사대주의적 역사 서술이 대부분이고, 당대의 역사서도 새롭게 일본을 사대하는 지경에서 헤어 나오지 못했던 것이다. 신채호의 역사 서술은 이렇게 자신을 잃고 타민족의 종이 될지 모르는 자기 민족에게 하나의 민족으로서의 존립 근거와 당연성을 부여하기 위한 것이었다.

〈독사신론〉은 그 첫머리부터 "국가의 역사는 민족 소장성쇠의 상태를 조사하여 서술한 것"이라면서 민족을 버리면 역사가 없고 역사를 버리면 민족의 그 국가에 대한 관념이 크지 않게 된다며 역사가의 민족적, 국가적 책임을 강조했다. 그는 민족주의와 국가 관념을 깨우쳐 간신히 명맥을 유지하는 국맥國脈을 보전하려면 역사밖에 없다고 할 정도로 민족주의에 입각한 역사를 구상했다. 신채호의 이러한 주장은 그전까지 역사 서술의 주체를 '왕조'로 설정하던 데서 탈피해 '민족'으로 바꾼 것으로, 이는 중세적 왕조 사관을 극복하고 근대적 민족주의 사관으로 전환하는

신호탄 역할을 했다.

　신채호는 단순히 민족을 강조하지 않고 기존의 역사관, 곧 주자학적 명분론과 정통론, 사대주의적 존화尊華 사관을 철저히 비판했다. 당시 구한말에 발간된 역사서와 학부에서 발간한 역사 교과서들이 조선 후기 유교 사가들의 '단군-기자-마한-신라(또는 삼국)'의 정통론을 따랐는데 이러한 정통론을 "노예의 헛소리"라 비판했다. 특히 조선 시대 사서의 면면에 흐르던 기자 조선설˙을 부인하고 동쪽으로 온 기자에게 부여 왕이 작위를 내려 평양에 살게 된 것이라 했다. 그러면서 기자는 부여 왕의 신하에 불과하고 부여 본부는 왕도이고 평양은 그 속읍에 불과하다는 새로운 학설을 주장했다.

　기자 조선설의 마한 중심의 정통론을 부정하는 대신 세운 이

기자 조선설

중국 은나라 말 주왕(紂王)의 폭정을 말리다가 투옥당한 현인 '기자'가 은을 멸망시킨 주나라 무왕(武王)에 의해 풀려났는데 그가 '조선'으로 도망했고 이를 안 무왕이 기자를 조선의 왕으로 책봉했다는 설이다. 기자는 조선의 제도와 문물을 발전시켰고 주 무왕에게 가서 통치 규범으로서 '홍범구주(洪範九疇)'를 전수했다고 전해진다. 고려 및 조선의 유학자들은 한나라 때 《상서대전(尙書大典)》과 사마천의 《사기(史記)》 등에 실린 이 설을 그대로 수용하여 기자를 성현으로 숭배했으며, 조선이 중국과 문화적으로 한 집안에 속했다고 보아 중국과 대등한 문명국이라는 '소중화' 의식을 가졌다. 현재 기자 조선설은 고고학적으로 기자가 왔다는 점을 보여줄 만한 중국 은·주 시대 청동기 유물이 없다는 점에서 부정되며, 중화사상이 형성되던 중국 한나라 때 한사군 설치를 합리화하기 위해 만들어냈다고 보는 시각이 있다.

론이 바로 부여 주족론主族論이다. 신채호는 국가는 "민족정신으로 구성된 유기체"로서 여러 종족이 모여 이루어진 국가라도 그 가운데 "항상 주동력 되는 특별 종족이 있어야" 국가가 될 수 있다고 생각하여 주족 개념을 제기하고 부여족을 주족으로 꼽았다. 신채호는 선비, 부여, 지나, 말갈, 여진, 토족 중에 "형질상 정신상" 다른 다섯 종족을 정복, 흡수하여 대대로 동국, 즉 한국의 역사에 있었던 것이 부여족밖에 없다고 보았다. "사천년 동국東國 역사가 부여족 성쇠소장의 역사"라고까지 단언했다. 따라서 단군에서 부여로, 부여에서 고구려로 이어지는 고대사 체계를 정통으로 보게 되니, 활동 무대로서 만주가 중시되고 발해가 부각되었다.

신채호는 이러한 부여 주족론의 입장에서 당시 각급 학교에 배포되는 교과서의 역사를 보면 우리 민족이 지나(중국)족, 선비족, 말갈족, 몽고족, 여진족, 일본족의 일부분인 듯 서술되어 이 땅이 남만북적, 즉 오랑캐의 수라장이며, 4,000년의 산업이 조량모초朝梁暮楚(아침에는 양나라가 저녁에는 초나라가 차지함)의 경매물이 된 듯하다고 비판했다. 또한 당시 일본 역사가들이 주장했고 현채玄采, 1886~1925와 같은 한국인이 수용했던 임나일본부설任那日本府說과 신공황후 신라 침공설 등을 "한국을 침략하려고 만들어낸 근거 없는 무설誣說에 불과"하다고 비판하여 식민주의 사관에 대한 투쟁을 최초로 개시했다.

구한말 신채호가 본 역사 발전 단계

1기 동물에서 인류 진화			
2기 동물과의 경쟁에서 승리			
3기 사회적 생활 영위			
4기 국가적 생활 영위	국가 발전 단계	왕조 및 국가	문명 발전 단계
	1기 추장 시대	단군 시대 부여 시대 기자 시대	문명의 맹아 시대
	2기 귀족 시대	고구려, 백제, 신라	문명의 방장 시대
	3기 전제 시대	고려 시대	문명이 일시 쇠퇴
		조선 시대 초기	문명이 다시 성장
	귀족 시대로 퇴화	조선 시대 중기 이후	문명의 암흑 시대
	4기 입헌 시대	20세기	(세기 초) 참담 비분 (현재) 신문명의 맹아
5기 세계 공통적 시대			

고대사를 부여-고구려 중심으로 재편한 신채호는 역사상 전체에서는 사회 진화론에 입각해 입헌 공화제를 이상으로 삼은 역사 발전 단계를 설정했다. 유교 사관은 중국 고대의 하·은·주 시대를 이상적인 시기로 보고, 이를 숭상하고 과거에서 통치의 모범을 찾는 상고주의적인 시각을 지녔다. 그러나 신채호는 통치의 이상을 더 이상 과거에서 찾지 않았다. 〈진화와 퇴화〉(1910. 1)에서는 "어느 학자가 진화설을 주창하여 동서東西에 훤전喧傳할 새 이에 있어서 세계가 바람에 쏠리듯 쏠려 이 학설의 깃발에 기울

었다"라며 진화론의 영향력을 언급한 뒤, 자신이 알고 있는 진화론의 대요를 설명했다. 가장 크게는 동물 중에서 특이한 인류가 만들어진 제1기, 동물과 경쟁해서 승리를 얻은 제2기, 사회적 생활을 영유하는 제3기, 국가적 생활을 영유하는 제4기, 세계 공통적 시대를 이룬 제5기로 나누었다. 이 가운데 국가적 발달 단계도 점진적으로 진화한다고 보아 제1기 추장 시대, 제2기 귀족 시대, 제3기 전제 시대, 제4기 입헌 시대로 나누었다. 이를 우리나라의 역사에 대비해서는 단군, 부여, 기자 시대가 1, 2기에, 삼국 시대가 2기에, 고려 시대가 제3기에 해당한다고 보았다. 조선 초에 이르러 전제 시대가 점차 사라지고 "도리어 한 걸음을 물러나 제2기 되는 귀족 시대가 다시 온" 것으로 보고 이를 "국가적 퇴화의 하나"라고 주장했다. 문명 발전 단계로 보자면 고려 중기 이후로는 조선 초기에 잠시 문명이 다시 성장한 경우를 제외하고는 쇠퇴하여 암흑기에 들어가 하강 곡선을 그렸다고 보았고 이제 "신문명의 맹아시대"를 다시 만들고 있다고 하였다. "세계는 진화자의 세계가 되나니, 만일 퇴화자가 퇴화만 하면 필경 그 종극은 멸망에 빠질 뿐이라"며 조선인의 각성을 촉구했다. 신채호는 〈독사신론〉에서 20세기 세계 무대에서도 "우리 부여족이 웅장한 태도와 활발한 걸음으로 뛰어나가 만국사기萬國史記 중에 우승한 한 자리를 점유할" 수도 있고, "혹 완고하고 몽매하여 날로 한 걸음씩 물러가 이 조상의 유업까지 남에게 사양할" 수도 있다며 민족의 각성을 촉구했다.

〈독사신론〉 단계에서 신채호는 왕조 중심 사관에서 민족주의

사관으로, 유교의 상고주의적 역사관에서 진화론적 역사관으로 시각을 바꾸고 이에 따라 새롭게 역사를 읽도록 제안했다. 민족의 생존을 위한 이러한 새로운 시도로 인해 신채호는 근대 역사학을 태동시킨 인물로 평가된다. 그러나 '기자 조선-마한-신라' 대신 '부여-고구려'라는 새로운 정통론의 선을 주장한 점에서 유교의 정통론에서 완전히 벗어나지는 못했고, 민족주의 사관도 제국주의 국가를 경쟁에서 이긴 우월한 자로 인정하는 진화론적 사관 안에 머물러 있어 제국주의-식민주의 사관을 온전히 극복하기 어려운 점이 있었다.

나라는 잃었어도 민족의 '고갱이'는 지켜라: 《꿈하늘》,《조선상고문화사》단계

1909년 전후에는 나라를 지키기 위해 실력 양성을 주장하던 운동가 가운데 실력 양성에서도 국민들이 '국가 정신'으로 무장하는 것이 가장 중요하며 이를 위해서는 '국수國粹'를 보전하는 것이 중요하다는 주장이 확산되었다. 국수란 말 그대로 '나라의 핵심'인데, 그 나라에 전해져오는 풍속, 습관, 법률, 제도 등의 정신으로서 그 나라의 역사, 문화, 민족성의 장점을 뜻한다. 특히 1909년에는 국수의 대표 상징으로 '단군'에 대한 관심과 숭배열이 고조되어 대종교大倧敎가 창건되기도 했다.

신채호도 이러한 관심에서 1910년 3월 망명 직전에 〈동국고대

선교고東國古代仙教考〉에서 중국에서 도교가 전래되기 전에 이미 이 민족이 환인, 환웅, 단군의 삼신三神을 숭배하는 선교仙敎가 성립되었다고 주장했고, 망명 직후인 1911년경에는 대종교에 입교해서 1912년 대종교 교단에서 발행한 《단기고사檀奇古史》의 서문을 쓰기도 했다. 무엇보다 1916년에 쓴 독특한 역사소설인 《꿈하늘》과 1910년대 후반에서 1920년대 후반에 저술되었다고 추정되는 《조선상고문화사》에서 이러한 국수 보전론적 역사관, 대종교적 역사관을 뚜렷하게 볼 수 있다.

《꿈하늘》에서, 을지문덕은 나라는 '힘'이나 '꾀'로만 지키는 것이 아니고 '정情'으로 지킨다고 한다면서 "사람마다 산도 내 나라 산이 좋으며 물도 내 나라 물이 좋으며, 인물도 내 나라 풍속이 좋아, 내 나라 것이 귀에 젖고 몸에 물들어야 이에 내 나라를 사랑하며, 또 성현의 좋은 언행과 영웅의 씩씩한 사실과 열사의 매운 절개 같은 데 대한 문견聞見이나 이와 같이 잘 알아야 이에 내 나라를 대표하여 남과 겨룰 때 용맹이 나는 법"인데, 이런 역사 서술이 없으니 대적과 싸울 만한 참된 애국자가 나오겠냐고 탄식한다.

그렇다면 신채호가 찾아낸 국수에는 무엇이 있을까? 신채호는 역사의 근원은 "우리 한아배"이며, 역사의 핵심은 "우리 한아배의 주신 역사의 상무정신"이라 보았다(뒤에서 보겠지만 이는 함석헌에게는 '자아의식'에 비견된다). 그는 단군 이래로 전해지는 종교적 무사혼武士魂으로서 '선교'를 말하며 이를 통해 자강과 독립의 정신 혁명을 촉구했다. 〈독사신론〉 단계에서 단군은 자강론에

만남 · 147

걸맞은 정복 사업을 이끈 영웅적인 군주 모습이었으나 이제는 선교라는 우리 민족 고유 종교의 시원자의 모습도 갖추게 된 것이다. 단군과 그 세 아들인 삼랑三郎은 고구려의 선인仙人·조의皁衣·선인先人과 신라의 화랑花郎, 국선國仙, 선랑仙郞의 시조이며, 고대의 선인·조의·선인·화랑으로 표현된 선교가 우리의 국교이자 무사도이며 우리 민족의 넋이며 정신, 우리 국사의 꽃이라고 칭송했다.

《꿈하늘》에서는 천국인 '님나라'에 살고 있는 선왕先王, 선성先聖, 선민先民으로 많은 역사 인물이 등장하는데, 그 대부분이 고대인이다. 국가별로는 고구려·백제·발해 사람이 다수이고, 사상적으로는 유교 관련자(이언적, 이황)와 불교 관련자(원효, 의상)보다 신채호가 선교 관련자로 분류한 인물이 절대 다수다. 이 선교 관련자는 대종교에서도 숭앙받는 인물들이다. 신채호는 특히 묘청, 이자현, 전우치, 서경덕, 정여립 등 고려, 조선조의 인물들이 선교의 계승자로서 선교의 흐름을 지속해왔다고 주장했다.

여기에는 1910년대 전반기에 대종교의 교리가 정리되고 경전이 편찬되며, 이에 입각해 대종교의 역사적 연원과 관계된 역사서와 사론이 많이 저술된 것이 큰 영향을 미친 듯하다. 2세 교주 김교헌이 지은 《신단실기神檀實記》(1914), 《신단민사神檀民史》(1904)는 물론 선배 사가인 박은식의 《몽배금태조夢拜金太祖》(1911), 《동명성왕실기東明聖王實記》(1911), 《발해태조건국지渤海太祖建國志》(1911), 《대동고대사론大東古代史論》(1912) 등이 그것이다.

《조선상고문화사》 단계에 와서는 조선의 국수가 뛰어나 오히려 중국에 전해질 정도였다고 주장했다. "대개 단군 이후 천여 년 동안의 조선은 그 치제治制의 선미善美가 고대에 가장이었으며, 문화의 발달도 인방隣邦 각 족이 모범할 만하게 되었나니, 만일 자손 된 자 무력으로 그 문화를 보호 또 확장하였더라면 조선이 진실로 동양문명사 수좌首座를 점령할 뿐 아니라 환구전토環球全土를 독립하였을 것이다"(《조선상고문화사》)라고 하여 조선의 종교가 동아시아에서 으뜸임을 주장했다.

예를 들면, 단군 시대의 태자 부루가 '황제중경皇帝中經'과 오행五行을 하나라 우왕에게 전하여 치수의 법을 가르쳐주었고, 이러한 조선의 종교와 법제는 하 왕조를 무너뜨린 은나라에서도 유지되었으며, 은나라를 무너뜨린 주나라의 문왕이 은나라의 오행을 공격하기 위해 가져온 복희씨의 팔괘도 사실 조선인이 지었다는 것이다. 또한 은나라가 망하는 과정에서 풀려난 은의 왕족 기자는 자신을 찾아온 주나라 무왕에게 오행의 원류와 의리를 가르쳐주었는데 무왕이 이를 받아들이지 않자 조선으로 갔으며, 조선은 기자를 같은 교教를 신봉하는 나라 사람, 이웃나라 스승으로 받아들였고, 그가 망명한 사실을 동정하여 평양 한구석에 군읍을 주어 제후로 삼았다고 하였다.

신채호는 기자가 동쪽으로 왔다는 '기자동래설'에 대해서도 더욱 해석을 발전시켰다. 〈독사신론〉 단계에서 기자가 조선 제후가 되었다는 정치적 해석에서 더 나아가 기자가 신앙의 조국을 찾아왔다는 종교적 해석으로 발전시킨 것이다. 뿐만 아니라 《꿈하늘》에서는 단군 시대부터 고유 문자가 있었다고까지 주장하는

등 조선이 동아시아 고대 문명의 시원지로서의 위상이 있다고 해석했다(1924년 이후에는 태고 문자 존재를 부인했다).

또한 문화적으로만 아니라 조선족의 범위도 더 넓게 보았다. 여진, 숙신肅愼, 구이九夷까지 모두 우리 민족에 포괄함으로써 만주와 중국 대륙에서 구이가 세운 국가들까지 모두 조선족이 식민 활동을 한 결과로 보았다. 특히 한漢이 고조선을 침공하고 세운 한사군의 위치에 대해 새로운 주장을 했다. 한 무제가 요동반도에 있던 위씨국衛氏國, 즉 위만 조선을 멸망시키고 그곳에 4군을 설치할 때 조선 여러 나라의 이름을 따서 4군의 이름을 지었으며, 한반도에 있던 '낙랑'은 조선족 중 최씨가 세운 '낙랑국'으로서 요동반도에 있던 '낙랑군'과는 별개라는 것이다. 이와 같이 신채호는 고조선의 역사에서 기존에 중국의 영향이나 지배와 관련된 기자 조선, 위만 조선, 한사군이 한반도가 아니라 요서나 요동처럼 고조선 영토 외곽의 일부 지역에 있었던 것으로 보았다. 그 결과 조선족의 국가인 조선의 국가 활동은 끊임없이 이어지다가 삼국으로 이어진다고 서술할 수 있었다.

역사 해석에서 중국 중심성을 해체하고 조선족 중심으로 재편한 신채호는 "국사의 연구가 차차 성할수록" 옛 도가 다시 밝아지고 차츰 "국수주의로 돌아오는 순국順局"이라며 국사를 통해 국수와 나라 회복을 지향했다.

아와 비아의 투쟁으로 민족사를 보다: 《조선상고사》 이후

사회 진화론의 자극을 받아 민족 간 경쟁과 우승열패의 시각으로 역사를 보고 조명하기 시작했던 신채호는 국가의 상실 속에서도 국수를 담지한 국사 서술에 열정을 더했다. 특히 1920년대 중반 이후 중국에서 연구, 저술한 사서와 논문 들은 1910년대의 그것들보다 좀 더 체계화되고 정교해졌다. 무엇보다 가장 중요한 것은 그의 독특한 '투쟁 사관'을 정립한 것이다. 그의 투쟁 사관은 어떤 특성이 있을까? 《조선상고사》의 '총론'을 보자.

신채호는 "본위本位인 아我가 있으면 따라서 아我와 대치한 비아非我가 있"으며, '아'는 물론 '비아' 속에도 아와 비아가 있으니 역사 속에서 누구든 주관적 위치에 서면 그에 대하여 객관적 위치에 서는 존재가 있다는 역사 인식 또는 활동 주체의 상대성을 언급했다. 그리고 이 아와 비아와의 관계에 대해서는 양자의 접촉이 심할수록 서로에 대한 분투가 더욱 맹렬해지고, 이로써 "인류 사회의 활동"이 쉴 새가 없고 역사의 앞길이 완결될 날이 없게 되었다면서 역사를 "아와 비아의 투쟁의 기록"이라고 정의했다.

어떤 '아'가 '역사적 아'가 되려면 시간에서 생명이 끊이지 않는 '상속성'과 공간에서 영향을 파급하는 '보편성'이 있어야 한다고 보았다. 또한 동일한 사건이라도 상속성과 보편성의 강약에 차이가 나며 이에 따라 역사 서술의 재료가 될 만한 분량이 정해진다고 보았다. 예를 들어 똑같이 지구가 둥글다는 설을 내놓았어도 브루노Giordano Bruno, 1548~1600의 학설은 유럽 각국이 탐험열에

들뜨고 신대륙도 발견하는 결과를 낳았지만, 김석문金錫文, 1658~1735의 학설은 그렇지 못해 역사적 가치를 쳐줄 수 없다는 것이다. 또한 정여립鄭汝立, 1546~1589도 400년 전에 군신강상론君臣綱常論을 타파하려 한 동양의 위인이지만, 이를 민약론民約論을 쓴 루소Jean-Jacques Rousseau, 1712~1778와 동등한 역사적 인물이라 할 수 없다고 하였다. 물론 정여립의 영향을 받아 검계나 양반살육계 같은 번뜩이는 행동도 있었지만 루소의 영향을 받아 일어난 프랑스 혁명에는 비길 수 없기 때문이라는 것이다.

이처럼 아와 비아 사이의 투쟁에는 '비아'를 정복하고 '아'를 드러내는 승리자와 그렇지 못한 실패자가 있기 마련인데, 이 성패를 가르는 두 요소로, (1) 선천적인 면에서 먼저 '아'를 지키는 정신을 확립할 것, (2) 후천적인 면에서는 환경에 순응해 '비아'에 대한 작용을 유지할 것을 들었다. 이 둘 중 하나라도 부족하면 패망한다고 보았다.

그렇다면 신채호는 이러한 관점에서 조선사를 어떻게 구성했을까? 그는 《조선상고사》에서 '아'를 조선 민족으로 잡고, (1) '아'의 생장 발달의 상태, (2) 그 상대자인 주변 각 족의 관계, (3) 기타 항목 등을 서술의 세 요건으로 잡았다. 먼저, '아'의 생장 발달의 상태와 관련해서는 문명의 기원, 영토가 늘고 주는 것, 각 시대 사상의 변천, 민족적 의식이 왕성하거나 쇠퇴한 시기, 우리 민족에서 여진, 선비, 몽골, 흉노가 분리된 것과 그 이후의 영향, 조선 민족의 현재 지위와 이후 부흥할 전망 등을 다루어야 할 내용으로 정했다. (2) 주변 각 족의 관계에서는 여진, 선비, 몽골, 흉

노와 우리 민족 문화의 포대기에서 자랐다고 본 일본에 대한 서술, 인도와 중국에서 문화를 수입한 영향, 당시 세계사의 중심이 된 서구 문화와 북구의 사상에 대한 대응과 향후 전망 등을 서술하고자 했다.

신채호는 위의 (1), (2)를 '기초'로 삼고 이 밖에 사상을 표시하는 언어, 문자의 변화, 고대에 민족 존망성쇠의 관건이었던 종교, 학술, 기예, 의식주와 경제 조직, 인민의 이동과 번식 및 영토 변화에 따른 인구의 가감, 정치 제도의 변천, 북벌 사상의 시대별 진퇴, 귀천빈부貴賤貧富 각 계급의 압제와 이에 대한 대항, 그 소장성쇠의 대세, 태고부터 발생한 지방 자치제가 근세에 와서 형식만 남게 된 과정, 외침으로 인한 큰 손실과 다소간의 이익, 문화적 창작이 지속되지 못하고 고립적·단편적으로 머무는 원인 등을 주요 항목으로 삼는다고 하였다.

이러한 구성 원리에 따라 서술한 《조선상고사》에서 신채호는 독특한 고대사 인식 체계를 수립했다. 그는 삼국이 등장하기 전까지의 상고사를 (1) 신수두 시대, (2) 삼조선 분립 시대, (3) 열국 쟁웅 시대로 나누었다. 먼저 신수두 시대는 대단군왕검이 삼신오제三神五帝의 신설神說에 따라 인간 세상의 제도를 정했는데, 세 중심지인 삼경三京을 두고 통치자인 삼한(단군은 신한이며, 단군의 두 부왕副王으로 불한과 마한)이 다스리되 삼한 아래 돗가, 개가, 소가, 말가, 신가의 오가를 두어 이들이 중앙의 국무대신이자 지방 5부의 장관으로서 다스리게 했다는 것이다. 그러다가 중국의 전국 시대에 해당하는 기원전 4세기에 조선이 삼경을 중심으로 자

체 분열하여 신조선, 불조선, 말조선으로 나뉘었고, 이를 나중에 한반도 안에 형성된 삼한, 즉 진한·변한·마한과 구분해 전자를 전삼한, 북삼한으로 후자를 후삼한, 남삼한으로 지칭했다(전후삼한설 또는 남북삼한설)고 한다. 신채호는, 신조선은 대단군왕검의 후손인 해씨의 왕조로 나중에 동부여, 북부여로 나뉘는 영역이며, 불조선은 기자의 후손이 다스리는 왕조로서 요동지방에 있었고, 말조선은 한반도에 있었다가 불조선의 왕 기준에 의해 멸망당했다고 보았다. 마지막으로 열국 쟁웅 시대는 중국의 한족과 격전을 벌인 시기로 명명되어 결국 단군 조선 시대가 단절 없이 삼국 시대로 이어지는 것으로 서술했다. 즉《조선상고문화사》에서 고조선이 동북아시아 상고사에서 문화적 수위를 점했다고 주장한 데 이어《조선상고사》에서는 정치 체제와 영토 면에서 한반도와 만주, 중국 동북부를 장악하고 있었다고 주장한 것이다. 이로써 신채호는 중국에 문화를 전파하고 당당히 항쟁하여 자기 영토를 지켜낸 고대사와 이를 가능하게 했던 '국수'로서의 조선의 종교(수두교 또는 선교)를 뚜렷하게 드러냈다.

  이와 같은 작업은 비록 고대사로 그치고 말아《조선상고사》라는 이름으로 묶였지만, 원래 신채호가 구상한《조선사》는《조선상고사》'총론'에서 볼 수 있듯이 조선사의 '아'인 조선 민족이 역사 속에서 어떻게 성패를 경험했는지 살펴보고 앞으로 역사의 승리자가 될 수 있도록 촉구하려는 분명한 의도로 쓰였다. 신채호는 당시 세계사의 중심인 서구 사상에 어떻게 대응할 것인가가 조선 민족의 성패를 가른다고 보았다. 과거에 인도와 중국을 통해 들어온 외래 사상인 불교와 유교에 대한 대응이 과거사에 영향을 미쳤듯이 말이다. 그는 외래 사상을 많이 수용한 만큼 '민족의 기력'이 여위었고 그만큼 영토도 줄어들었다고 보았다. 따라서 신채호는 당시의 서구 사상을 소화해서 새로운 문화를 건설하는 것, 즉 조선의 주의, 조선의 사상을 만드는 것이 역사의 승리자가 되는 길이라고 생각했다. 그렇지 않으면 진적陳迹, 즉 흔적만 남기는 실패자가 된다는 것이다. 그래서 그는 끝까지 조선 민족과, 조선 민족을 조선 민족답게 만드는 국수를 놓치지 않으려고 했으며, 민족이 국수를 깨달아 살게 하려고 역사를 서술하고자 했다.

한편, 총론에 따르면 조선사 서술에서 '아'는 기본적으로는 조선 민족이지만 다양하게 설정할 수 있다. 총론에도 '민중'을 '아'로서 설정하고자 한 흔적이 보인다. 주요 서술 항목에서 귀천빈부 각 계급의 압제와 이에 대한 대항과 이러한 투쟁이 쇠하여 사라지거나 성하여 자라나는 양상을 서술하겠다고 했다. 또한 지방 자치제가 고대부터 존재했고 이것이 근세에 와서 형식만 남게 된 것도 주요 서술 항목에 넣었다. 앞서 '만남 3'에서 역사의 주체를 다룰 때 언급했듯이 (후)삼한의 초기 형태가 "민중의 힘으로 민중의 일을 자결"하는 자치적 조직이었다는 지적도 이러한 관점과 관심에서 나온 것이었다. 그러나 '아'로서의 민중은 선언만큼 뚜렷하게 나타나지는 않았다. 저술 시기는 명확하지 않으나 1920년대 이후로 보이는 〈조선사 정리에 관한 사의私疑〉라는 글에서 신채호는 "조선 민중 전체의 진화를 서술한 것이라

야 참 조선의 조선사가 될 것이지만, 그러나 민중을 표준으로 삼는 것은 20세기에 와서 겨우 싹튼 것이니 이것은 너무 사치스런 선택"이라며, "조선을 주체로 하고 충실히 적은 조선사" 정도를 참의미의 조선사라 할 수 있다고 말했다. 이 점에서 보면 《조선상고사》는 '민중'을 표준으로 삼은 민중 전체의 진화사는 아니지만 조선을 주체로 삼아 충실히 적으려 한 조선사 정도는 달성한 것으로 보인다. 나아가 '총론'에서 '아'를 다양한 주체로 설정할 수 있다는 점에서 여러 입장의 역사를 서술할 가능성을 만든 점은 기존의 민족주의 일변도의 사관에서 진전되었다고 할 수 있다.

이익과 량치차오: 신채호 사학의 날줄과 씨줄

　신채호의 역사관과 역사 연구에는 누가 가장 큰 영향을 미쳤을까? 첫 번째로 꼽을 수 있는 것은 조선 후기 실학파, 특히 성호 이익李瀷, 1681~1763과 순암 안정복安鼎福, 1712~1791 등 남인의 역사의식, 역사관의 영향이다. 신채호가 국망 이후 국경을 건너 만주로 갈 때 안정복의 《동사강목》을 가져갔다는 사실은 잘 알려져 있다. 신채호는 〈조선사 정리에 관한 사의〉에서 "중국화되지 않은 조선의 조선사"를 "참 조선의 조선사"로 보았으며, 이러한 의미에서 한백겸과 안정복, 정약용과 이종휘 정도를 후인의 역사와 사상을 채찍질하며 이끌어간 스승들로서 무한히 감사해야 할 이들로 평가했다. 먼저 한백겸에 대해서는 그의 〈동국지리설〉이 소략하기는 해도 정약용, 안정복, 한진서 등이 조선의 역사 지리를 설명하는 데 큰 영향을 미쳤다는 점을 들었다. 안정복에 대해서는 "종신을 역사 일문一門(한 분야)만 노력한 500년래 유일한 사학 전문가"로 인정하면서 비록 황실 중심주의로 민족 자체의 활동을 많이 무시하는 등 한계는 있지만 연구가 정밀하여

성호 이익 | 신채호는 이익을 통해 실학파의 역사 인식과 방법론의 선구를 이룰 정도로 조선 후기 새로운 역사 서술의 흐름을 만들어냈다.

"지지地誌의 틀리고 잘못된 부분을 교정하고 사실의 모순을 변증한 점"에서 가장 공이 크다고 했다. 이종휘에 대해서는 비록 사료의 수집과 독특한 연구는 없어도 "단군 이래 고유의 독립적 문화를 노래하여 김부식 이후 사가들의 노예사상을 갈파"한 점을 높이 샀다.

본격적으로 역사를 서술하지는 못했지만 사관, 사론의 측면에서 신채호에게 큰 영향을 준 사람은 안정복의 스승 이익이다. 18세기 전반 기호 남인의 핵심이었던 성호 이익은 유교적 도덕사관의 한계를 비판하며 역사를 경학과 정치에서 분리해 독립적 학문으로 확립하고, 역사 서술 방법에서도 엄격한 사료 비판과 문헌 실증주의에 입각한 객관성 확보를 강조한 인물이다. 이익은 중국사에 대한 한국사의 독자성을 인식하고 독자적인 한국

사상을 정립하려 노력해 실학파 특히 안정복의 《동사강목》에 가장 큰 영향을 주었다. 이익을 통해 안정복, 이긍익, 이종휘, 한치윤, 유득공, 정약용 등이 실학파의 역사 인식과 방법론의 선구를 이룰 정도로 조선 후기 새로운 역사 서술의 흐름을 만들어낸 저수지 같은 역할을 했다. 비록 신채호가 이익을 직접 언급한 부분은 발견되지 않았지만 신채호의 사론史論이 이익의 그것과 결을 같이하는 부분이 많다는 점을 유의해둘 필요가 있다.

이익은 지구의와 세계 지도를 직접 보고 중국의 땅과 한족만으로 '중화'가 성립될 수 없으며 지역과 종족에 관계없이 누구든 우수한 문화를 건설하면 바로 '화華'라는 주장을 개진했다. 그러면서 성리학적 사고로 청과 일본을 오랑캐로 보는 시각을 탈피해 그들의 장점을 보고 서로 교류해야 한다고 주장했다. 이익은 역사 서술에서도 기존 역사서에서 선악과 시비를 평가한 데 대해 그 기준이 매우 자의적이라고 비판하는 입장에 섰다.

《성호사설》 경사문經史門의 〈진적론성패陳迹論成敗〉에서 "사람들은 늘 과거의 결과로써 성공과 실패를 논하기 때문에 실수가 많다. 그것은 마치 약제藥劑로 병을 다스리는 것과 같아서, 사람의 병에는 심천深淺의 차이가 있고, 약력藥力에도 독하고 헐하여 같지 않는데 어찌 모든 병을 같게 보고 또 같은 방법으로 치료할 수가 있겠는가?"라고 반문한다. 성공한 세력에 의해 쓰인 역사책이 집권의 정당성을 옹호하기 위해 사실을 왜곡하고 시비를 바꾼 경우가 많다며 결과론적 해석을 지양하고 병자에게 약을 쓸 때처럼 신중해야 한다는 것이다. 《성호사설》 경사문의 〈고사선악古史善惡〉에서는 "사가들이 실로 도덕적 시비에 현혹되어 취사를 확실히 하지 못함으로써 비난도 받고 죄를 얻게 된다"라고 하여 유교 사관의 도덕주의적 접근이 사실에서 벗어날 수 있다고 경계했다.

그렇다면 무엇이 기준일까? 이익은 《성호사설》 경사문의 〈독사료성패讀史料成敗〉에서 "천하의 일은 대개 10의 8, 9는 요행으로 이루어진다. 사서에서 보이는 고금의 성패成敗와 이둔利鈍(날카롭고 무딤)은 실로 그 시기의 우연에 따른 것이 많다. …… 나의 생각으로는 고금의 흥망이 모두 시세時勢의 흐름에 따라 이루어지지 않은 것이 없으며, 반드시 사람의 재덕才德으로 말미암은 것은 아니었다. …… 그러므로 나는 천하의 일은 시세가 제일 중요하고, 행불행이 다음이며, 시비는 제일 마지막이다"라고 했다. 유교적 도덕주의에서 중시하는 도덕적 시비 판단이나 개인의 재능과 도덕성보다는 시세의 흐름 파악을 더 중시했다. 따라서 사료를 제대로 읽어내려면 여러 사료를 비교 검토하고 성패를 뒤집어 생각해 논리적으로 추론해야 한다고 주장했다.

이익의 독특한 성패론과 시세론은 신채호의 글 속에서도 만날 수 있다. 신채호의 역사 서술은 기본적으로 한국사를 중국사에서 독립시키기 위해 유교적 존화주의 사관을 맹렬하게 비판했고, 이러한 유교적 존화주의 입장에서 '성패'를 서술한 기존 역사서를 뒤집어 보고 재검토하는 것을 자기 의무로 삼았다. 또한 한국사 연구에서도 실패한 인물의 가치를 재조명했다. 〈실패자의 신성神聖〉에서는 성공자를 이해에 밝은 소인으로 보고, 실패자 중에는 군자가 많다고 하여 이 실패자야말로 오히려 "진취, 분

투, 강의, 불굴 등의 문자로서 인간에 교훈을 준" 이들이라 칭송했으며, 실패자의 역사적 대열에 정여립과 같은 혁명가를 거론했다. 신채호에 따르면 정여립과 같이 실패한 혁명가는 이익이 〈진적론성패〉에서 지적한 것처럼 "과거의 결과로써 성공과 실패를 논"하는 바람에 실수하여 제대로 평가받지 못한 사람이다. 신채호는 〈낭객의 신년만필〉 중 "병에 따라 약을 쓰라"는 제하에서 역사상 '반역혁명'의 역사를 언급했다. 역시 유교적 존화주의 사관에서 제외되거나 격하한 실패한 혁명의 역사를 재검토하라고 촉구한 것이다.

또한 유교의 도덕주의적 시비론과 관련해 신채호는 〈이해利害〉라는 글에서 "대개 인류는 생존하는 이외에 다른 목적이 없는 것이라"며 자신에게 이로우면 옳다 하고 해로우면 잘못되었다 한 데서 시비론이 나왔으니 시비가 어디 있느냐고 했으며, "만일 시비가 있다 하면 이는 이해의 별명뿐"이라고 주장했다. "우리 부여민족은 자기의 이해를 잊고 타인의 시비를 두려워하여 지나(중국) 유자儒者가 '공자가 성인이니 공자를 받듦이 옳다' 하면 문득 그 수천 년 상전相傳한 국수와 교양을 버리고 이를 좇"는다고 개탄했다.

이렇듯 신채호가 기존의 유교적 역사서를 뒤집어 보고 '성패'와 '시비'를 재검토하여 새로운 역사상을 만들어간 이유는, 조선 후기 재야 학자인 이익의 비판적인 역사 인식에 공감했기 때문으로 보인다. 앞선 시대의 이익을 비롯한 실학파의 사론과 연구가 신채호 사학을 이끌어낸 내적 힘이 되었다면, 동시대에 외부에서 신채호의 역사학을 이끌어낸 힘으로는 단연 량치차오의 사론과 연구를 들 수 있다.

량치차오는 무술변법戊戌變法 운동이 실패한 뒤 일본에 망명했다가 돌아와 1923년 청화대학교 교수, 1925년 신채호가 역사 서술을 위해 자료 조사를 하던 북경도서관의 관장을 역임했다. 1922년 간행된 《중국역사연구법》은 그가 남개대학교에서 강의한 내용으로 '중국문화사 고 제1집'으로 출간한 책이었다. 량치차오는 이 책을 통해 서구의 근대적 사학 이론을 중국에 도입하여 새로운 역사를 쓸 것을 제안했다(량치차오는 서구 역사학의 영향을 많이 받았지만 실제 역사학자의 연구를 직접 인용하지는 않았고 웰스의 《세계 문화사 대계》를 거론하며 그 문화사적 사관을 소개했다. 이 점이 함석헌과도 통한다.).

량치차오 | 신채호가 쓴 《조선상고사》의 목차를 보면 량치차오의 《중국역사연구법》의 구성을 차용했다는 사실을 알 수 있다.

신채호의 《조선상고사》의 총론은 《중국역사연구법》의 체계와 매우 닮았다. 《중국역사연구법》의 목차를 보면 제1장 '역사의 의의 및 그 범위'에서 역사의 정의와 중국사의 개념을 제시하고, 제2장 '과거의 중국 사학계'에서 전통적 중국 사학계를 비판하며, 제3장 '역사의 개조改造'에서 신사학, 즉 서구 근대 역사학을 수용해야 한다고 주장하며, 제4장 '사료를 말함'과 제5장 '사료의 수집과 감별'에서 사료 비판과 이용 방법을 논하며, 제6장 '사적의 논차論次'에서 역사 현상의 제 원인, 역사의 인과관계, 역사적 인물론 등을 논했다.《조선상고사》의 총론은 1. 역사의 정의와 조선 역사의 범위, 2. 역사의 삼대 원소와 조선 구사舊史의 결점, 3. 구사舊史의 종류와 그 득실의 간략한 평가, 4. 사료의 수집과 선택에 관한 참고, 5. 역사서의 개조改造에 대한 소견으로 구성되어 량치차오의 저서를 차용했다는 사실을 알 수 있다. 서술의 주요 항목에서도 "민치주의의 기초는 있는가? 기초가 오랫동안 발육하지 않은 이유는 어디에 있는가?", "이민족을 통치하거나 이민족에게 통치당한 것과 그 성패는 어떠한가?", "세계 다른 부분의 문화민족—예를 들어 인도, 구주와 같은—이 우리와 접촉, 교촉, 교통한 자취는 어떠한가?" 등의 항목은 신채호의 항목에서도 거의 유사하다. 이 점을 보면 신채호가 량치차오의 이론적 틀을 빌려와 한국사 연구에 적용한 것을 알 수 있다.

그러나 역사(학)의 정의, 역사 서술의 주요 항목 등 내용 면을 보면 신채호가 독자적인 한국 역사상의 확립을 위해 많이 애쓴 흔적을 볼 수 있다. 량치차오는 역사에 대해 "인류사회의 계속적 활동의 체상體相을 기술하고 그 (활동의) 총 성적을 교校하며 그 인과관계를 구하여 얻어서, 현대 일반인 활동의 자감資鑑(밑바탕과 거울)으로 삼는 것"이라 정의했다. 이러한 역사의 정의는 왕조 중심적, 유교적, 중화주의적 역사학에서 탈피하는 근대 사학의 면모를 보여준다. 반면 신채호의 정의는 량치차오의 그것과 유사하게 "시간적 계속과 공간적 발전으로 되어오는 사회의 활동 상태의 기록"이라는 보편적인 정의와 함께 그 '사회의 활동상태'를 아와 비아의 투쟁으로 보는 독특한 시각을 보였다. 이는 한국사의 독자성을 부각하기 위한 논리로서 역사 서술의 주요 항목에서도 신채호는 '아'의 생장 발달과 '비아'인 주변 각 족과의 관계를 앞세워 가장 중요시했고, 민족적 의식이 언제 가장 왕성하거나 쇠퇴했는지 고찰해야 한다고 제시했다.

신채호는 량치차오처럼 근대 사학의 객관적 접근을 중시했다. 그가 "객관적으로 사회의 유동상태와 거기서 발생한 사실을 그대로 적은 것이 역사요, 저작자의 목적에 따라 그 사실을 좌우하거나 더하거나 혹은 고치라는 것이 아니니, 예를 들면 화가가 사람의 모습을 그릴 때, 연개소문을 그리려면 몸집이 건강한 연개소문을 그려야 할 것이며, 강감찬을 그리려면 키가 작고 몸집이 초라한 강감찬을 그려야 할 것"이라 한 데서도 알 수 있다.

특히 역사의 3대 원소인 시時, 지地, 인人의 세 가지 면에서 객관성을 구현하여 서술해야 한다고 주장했다. 이와 관련하여 조선사다운 조선사가 되지 못한 옛 역사서의 문제점을 지적했다. 예를 들어, 고구려의 졸본과 안시성을 압록강 이남으로 비정한 것을 '지'의 왜곡으로, 《삼국유사》에서 불교가 들어오지 않은 왕검시대부터 인도의 범어로 만든 지명과 인명이 쓰인 듯 서술한 것을 '시'의 왜곡으로, 《삼국유사》처럼 신라의 왕들을 인도의 크샤트리아족으로, 《삼국사기》처럼 조선 전 민족을 "진秦과 한漢의 유민"으로 서술한 것을 '인'의 왜곡이라고 지적했다.

신채호는 이러한 왜곡을 '춘추' 필법으로 과거 역사가들이 자신들의 주관대로 서술한 것이며, '조선의 눈이나 귀나 코나 머

리' 같은 중요 부위는 혹이라 여겨 베어버리고 '어디서 수없이 많은 혹을 가져다가' 붙인 것이 당시까지의 역사 서술이라고 혹평했다. 신채호가 생각한 '객관성'은 중화주의적 역사 서술 속에서 상실된 객관적인 조선사의 역사상을 복원하는 것이었다. 민족주의의 '과잉'으로 객관성이 상실될까 우려하기도 하는 오늘날과 달리 신채호의 시대는 민족주의의 '결여'로 인해 객관성이 상실되는 상황을 생각해야 했던 것이다.

역사를 읽고 역사 속으로

신채호의 역사 서술은 유교주의적 사관은 물론 식민주의적 사관 모두를 배격하는 것이었다. 즉, 중국 중심의 전통적 역사관은 물론 일본 제국주의를 옹호하는 새로운 역사관도 배격했다. 현실 정치에서 못다 이룬 독립을 '역사'에서 선언하고자 한 것이다. 이를 위해서는 한반도 북쪽에 있었다는 한사군의 하나인 '낙랑'의 위치를 요동반도로 내보내고, 한반도 남쪽에 있었다는 '임나일본부'를 정면으로 부정하는 작업이 필요했다. 이처럼 중국과 일본의 한반도에 대한 식민 경영 주장을 뒤집고, 오히려 동북아시아 문명의 종장으로서 중국과 일본에 문명을 떨치는 중심지로서 조선의 역사적 위상을 끌어올렸다. 그는 과거 사료를 재평가하고 재해석해 조선 민족의 자기 보존과 발전을 정당화할 수 있는 생각, 사상의 단서들을 얻어냈다. 신채호의 역사 해석과 시각은 신선하고 새겨볼 만한 부분이 적지 않으나, 그 사실성 여부는 그가 이용할 수 있었던 자료의 한계로 충분히 검증되지 못한 면이 많고 이는 이후 역사학자의 몫이 되었다. 그러나 신채호가 근대 역사학 태동과 형성에 중요한 역할을 담당한 점은 부인할 수 없는 공적이다.

또 하나 그의 역사학을 비중 있게 만드는 점은 실천을 고민했다는 사실에 나온다. 〈독사讀史〉 곧 '역사를 읽고'라는 제목의 시를 읽어보자. "형경荊卿을 비방하던 송나라 선비 / 천추의 애달파라 '암살자'라니 / 자기들은 남쪽으로 내려간 뒤에 / 화살 하나 쏘아본 일 없는 주제에" 여기서 암살자로 번역한 '도자盜刺'는 몰래 찌른다는 뜻이다. 진시황을 죽이려다 실패한 형경에 대해 성리학을 집대성한 송의 주자가 강목에 '도자'라고 표현한 것을 읽고 소감을 쓴 듯하다. 몰래 찔렀다고 비난하는 자신들은 공공연하게 대적이라도 해보았느냐고 반문한 것이다.

적어도 1920년대 중반 이후 신채호는 민중에게 역사를 주어 민중을 살리는 '역사'를 서술하고 싶어 했다. 그가 받아들인 무정부주의 관점에서 역사는 크게 세 시기로 대별된다. 민중이 스스로 다스리는 "자유평등의 사회"인 시기, 그러다가 지배자들이 민중을 속여서 정부를 만들어 민중을 강탈한 시기, 그리고 이제 다시 민중의 힘으로 그 권력을 강탈해올 혁명의 시대가 제시된다. 자연히 신채호가 살던 시기를 비롯해서 대부분의 역사 시기는 민중이 강탈당하는 시기다. 그 속에서 혁명을 원하고 행동한 사람들의 역사는 실패의 역사일 수밖에 없다. 그가 정작 쓰고 싶

었던 역사는 '실패한 이들'의 역사였던 듯하다. 물론 그들에 대한 기록은 기존의 사서에는 잘 보이지 않았다. 신채호는 역사와 시세 속에 순응하며 성공하는 자가 아니라 부당하다면 그것을 거슬러서라도 실패하는 자의 삶에서 더욱 진정성을 느끼고 그런 이들을 발굴하려고 애썼다. 유화와 이괄, 견훤, 정여립과 같은 이들에게 애정을 품고 글을 썼던 이유가 그 때문이다. 신채호가 무정부주의 활동에 가담한 이유는 그 자신이 역사를 쓰려고 했던 것으로 볼 수 있다. 남들은 '실패'로 규정할 이름 모를 주인공이 되기 위해 그는 자신이 만든 역사의 각본 속으로 걸어 들어갔던 것이다.

씨올의 탄식: 왜 역사 교사가 되었던고

1928년 함석헌이 그리운 모교 오산학교에 다시 교사로 부임하여 첫 출근을 한 날 교탁에 섰을 때, 그의 앞에서는 조선의 미래가 걸려 있는 어린 학생들이 초롱초롱한 눈으로 담임 선생인 그를 바라보고 있었다. 무엇을, 대체 무엇을 이 어린 심령들에게 전하고 가르쳐야 하는가? 《성서적 입장에서 본 조선역사》를 보면 "어떻게 하면 그 젊은 가슴 안에 광영 있는 역사를 파악시킬까 하고 노력"하며 신채호 같은 앞 세대에게 배운 단군과 을지문덕, 김유신, 강감찬과 같은 한국사의 영웅들을 가르치기도 하고 거북선, 석굴암 같은 뛰어난 문화유산을 내세우기도 했지만 조선 역사에는 남들 앞에 내놓을 만한 자랑거리가 없이 고난당한 것밖에 없다는 생각에 좌절한 대목이 나온다. 인도는 불교를, 유대는 기독교를, 영국은 헌정憲政을, 독일은 철학을 남기는데, 우리는 다른 나라에 비해 남기고 자랑할 것이 없다는 인식이었다. 그는 "참담한 사실"을 "희망과 자부심에 기뻐 날뛰는 젊은 혼들에게 말"해야 하는 것을 "끓는 물을 돋아나는 싹 위에 붓는 일"이라고 생각해 "왜 역사교사가 되었던고" 탄식하곤 했다.

이러한 함석헌이 《성서적 입장에서 본 조선역사》를 쓰기까지 그는 근대 역사학에서 어떤 영향을 받았을까? 그가 근대 역사학에서 처음 받은 세례는 한말부터 일제 시기 유학 전까지 양시공립보통학교, 평양고등보통학교, 오산학교 등에서 배운 역사 수업이다. 이것은 민족주의나 제국주의를 합리화하는 정도의 수준을 크게 넘지 못했다. 유학 가서 동경고등사범학교에서 본격적으로 역사학에 대한 전문적 식견을 체득하는 기회가 되었을 것이다. 그러나 함석헌은 학교 수업보다는 개인적인 독서와 무교회주의 신자들과의 교류를 통해서 역사학에 대한 나름의 생각을 다져가기 시작했다. 이미 오산학교 시절부터 유영모가 인정한 제자답게 책을 통해 동서양의 사상가들을 만나고 생각하는 습관을 기르기 시작한 영향이 컸을 것이다.

당시 함석헌의 독서 편력과 관심사는 화려했다. 그중 역사와 관련해서는 허버트 웰스의 책을 통해 왕조 사관, 영웅주의 사관을 극복한 새로운 역사 쓰기에 자극받았다. 또한 슈펭글러의 《서구의 몰락》을 읽었다. 웰스와 슈펭글러의 글은 제1차 세계 대전

이후 문명 비판론으로서 서구에서는 물론 서구를 좇아가던 비서구 사회 지성계에서도 큰 관심을 일으켰다. 이 책들은 함석헌이 일찍부터 문명 비평적인 생각과 글쓰기를 하게 한 계기가 되었다. 역사 철학 면에서는 무교회 신앙에 상당히 큰 영향을 받았다. 그는 무교회 신앙을 "고난을 강조하는 십자가 중심의 신앙"으로 보면서 우치무라의 제자인 후지이 다케시藤井武가 "참 의미의 역사철학은 성경에만 있다는 것을 강조"했음을 말한 적이 있다(《나라꼴이 이래서야》, 1986).

구체적인 한국사 연구에서는 신채호와 최남선의 연구를 직접 인용하는 것으로 보아 이들의 연구를 많이 참고한 듯하다. 《성서적 입장에서 본 조선역사》를 보면 '묘청의 난'과 관련하여 신채호의 주장을 소개하면서 그의 통찰력과 견해에 동의하고 있다. 묘청의 난을 조선 역사 1,000년 이래 제1대 사건으로 평가한 신채호의 글은 1929년 출간된 《조선사연구초》에 실려 있다. 함석헌은 이 책은 물론이요, 이후 《조선일보》에 연재되었던 신채호의 《조선사》와 《조선상고문화사》 역시 접했으리라 추측된다. 한편 실학과 관련한 내용을 언급할 때에는 최남선의 《조선역사강화》의 일부분을 직접 인용하기도 했다. 최남선의 글은 1930년 1~3월 《동아일보》에 연재되었던 것으로 1931년에 간행되었다. 한편, 본격적인 한국사 연구는 아니지만 이광수의 〈민족 개조론〉에서 조선인의 인성을 '착하다'고 한 내용을 다소 길게 인용한 것도 보인다. 최남선과 이광수의 글은 '사실' 면에서 인용한 측면이 강하고 신채호의 글은 사실뿐만 아니라 '사관' 차원에서 공감한 측면이 강하다. 그러나 무엇보다 역사 철학적인 면에서 가장 큰 영향을 준 것은 일본 무교회주의 그룹이다.

고난 사관: 민족주의와 기독교의 결합

함석헌은 우치무라에게 십자가 중심의 신앙과 '고난'을, 그리고 지리와 신의 섭리를 연관하여 보는 시각을 배웠다. 함석헌이 '고난'으로 한국 역사의 기조를 파악하게 된 계기는 나름의 고민이 있어서였다. "영광의 민족"이라고 하기에는 기독교인으로서 거짓말하는 것이고, 그렇다고 민족 구성원의 한 사람으로 민족을 부정적으로만 말하기도 어려웠다. 그러다 "예수가 죽은 것만 십자가가 아니고 예수의 일생이 십자가였고 고난"이었으며, 그 고난이 "놀라운 세계 구원"이 되었으니 "우리 역사가 줄곧 고난만을 당한 역사라 할지라도 고난의 의미가 뭔지 바로 해석을 하면 되지 않겠느냐" 하는 생각을 했다.

함석헌은 삼국 시대 이래 조선인이 겪은 전쟁이 백번을 헤아린다면서 "우리는 고생을 하기 위하여 이 세상에 나온 사람들 같다"라고 했다. 그러면서 4,000여 년 역사에 평안할 날이 거의 없다며 "원형극장 안에서 싸우는 검노劍奴", "수욕獸慾에 불타는 사나이에게 한 덩어리 고기로 취급을 당하는 창부", "다른 사람을 위하여 고생하고 학대받기 위하여 나온 축생畜生"에 비유했다. 그러나 고난당하는 것이 조선 사람만이 아니라 온 아담의 아들이다 그러하다며 고난을 보편적 문제로 확대했다. 하여 인류의 역사란 결국 눈물의 역사요 피의 역사라면서 "인류의 역사는 고난의 과정"이라고 했다.

함석헌은 고난을 "무감각한 자연의 현상"이나 "잔혹한 운명의 우롱"이 아닌 "하나님의 섭리"라고 정의했다. 또한 간디의 말을 인용해 고난을 "생명의 한 원리"라고 하면서 고난을 통해 생명은 참자유, 참자치, 참행복과 참승리를 얻을 수 있으며, 고난을 통해 정화되는 것이 어느 나라도 예외가 없는 영원한 법칙이라고 했다. 조선 역사가 고난의 역사가 된 것도 그 때문이라는 것이다. 함석헌은 고난의 역할을 어떻게 보았을까? 그는 고난이 (1) 죄를 씻어 인생을 정화하고, (2) 생명의 깊은 뜻을 깨닫게 하여 인생을 심화하며, (3) 고귀한 품격을 얻게 함으로써 인생을 위대하게 만들고, (4) 이를 통해서만 생명의 근원인 하나님을 찾게 만들기에 인생에게 하나님을 가르칠 수 있다고 했다.

'고난'을 생명의 일반 원리로 보는 사고를 간디에게서 배웠다면, 이러한 '고난'이 신의 뜻, 즉 섭리로 결정되었다는 사고는 특히 일본 무교회 그룹에게서 큰 영향을 받았다. 우치무라는 일찍이 기요Arnold Henry Guyot, 1807~1884의 저작 《땅과 인간The Earth and Man》에 큰 영향을 받아서 1894년 쓴 《지리학고地理學考》(1896년 《지인론地人

> **아널드 헨리 기요**
> 스위스 태생의 미국 지리학자, 지질학자로 프린스턴 대학교 지질학 및 자연지리학 교수를 역임했다. 신이 섭리에 따라 지역을 배치하여 역사의 방향을 정해놓았다고 보고 지리학적으로 역사를 해석했던 리터(Carl Ritter, 1779~1859)의 영향을 받아, 지리학 연구를 통해 신의 섭리를 확인할 수 있다고 믿었다.

論》으로 이름을 바꿔 재간)에서 역사를 땅과 사람의 관계 속에서 고찰했다. 그는 신이 각 민족에게 독특한 지리적 공간을 주고 그 공간과 관련하여 독특한 사명을 수행하도록 했다고 보았다. 일본을 살펴보면, 일본은 지리적으로 미 대륙과 아시아 대륙의 중간에 있어 서양 문명과 동양 문명을 매개하는 역할을 신에게 부여받았다고 주장했다. 또한 우치무라는 인류 역사는 진보하여 예수의 재림이라는 완성을 향해 가고 있으며, 각 민족과 국민은 신이 부여한 독특한 사명을 수행하여 인류 전체를 위해 기여해야 한다고 보았다. 만약 각 민족과 국민이 신이 부여한 사명을 이해하지 못하면 쇠퇴하거나 소멸한다고 주장했다.

우치무라의 제자이자 《성서로 본 일본聖書から見たる日本》의 저자 후지이 다케시 역시 함석헌에게 큰 영향을 미쳤다. 1930년에 발간된 《성서로 본 일본旧約と新薬》은 후지이가 함석헌이 일본에 와서 우치무라를 찾아갔던 1923년 10월부터 자신의 개인 잡지 《구약과 신약》에 싣기 시작한 저작물이다. 후지이는 인류를 구원하려는 신의 뜻이 점진적으로 나타나는 과정이 바로 세계사이며, 각 국가나 민족은 특정 시대 속에서 신의 뜻을 구현하는 특별한 사명을 담당하도록 선택되었다고 보았다. 그 사명을 이루는 과정은 유대인의 역사가 고난 끝에 예수 그리스도를 낳았듯이 진통 끝에 이루어져야 한다고 보았다. 따라서 그는 역사를 아이를 낳는 "산통의 기록"으로 보았다.

그렇다면 각 민족에게 어떤 사명이 주어졌는가? 후지이는 그리스인과 로마인, 독일인에게 각각 신, 사람, 구원의 문제에 대

해 진리를 드러내야 하는 사명이 주어졌으며, 일본에게는 '내세'의 진리를 밝히는 사명이 주어졌다고 생각했다. 그는 일본에 복음을 전해준 미국 교회와 미국 문명의 타락을 비판하고 미국 문명으로 오염된 복음을 원래대로 회복시킬 사명을 일본이 부여받았다고 보았다. 그는 이러한 사명을 감당하기 위해 일본이 선택되었고 지금까지의 일본 역사를 이 사명을 위해 준비된 역사라고 했다. 그러면서 이러한 생각을 예수 그리스도를 낳는 사명을 감당하기 위해 구약 시대에 이스라엘이 준비되었던 과정에 비유했다.

그럼 무엇이 준비되었다는 것일까? 후지이는 일본의 정신사에 기독교를 받아들이는 데 필요한 '의로움'과 '믿음'이 준비되었다고 보았다. 고대부터 '정의'를 상징하는 태양 신화를 갖고 있었으며, 정결 의식과 무사도가 발달한 점, "믿음으로 아미타불의 이름을 외우면 약속된 구원을 받는다"는 호넨法然, 1133~1212과 신란親鸞, 1173~1262의 가르침 등이 '믿음으로 의롭다 함을 받는다'는 서구의 종교 개혁의 가르침보다 뛰어나다고 했다. 그는 이렇게 서구 물질주의와 다른 동양적 직관을 가졌으며 동양에서는 누구보다 복음을 잘 이해하고 있는 일본이 서구 문명을 정화할 수 있도록 잘

🌀 미국의 배일 운동

황인종의 진출로 백인종이 화를 입게 되었다는 황화론(黃禍論)이 19세기 이래 유럽과 미국에서 대두하면서 19세기 말 이후 증가되던 일본인의 미국 이민도 제한받기 시작했다. 특히 제1차 세계 대전 후 일본이 패전국 독일의 식민지를 넘겨받아 태평양으로 진출하면서 미국과 긴장 관계를 형성하게 됐고, 1924년 미국에서 동양인 이민을 전면 금지하는 법이 통과되어 대립은 극심해졌다.

준비된 나라로서 최후의 기독교 개혁을 이룰 사명을 지니고 있다고 보았다. 일본은 세계 인류 구원을 위해 이스라엘에 이은 두 번째 선민選民인 셈이었다. 그러나 일본이 종교를 위안물로 삼고 불신앙과 퇴폐, 향락에 빠져 이러한 사명을 배신하자 신이 1923년의 관동 대지진, 1924년 미국의 일본인 이민 배척 법안의 통과와 같은 사건으로 분노를 표출했다고 판단했다. 그는 이와 같은 심판을 통해 정화된 소수의 일본인, 참일본인에 의해 세계 구원이 완성되리라 전망했다. 이처럼 세계사의 완성과 구원사의 중심은 일본이어야 하며 신이 이를 역사적 섭리로 정했다는 후지이의 생각은 우치무라와 같다. 하지만 《지인론》을 썼을 때의 우치무라와는 달리 당대의 일본 현실을 비관적으로 봤다는 점에서는 달랐다.

　우치무라와 후지이의 이러한 사관과 시각을 함석헌은 어떻게 받아들이고 소화했을까? 이 책 '만남 2'에서 보았듯이 함석헌은 우치무라의 삶과 사상을 접하면서 신앙과 민족을 같이 지킬 수 있는 방법을 찾았다. 신이 지구 상 각 민족에게 준 소명을 깨닫고 행해야 섭리 안에서 민족의 살길을 찾을 수 있다고 보았다. 함석헌은 우치무라처럼 땅, 사람, 섭리를 역사의 세 요소로 보았다. 그리고 우치무라가 일본의 사명이 땅과 사람을 통해 이미 결정되었다고 보았듯이 조선 반도의 위치와 지세, 기후, 산천의 형세도, 또한 조선 민족의 성품도 조선 민족이 특정한 사명을 수행하도록 섭리로 결정되었다고 생각했다.

　함석헌은 우치무라가 제기한 사고의 틀을 이용했지만 이를 이

용해 조선의 역사와 현실을 상고하면서 생각해낸 사명은 일본의 그것과 유사하면서도 달랐다. 독특하고도 전복적인 면이 있었다. 그는 조선의 위치가 문명 발달에 좋은 북온대 지역에 있지만 주변 국가와의 관계로 보면 '중간적 위치'로서 대륙과 일본 열도 사이에 '통과 지대'가 되었기에 힘이 있으면 "진동의 중심이요, 호령의 사령탑이요, 지배의 수도"가 되지만, 힘이 없으면 "수난의 골목이요, 압박의 틈바구니"가 될 수밖에 없다고 했다. 지세 면에서 '대민족'이 되기 위한 조건을 보자면 대평원과 대하류가 필요하고, 따라서 조선 반도와 만주가 짝을 이루어야 하는데 장백산맥과 압록강, 두만강이 가로막혀 있어 여기에 고난의 원인이 있다고 보았다. 기후 면에서는 살기 좋고 정신적으로도 좋은 온난한 기후인데, 이로 인해 온량하지만 동시에 미온적, 임시변통적인 성질이 생겼다고 해석했다. 동시에 삼한 사온을 언급하며 '사온四溫'을 믿고 '삼한三寒'을 참는 것은 고난의 역사 속에서 내일을 기다리는 이에게 적합한 기후라고 보았다. 결론적으로 함석헌은 조선 반도가 지리적으로 "고난의 집"으로 결정되어 있으며, 조선 민족은 낙천적이고 인후하며 심각성 없는 평화의 백성으로서 그대로 두면 침체하고 부패할 것이기에 신이 '고난'으로 인생을 심화하기로 결정했다고 보았다.

그러나 이러한 조선 민족의 '고난'은 단순하게 조선 민족만의 고난으로 그치지 않으며 "세계사적 의미"가 있다고 했다. 함석헌은 세계사적으로 역사의 출발은 동양에 있고 발달은 서양에 있다며, 정신과 물질로 동양과 서양을 나누고 이제 남은 세계사의 과제를 "동양의 각성에 의한 서양 문명의 정화"로 보아 "오늘날에 성히 종합이 절규되는 것이 그 때문"이라고 하였다. 그렇다면 조선 민족의 고난이 지니는 세계사적 의미란 무엇일까? "우리는 불의의 값을 지는 자다. 우리의 행한 일에 대하여서만 아니라 세계의 죗값을 진다. …… 하나님은 동서양 양 문명의 죄과를 우리에게 지우기로 하였다. …… 동양문명의 폐는 퇴영적이요, 보수적이요, 형식적인 데 있는데 그 고즙苦汁(쓴 즙)은 우리가 혼자 받은 듯하고, 서양문명의 해는 물욕적이요, 약탈적이요, 외면적인데 그 독아毒牙(독니)는 우리가 혼자 만난 듯하다. 먹고 남은 오예를 받는 쓰레기통같이 남들이 향락하고 남들이 이용하는 결과로 남는 온갖 문명의 해독을 우리 약한 등에 다 졌다. …… 우리가 역할을 할 때가 왔다. 세계의 불의를 담부함으로써 인류의 역사를 도덕적으로 한층 올리는 일이다." 함석헌이 조선에게 발견한 사명은 이렇게 서양과 동양 양 문명의 죄과와 해독을 짐으로써 하수구 같은 역할을 해주었으니, 앞으로는 순수하고 거룩한 양심과 하나님의 사랑으로 현대 문명에 도전하는 것이라고 보았다.

　우치무라가 서양과 동양의 장점을 공히 가진 성공자의 입장에서 동서양 문명의 긍정적인 점을 종합하는 임무를 일본의 사명으로 제시했다면, 후지이는 그 사명을 잃어가는 일본에게 신이 주신 사명과 선민으로서의 강한 재각성을 요구했으며, 함석헌은 패배자의 입장에서 동서양 두 문명의 부정적인 짐을 지고 이를 극복하는 새로운 세계 이상을 내오는 임무를 조선 민족의 사명으로 제시했다.

이러한 차이점은 어떻게 생겨났을까? 첫째, 우치무라와 후지이가 후발 제국주의 국가였던 일본인의 입장에서 사고한 것과 달리 함석헌은 식민지민 입장에서 사고했다는 점이다. 후지이는 당장 미국의 반이민법에 대해 일본이 어떤 나라에게도 받지 않은 '모욕'이라 반발했지만 정작 그 일본이 식민지로 삼은 조선에 대해서는 거의 입을 열지 않았다. 1931년 일본이 만주 사변을 일으켜 침략 전쟁에 본격적으로 나서면서 일본 무교회 진영은 분열되기 시작했고, 특히 무교회 진영의 장자 격인 쓰카모토 도라지塚本虎二 등은 기독교의 가장 큰 과제를 그리스도의 십자가 복음을 전하는 것이라며 전쟁 문제에 입장을 표명하지 않으려 했다. 함석헌은 이에 대해 크게 실망했다. 그로서는 일본 무교회 진영을 넘은 새로운 입지를 확보해야 했다. 함석헌이 1932년 2월 자신이 '루비콘 강을 건넜다'고 할 만큼 내면에 큰 변화가 일어났다고 한 것은 바로 이를 두고 한 말인 듯하다. 그는 자신의 새로운 관점과 견해를 1933년 말 《성서조선》 집회의 조선 역사 강의를 통해 표출했다.

둘째, 우치무라와 달리 후지이와 함석헌은 무교회주의 2세대로서 제1차 세계 대전과 관동 대지진 등처럼 문명의 부정적인 측면과 붕괴 가능성을 강하게 경험했기에 이 부정적인 면에 적극 대처함으로써 향후 전망을 내놔야 할 처지에 있었다. 후지이의 경우 신이 부여한 사명을 받은 일본의 부정적인 면에 자성적으로 접근하여 원래의 사명을 감당하기 위해 '진통'이 필수라고 보았다. 이 점이 함석헌으로 하여금 한국 역사 속의 내우외환과 분열과 같은 부정적인 면을 신이 주신 사명을 감당하도록 조선 민족을 각성하는 필수 '고난' 또는 '수난'으로 바라보게 하는 데 중요한 시사점을 준 듯하다. 그런데 함석헌의 생각은 한 단계 더 발전했다. 일본을 '진통' 끝에 메시아를 낸 구약의 이스라엘로 본 후지이의 생각에서 더 나아가 조선을 온 인류의 죄악을 담당하는 '고난' 끝에 온 예수, 즉 인류를 구원하는 길을 연 신약의 예수로까지 견주고 있다.

한편 이들에겐 공통점도 많다. 먼저 예수 그리스도의 재림을 맞는 마지막 때의 시대적 과제를 동서양 두 문명의 종합으로 보고 있으며, 이 종합의 방법이 새롭게 된 동양에 의해 서양이 정화되는 것으로 보는 점이다. 무엇보다 이러한 사명을 자기 '민족'이 감당해야 한다고 본다는 점에 주목해야 한다. 그들은 자기 민족의 존재 이유와 가능성을 기독교의 섭리관과 사명론을 이용하여 풀어낸 것이다. 이들의 사관은 민족주의와 기독교를 결합한 또는 민족주의를 기독교적으로 재해석하려는 독특한 시도였다. 다만 그들 사이에 있는 차이점은 일본이 후발 제국주의 국가였다는 점, 조선이 식민지 민족이었다는 입장에서 생겨난 것이다.

함석헌은 제국주의 세계 체제의 가장 하부에서 고난을 당하는 식민지민을 향후 인류 역사 발전의 핵심 열쇠를 쥔 창조적인 수고자受苦者로 역전시켰다. 그에게 고난의 역사는 무의미한 것이 아니라 조선 민족은 물론 전 인류를 위한 대속적인 고난의 의미가 있다. 함석헌의 이러한 생각은 사대주의 사관의 스펙트럼에서 '노예'처럼 취급받았던 조선 민족, 그리고 조선 민족 가운데

에서도 '실패자'에 주목했던 신채호의 생각과 유사하다. 신채호는 조선 민족이 중화주의 내지 사대주의 사관으로 자신을 봄으로써 '노예'처럼 살아왔지만, 이제 웅혼한 고대사를 재구성해 조선 민족의 자화상을 동아시아의 문명 부강한 민족으로 역전시키려 했다. 또한 그가 1920년대 이후에 주목했던 한국 역사 속의 실패자들은 지배층과 공식 사관에서 외면당해왔지만 역사 진보의 방향을 바르게 알았고 실천했던 존재들로 긍정적인 평가를 했다. 피지배층, 피지배 민족을 불쌍하게 여기고 그들의 소망을 찾아내려고 했던 신채호와 함석헌의 노력은 각각 독특한 전복적인 역사관을 창출한 것이다.

생명 사관: 창조론과 진화론의 결합

고난 사관이 신앙과 민족의 결합 문제에 관한 견해라면 함석헌의 사관은 생명 사관이라고 표현할 수 있으며, 이 생명 사관은 신앙과 과학, 특히 진화론과의 결합 문제와 관련이 깊다. 당시 사회 진화론의 수용과 극복은 근대 지식인이라면 누구든 직면해야 할 과제였다. 우리는 이미 신채호가 19세기 말 20세기 초 민족의 생존과 부강을 위해 사회 진화론에 입각하여 부강한 독립 국가를 꿈꾸고 영웅과 국민을 갈망했지만 제1차 세계 대전과 3·1운동을 거치면서 사회 진화론적 세계관에 회의를 품고 상호 부조적인 사회의 이상을 꿈꾸며 아나키즘으로 기울어진 것을 보았다.

함석헌이 현해탄을 건너 일본으로 유학을 다녀온 1920년대는 태평양 건너편 미국에서 창조론 대 진화론 간의 격돌이 있었던 '원숭이 재판'이 벌어졌다. 이 사건은 전 세계에 회자되었다. 신학자 가운데 진화론의 가설을 수용하는 사람도 늘기 시작했다. 젊은 역사 교사 함석헌은 이 문제를 어떻게 자기 안에서 해결했을까? 그는 진화론과 진화론을 사회에 적용한 사회 진화론을 어떻게 보았을까? 또한 이러한 생각은 《성서적 입장에서 본 조선역사》에 어떻게 나타났을까?

함석헌의 신앙적, 사상적 전환 과정을 피력한 〈이단자가 되기까지〉(1959)를 통해 그 일단을 살펴볼 수 있다. 이에 따르면, 그는 지적, 이성적으로 성숙하기 시작한 20대 초반에 유영모를 만나면서 기존에 자신이 교회에서 배운 것을 "기독교라는 한 개 형식"으로 보고 유영모의 식대로 성경 내용을 해석하는 영향을 받기 시작했다. 또한 역사 교육 전공상 역사, 윤리, 교육 관련 서적을 읽어가면서 기독교도 유일의 종교가 아니라 종교 중의 하나라고 보게 되어 타고르의 범신론적인 《기탄잘리》를 읽으면서도 신앙에 아무런 지장을 느끼지 않을 정도가 되었다. 성경 해석에서도 우치무라 간조의 영향으로 정통 신앙에서 벗어나면서 "과학에 충실하면서 옛 신앙은 건질 수 있는 데까지 건져보자는 고등 비평* 학자의 정신을 따랐다"라고 할 정도가 되었다.

그렇다면 함석헌은 신앙과 과학을 어떻게 자기 안에서 조합했을까? 이는 그의 역사 연구와 서술에 어떻게 반영되었을까?《성서적 입장에서 본 조선역사》를 보면 기독교적 시각에서 역사의 본원을 하나님께 구한다. 모든 존재가 하나님에게서 왔고 하나님 없이는 존재할 수 없다는 점에서 유물론과의 차이점을 말한다. 동시에 그는 자신이 말하는 하나님이, 범신론의 만물에 신이 있다는 개념이나 다신교의 자연 현상을 상징화한 신 개념과도 다르고 철학적 가정도 아니며, 인간과 인격적으로 교섭하는 의지적이고 살아 있는 존재라고 말했다. 나아가 창조론에 서서 우주를 "생명의 본원이 되는 하나님이 자기 의지로써 지어냈다"라고 본다. 그는 우주의 자연 발생설을 부정하는데, 가장 중요한 근거는 인간이 "도덕생활"을 한다는 점이다. 인생은 목적이 있으며 이는 도덕이 전제되어야 하고 도덕은 의지를 전제한다며, 이 우주가 의지의 소산이기에 우주를 지지하는 정의의 법칙, 곧 도덕이 있고 도덕이 있기에 사람들이 목적을 추구한다고 말했다.

이처럼 《성서적 입장에서 본 조선역사》에서 함석헌은 진화론을 별다르게 언급하지는 않았고 인간이 도덕적 존재임을 들어

🔵 고등 비평

문학 비평의 방법을 성경 연구에 적용한 성경 연구 방법으로 18세기에 시작, 19~20세기에 확산되었다. 본문의 전승이 보여주는 역사적인 자취를 연구하여 본문의 본래 형태를 파악하는 '본문 비평'이 하등 비평(Lower Criticism)인 데 반해, 고등 비평(Higher Criticism)은 성경의 저자, 저작 시기, 본문 구성 등에 대한 문학적, 역사적 비평 등을 통해서 그 사실성을 규명하려는 것이다. 고등 비평을 제창한 신학자들은 성경의 영감이나 기적을 부정하고 합리적 이성적으로만 성경을 이해하려는 경향이 짙었으며, 이로 인해 성경의 신빙성과 권위를 파괴하는 데 앞장선 자유주의 신학의 도구로 많이 쓰였다.

창조론을 논증하고 이러한 도덕성을 잃은 현대 문명이 자기 원리로 삼았던 사회 진화론만을 강하게 거부하는 입장을 보인다. 그러나 뒤이어 발표한 《성서적 입장에서 본 세계역사》에서는 역사 속에는 불변하는 것이 있으며, 이 불변자는 자연 과학에서 말하는 법칙이 아니라 뜻을 품는 인격적 생명인 하나님이요 그 뜻은 아가페라고 정의하면서도 '진화론'을 제한적으로 수용하는 입장을 드러낸다.

함석헌은 성서의 세계관과 진화론이 일반적으로는 서로 적대적인데, 과연 진화론과 신앙이 양립하지 못하는지 반문한다. 그는 양자가 어떻게 양립할 수 있다고 보았을까? 첫째, 그는 과학의 영역과 신학 또는 신앙의 영역을 각자 독특한 방법론과 목적을 가진 별개의 영역으로 보았다. "성서를 과학적으로 다루는 것도 잘못이요, 진화론을 가치적으로 다루는 것도 잘못이다"라는 말에서 이를 알 수 있다. 자연 과학의 접근은 "생명의 역사에 대해 지식적으로 대하는 일"이며, 창세기의 접근처럼 생명의 역사를 "인격적으로 대한 것"과는 다르다고 보았다.

둘째, 진화론 안에서 진화의 사실과 진화학설을 구별해야 한다는 것이다. 그는 당시 과학에서 발견한 지층과 화석 등으로 생명계가 진화해온 것은 분명한 사실이니 이를 부인해서는 안 된다고 했다. 그러면서도 진화론을 수용하는 것이 진화학설 전부를 승인하는 것은 아니라고 했다. 진화론에서 말하는 진화는 "생물계의 변천과정을 설명하는 것이지 결코 그 존재의 뜻이나 가치를 말하는 것이 아니라는 것"이다.

셋째, 진화학설 중에서도 다양한 가설이 있다는 사실을 들었다. 보통 진화론이라고 하면 다윈 학설만 떠올릴 만큼 유력하던 자연 도태설이 약해지고 돌연변이설, 방사선설 등 근본 원인은 알 수 없다는 견해가 우세해졌다고 했다. 또한 다윈 학설은 생명 현상은 물질적, 정신적인 것 모두 한 근원에서 연속으로 변화되어 나왔으며 어떤 복잡한 정신 현상도 물질적 변화에까지 환원할 수 있다고 보았다면서 이를 경계했다. 특히 다윈의 진화론을 사회에 적용한 사회 진화론과 같은 이론은 그에겐 팔아버려야 할 "낡은 세계관, 낡은 역사 철학, 낡은 인간의식, 지상의 도덕 지상의 사상" 중의 핵심이었다. "생존 경쟁의 주장 위에 서는 애국심은 금후의 세계에서는 배척되어야 한다"라고 하여 사회 진화론에 기반한 민족주의에도 비판을 가했다. 또한 "같은 진화론을 놓고도 다윈은 생존경쟁이라 했고, 크로폿킨은 협조라고 했"다면서 크로폿킨Pyotr Alekseevich Kropotkin, 1842~1921의 견해를 긍정적으로 인용하기도 했다(〈싸우는 평화주의자 함석헌〉, 1986).

이처럼 함석헌이 굳이 다양한 진화학설을 언급한 이유는 신앙을 유지하면서 신앙과 결합할 수 있는 과학적 설명을 얻고 싶었기 때문으로 보인다. 그는 모든 정신 현상까지도 물질로 환원하는 다윈 학설은 확실히 창조주이자 영적 존재인 하나님을 부인하는 이론으로 보았다. 반면 근본 원인을 알 수 없다고 하는 최신 학설들은 그나마 신앙과 양립할 수 있는 이론으로 본 것이다.

넷째, 진화론을 문제 삼는 이유는 종의 변화 여부나 원숭이의 자손이냐 하는 논쟁이 아니라 이 우주가 의지의 소산인가 우연

구분	종교(신앙)	과학(진화론)
규명 대상	근본 원인, 뜻, 가치, 목적	변천 과정, 사실
목적	영적 세계, 정신세계 이해	현상 세계, 물질세계 이해
접근 태도	인격적 경이심, 사랑	지식적, 합리적, 감각적 호기심
접근 방법	계시	인과율, 논리 법칙
변화 여부	근본 정신, 진리 자체로서 불변	근본 정신, 진리의 시대적 표현으로서 변화

의 소산인가, 역사의 동인이 사랑이냐 자연이냐 하는 데 있다고 했다. 종이 고정되었다고 보는 창조론의 주장이 신에게 더 영광이 될 것이 없고 종이 변천한다는 진화론의 주장이 신의 능력을 감소시키지 않는다는 주장이다. 영적 세계의 진리는 본래의 모양 그대로가 아니라 우리가 생활하는 그 사회 그 역사의 말로 번역되어야 한다고 주장했다. 또한 진리는 "항상 그 시대의 최고 지식을 표현의 의상으로 삼는다"라며, 창세기 기자가 만일 오늘날에 났다면 그는 진화론의 말을 빌어서 쓸 것이라고 했다.

이를 종합해 본다면 함석헌이 신앙과 진화론을 결합한 방법은 진화론에서 창조 신앙에 반대되는 '신념' 부분을 제외하고 과학적·객관적 '사실로서의 진화'만을 분리할 수 있다고 보았으며, 이를 신앙과 결부시킨 것이었음을 알 수 있다. 그는 진화론을 "생물변화의 사실을 설명해주는 것"으로 받아들이면 신앙과 반대되지 않지만, 진화론이 그 과학의 영역을 넘어서서 "뜻의 세계

에 침입하여 생명은 자연히 발생한 것이요, 신은 없다는 둥, 정신은 물질적 변화의 점차 복잡화한 것에 불과하다는 것임에 도덕, 종교는 쓸데없다는 둥, 건방진 말을 할 때 그는 배척할 만한 것"이라고 주장했다.

그러면서 (1) 하나님의 존재, (2) 하나님의 자유의지로 우주가 창조된 것, (3) 그 하나님이 사랑이신 것, (4) 역사는 도덕적인 것, (5) 인류는 그 자유선택으로 역사의 방향을 결정하는 것, 이 네 가지를 창세기가 가르치는 근본정신이라고 했다. 이러한 진리는 시대가 변하고 지식이 진보해도 불변하며 창세기는 미래 허다한 시대 시대에 각각 그 현대어로 다시 쓰일 테지만 근본정신은 변할 수 없다고 했다. 나아가 오히려 "진화의 사실"을 알면 세계의 법칙성을 깨닫게 되며, 생명은 발달하기에 더 높은 것이 있음을 믿게 만든다고 보았다. 즉, 혼돈에서 물질이 형성되고, 물질 위에 생명이, 생명 위에 의식이, 의식 위에 양심이 있으며, 양심 위에 영적 생명이 나타나는 것을 당연시하게 만든다면서 "이 세계를 길고 긴 진화과정으로 보고, 앞으로도 생명의 비약에 의한 진화가 있으리라"는 자신의 신념을 나타냈다. 즉, 역사의 전 과정은 물론 장차 이루어질 〈요한계시록〉의 새 하늘과 새 땅에 대한 전망도 진화론을 빌어 표현한 것이다.

함석헌은 이러한 자기 견해에 조선 기독교계가 보일 비판적인 시각을 의식하여, "보수주의자들의 신앙은 부인할 수 없는 사실에 대해 눈을 가리고 대세에 대해 무리로써 막아보려는 자들"이요, "신앙을 화석화시키는 자들"이자, 비겁하고 소극적인 이들로 비판했다. 다른 한편 신앙과 영적 세계를 무시하는 이성 만능의 과학주의에 대해서도 이성적 연구로서는 다 알 수 없는 것을 인정하지 않고 모든 현상의 원인을 '물질적'으로만 설명하려고 한다고 비판했다. 함석헌은 일찍이 신학과 과학 중 하나를 선택해야 한다면 차라리 신학을 버릴 것이라고 할 정도로 비과학적인 종교는 수용하지 않겠다고 말했다. 신앙 안에서의 반지성주의를 질타한 그는 동시에 진정으로 과학적인 태도는 과학 이상의 세계를 인정하는 것이라고 보았다. 그는 과학을 수용할 수 있는 종교, 종교를 인정하는 과학이 합당하며, 양자는 능히 공존, 양립할 수 있다고 판단한 것이다.

함석헌의 생명 사관은 이러한 기본 전제 위에 세워졌다. 그는 "역사는 결국 생명의 역사다. 국민의 역사거나 인류의 역사거나 문화의 역사거나 천연의 역사(박물博物)거나 구경究竟에 있어서는 이 대우주를 꿰뚫고 흐르는 대생명의 역사다. 그러므로 그 주체되는 생명에 대하여 명확한 인식이 없이 정당한 역사이해는 있을 수 없다"라고 했다. 그는 과거 사실의 기록은 상호 연관성이 있으므로 조선 역사 전체가 "일개 생명체"이며 또한 조선 역사도 세계사라는 전체의 일부분이라고 보았다. 따라서 그에게 역사적 기록이란 "개개 사실을 자료로 삼아 전일적 생명체를 재현시키는 기록"이어야 했다.

그렇다면 이 거대한 생명의 역사는 어떻게 파악할 수 있을까? 함석헌은 사실보다도 사실의 의미를 붙잡고 다양한 현상 밑에 전일적인 정신을 파악하는 '해석'이 더 중요하다면서, 이러한 역

사 해석이 전제하고 있는 '관점', 즉 '사관史觀'의 문제를 본격적으로 제기했다. 그는 당시 유심 사관, 유물 사관, 문화 사관, 생명 사관 등을 다양한 종류의 사관으로 꼽았으며, 그중 어떤 관점을 취하냐에 따라 여러 성질의 세계와 인생을 누릴 수 있다고 했다. 그러나 이러한 사관들은 산의 한 봉우리나 고개에서 보는 것에 불과하다며 단연히 "우주 인생의 진의를 파악시키는 사관은 성서가 보여주는 사관"이라고 말했다. 함석헌은 이렇게 역사의 '의미'에 대한 '해석'을 매개로 성서적 사관의 필요성을 적극 개진했다. 그렇다면 그가 제시한 '성서적 사관'이란 무엇일까?

함석헌의 '성서적 사관'

함석헌은 "생명은 역사적으로 진전하는 것이요, 역사를 산출하는 자는 생명"이라고 하며 생명과 역사를 나누어 볼 수 없다고 하면서, 이러한 생명의 역사를 가장 탁월하게 설명하는 것이 바로 성서라고 보았다. 이는 성서의 목적을 "사람으로 하여금 우주 인생의 근본실체인 영원의 생명을 파악시키자는 것"이라 했고, 성서는 "생명 있는 우주사"로서 우주의 창시와 완결, 인류와 그 문화의 기원과 가치, 모든 민족과 국가의 흥망융체興亡隆替의 원리를 담고 있다고 했다. 따라서 그의 성서적 사관에 대한 이해는 기독교의 근본 진리를 그가 어떻게 해석하느냐에서 출발해야 한다.

함석헌은 기독교의 근본 진리가 첫째, 모든 것이 하나님에게서 나왔고 하나님에게서 말미암고 하나님 안에 약동하고 마침내 하나님으로 돌아간다는 것에 있으며, 둘째, 그 하나님은 우주 과정의 배후에 서서 그 흐름의 깊은 바닥과 그 생명의 내부에 있으면서 자신의 즐거움에서 역사를 지어내려고 자신을 만물 속에 나타내고 만물 위에 자신의 생명을 붓는 자이므로 '사랑'이라고 했다. 그리고 인간의 역사는 역사를 산출하는 사랑이신 하나님을 인류가 탐색하는 기록이라고 정의했다. 민족의 성쇠와 국가의 흥망, 모든 문화가 근본적으로는 하나님을 탐색하는 일이며 역사는 그 탐색 과정에 대한 기록으로 본 것이다. 예를 들어, 이집트의 피라미드도 근본적으로는 "생명의 본원에 대한 갈앙(渴仰)이 인류의 가슴속에 얼마나 간절하였던 것인가를 기념하는 기념물"로 볼 수 있으며 끔찍한 전쟁도 비록 죄악이 있다고는 해도 "어머님의 품을 독점하자는 심술궂은 형제의 다툼질"로 볼 수 있다는 것이다. 함석헌의 역사관은 하나님과 인간과의 관계로 본 역사라고 할 수 있는데, 그 특징을 좀 더 구체화해 설명하면 다음과 같다.

첫째, 그는 역사의 본원을 인생과 인격적으로 교섭하는 하나님께 구했다. 따라서 역사의 본원을 생명도 목적도 없는 우연한 물질에 두는 유물 사상과 유물론과는 자신의 사관이 서로 대척한다고 했다. 또한 하나님은 만물의 본원이며 만물을 통해 자신을 드러내지만 그 만물을 초월하는 존재라는 점에서 여타 범신론·다신론의 신과 다르며, 또한 의지적·생명적 존재라는 점에서 철학적 개념이 아니라는 것을 분명히 했다. 둘째, 우주는 우연한

자연 발생이 아니라 생명의 본원인 하나님이 자기 의지로 창조한 것이라 했다. 그는 인간에게 도덕 생활, 도덕률이 있다는 것 자체가 바로 인간에게 목적이 있으며, 우주에 정의의 법칙이 있으며, 더 나아가 이 우주가 의지에서 나왔다는 사실을 보여주는 증거라고 했다. 셋째, 시작과 함께 모든 문제가 해결되는 종말이 있다는 종말관이다. 그는 종말관이 인류의 사랑을 더 원대하고 건전하게 만들어주며 생활에 긴장감을 더해준다고 보았다. 넷째, 원시와 종말의 사이에 있는 유한한 역사를 하나님이 통치하신다는 섭리관이다. 그러나 하나님은 시계를 만들고 내버려두는 시계공과는 달리 인간에게 자유의지를 부여할 뿐만 아니라 그 인간의 자유의지 '위'에서 항상 쉬지 않고 일하며 인간을 양육하고 교도하면서 '사랑'으로서의 자기 본성을 드러내는 존재로 표현했다. 다섯째, 인간을 도덕적 책임자로 보는 인간관이다. 하나님은 자유의지와 함께 그에 반하는 양심을 주어 인간이 우주 역사의 도덕적 책임자가 되게 했고 자신과 함께 우주를 다스리게 한다고 보았다. 따라서 역사는 도덕적으로 해석해야 하기에 '배타적 민족주의'나 '살육적 계급 투쟁론' 같은 이념은 성서 입장에서 보면 용서할 수 없는 죄악이라고 분명히 못 박았다.

함석헌의 정의는 고대 이후 정립되어온 기독교 역사관 및 기독교 인간관의 기본 내용과 대체로 합치한다. 하나님이 자신의 목적으로 인간 역사에 직접 개입하고 다스리며 종말 때까지 그 목적을 이룬다는 직선적인 역사관, 그리고 인간은 피조물이지만 하나님의 형상을 닮아 자유의지로 세상을 다스리며 그에 대한 책임을 지닌 영적, 도덕적 존재라는 기독교 인간관이 그것이다.

성서적 세계관에서 역사를 보고자 했던 이유는 함석헌이 인류 역사를 통틀어 가장 중요한 것이 바로 성서의 진리라고 확신했기 때문이다. 《성서조선》 발간 초기에 쓴 〈조선에 기독교는 필요하냐〉(1928)에서 당시 사람들이 기독교 신자가 된 동기를 보면 적극적 기상이나 대동단결의 분위기를 고취하거나 지상천국 세우거나 예수를 모범 삼아 도덕을 쇄신하는 등 다양한 이유가 있다고 언급하며, 무엇보다 "가장 필요한, 가장 근본인 한 가지"가 바로 "죄에서의 해방"이라고 말한다. "빛나는 인격도 용감한 진취력도 이웃을 내 몸같이 사랑하는 사랑도 고귀한 진리도 위대한 발명도 심오한 지식도 …… 모두 다 죄에서 해방된 영혼의 소유자이고서야 가능한 것"이라면서 이러한 죄에서의 해방은 "오직 예수 그리스도"를 믿음으로만 가능하다고 주장했다. 함석헌은 조선 그리스도인의 세속적 신앙관을 바로 세우는 새로운 프로테스탄트가 되기를 자임했다. 그리고 "조선에 진리를 살리"려는 자는 조선을 알아야 하고 조선을 알려면 "조선역사를 알고서야 가능하다"는 생각에서 《성서적 입장에서 본 조선역사》를 서술한 것이다.

함석헌은 각 민족은 신에게 뛰어난 재주와 탁월한 성품을 부여받아 독특한 과제를 수행해야 하는데, 그렇게 하지 못할 때 신이 시련을 주어 개인부터 민족 전체를 새롭게 갱신하는 작업을 한다고 보았다. 이 과정에서 신은 사람의 의도를 뛰어넘어 그를 기계처럼 이용, 또는 역이용해 자신의 뜻을 관철해나간다고 생각했다. 즉, 민족이 신의 의도에서 벗어난 어떤 악한 일을 저질

러도, 신은 그것도 능히 선용하여 민족을 깨우치고 선한 길로 인도하신다는 소망과 믿음을 전제한 역사적 사고를 전개했다.

한국 역사와 관련해서는 그 역사의 기조로 "조선역사가 이루어진 그 지리"와 "그 역사를 지은 조선 민족의 특질", "그 민족으로 그 땅에서 역사를 짓게 한 조물주의 섭리", 즉 지리, 민족, 섭리라는 세 요소를 들었다. 신은 명랑하고 온화한 중용적인 지리 속에 낙천적이고 착하며 심각성 없는 평화의 백성을 두었는데, 소극적인 의미에서는 조선 민족을 그대로 두면 침체하고 부패할 터이기에, 적극적인 의미에서는 세계사의 죄 짐을 조선 민족이 지게 하기 위해 고난을 주었다고 보았다. 신이 민족에게 과제를 부여하고, 민족은 그 과제에 응답한다는 원리에서 역사를 보고자 한 함석헌은 신과 한민족 간의 상호 작용을 역사 속에 어떻게 그려냈을까?

한국사 속에서 본 신의 손길

시대마다 신이 민족에게 이루어야 할 과제를 제시했다고 본 함석헌은 시기 구분과 역사적 과제 설정을 통해 자신이 읽어낸 신의 경륜을 제시했다. 이를 도표로 정리하면 다음과 같다.

《성서적 입장에서 본 조선역사》에서는 삼국 시대에 "민족통일을 완성하여 든든한 국가를 이루는 것"이 그 시대에 내어준 과제로 등장한다. 로마와 영국이 그랬던 것처럼 삼국이 서로 싸우기

세계사	특징	한국사	특징
발생기 (창시 시대)	약 20억 년 전 지구 형성, 이후 인류 출현. 구석기 시대까지 지지한 진보의 과정.	–	–
성장기	정주 생활과 민족의 분화, 각 민족 문화의 개성의 기초 형성, 국가 발생. 기원전 6~7세기경 동서양에 깊은 정신문화가 성장하고, 그 말미에 최고의 진리가 그리스도에 의해 출현.	단군 조선	민족 문화의 발아기
		열국 시대	민족 문화의 성장기 (묘상의 시기)
단련기	중세 이래 현대까지. 한국은 삼국 시대 이래, 중국은 한(漢) 이래, 서양은 로마 제국 출현 이래. 정교(政敎) 양권(兩權)의 싸움, 지상의 세계와 영원의 세계의 양군 싸움 격화.	삼국 시대	민족적 단련의 시기
		고려 시대	민족적 운명 회복의 책임을 지는 시대
		조선 시대	민족적 수난 시기
		일제 강점기	
		해방 이후	–
완성기	모든 문제가 '사랑' 안에 해결되는 시대. 통일, 정화, 영화, 영원의 시대. 동양에서 출발하여 서양에서 발달한 역사가 동양의 각성에 의한 서양 문명의 정화를 통해 양자 종합.	–	–

도 하고 교통도 하는 과정에서 "용광로 안에서 정금이 쏟아져 나오듯이 만주, 한국에 퍼져 있는 전 민족을 통일한 일대 국가가 나와야 할 것"이라고 했다. 함석헌은 작은 여러 나라가 분립하여 경쟁하는 상황을 신이 "제각기 여러 가지 환경으로 나누어" 준 것이며 "거기서 능히 위대한 혼을 발휘"하고 나와야 족히 "전민족의 대표자"로 설 수 있기에 "장래의 사명을 다할 수 있는 사명

자를 기르기" 위한 특별한 양육 방법으로 해석했다. 즉 민족을 통일한 일대 국가의 수립과 같은 위대한 사업은 위대한 혼이 있어야 실행할 수 있는데, 사람은 큰 단체에 속할수록 점점 더 개성이 죽고 활동은 기계화돼버리고 도덕 수준이 낮아지므로 나라를 작게 분립시키는 것이 사명을 감당할 위대한 혼을 배출하기 위한 신의 경륜이라고 본 것이다.

이러한 점에서 한사군의 의미도 각별하다. 외족 세력이 침입해 조선 민족이 사는 한복판, 즉 황해도와 평안도에 400년간 존속한 것은 조선인에게 "민족적 감정을 도발하여 민족적 자각을 가지"게 만들었다고 했다. 삼국, 특히 고구려가 강국이 된 것은 민족적으로 받은 이 과제를 해결하려 고전분투하는 과정에서 나왔다고 했다. 한사군을 부인한 신채호와 달리 함석헌은 한사군의 존재를 인정했다. 신채호는 사실 자체가 왜곡되었을 가능성을 강하게 제기하며 새로운 학설을 전개해 민족사에서 한사군이설 입지를 밀어낸 반면, 함석헌은 수치스럽지만 이를 사실로 인정했다. 다만 한사군이 민족적 자각을 일깨우려는 신의 섭리로 특별히 안배되었다고 본 것이다. 민족적 주체성을 강조하려는 의도 면에서는 같지만 역사 해석은 이처럼 달랐다.

삼국 시대에서 고려 시대로 넘어가는 과정을 함석헌은 역사적인 하강으로 보았다. "삼국시대의 산마루터기를 뒤에 두고 고려 약 500년의 내려가는 언덕길을 걷는 동안에도 구비를 돌 때마다 운무의 사이사이로 영상嶺上에서 바라보았던 그 상봉의 모양이 때때로 드러나 보이었다"라고 묘사했다. 나아가 고려 시대의 역사를 〈고려의 다하지 못한 책임〉이라는 제목 아래 세 구절로 나누며 각 구절마다 높은 봉우리와 깊은 계곡이 하나씩 있다면서, "고봉高峰은 민족적 자아의식의 고조기며 진취적인 때요 심곡深谷은 자아의식의 저조기요 따라서 퇴영적 굴욕의 시기"라고 했다. 이에 따라 고려사를 보면, 제1 고조기는 태조 왕건의 건국 초기이며, 제1 저조기는 쌍기를 등용해 과거법을 채용한 광종 대와 종묘사직, 국자감 등 중국 관제와 교육 제도를 배워 "모화사상, 사대주의, 현실유지주의"가 생긴 성종 대라고 보았다. 함석헌은 정신적 저조기마다 신이 조선 민족을 깨우치기 위해 경종을 내리는 섭리가 있었다면서, 거란의 침입을 "자아를 망각하고 허위에 취할 때"에 내린 "일대 거봉"이라고 해석했다.

제2 고조기는 이러한 각성에 힘입어 여진을 물리치차는 북벌사상이 일어나고 윤관이 정벌에 나섰던 숙종 대와 예종 대로 보았고, 제2 저조기는 묘청의 거사가 실패로 돌아간 인종 후반기로서, 중국에서 배운 문존무비文尊武卑 사상의 폐해로 인한 정중부의 난을 시작으로 100년간 내란이 그치지 않았던 시기로 보았다. 함석헌은 묘청의 난에 대한 신채호의 견해를 수용하여 김부식이 이기고 유파儒派가 이김으로써 "허위가 또 이기고 자아를 또 못 찾"게 되었다고 해석했다. 그리고 뒤이어 온 '고난'으로서 몽고의 침입을 들며 군사적 점령, 내정 간섭, 정신적 속박까지 겹쳤던 상황에 대해, 신은 조선 민족이 "통각을 느낄 때까지 고난을 가해야 했"기 때문으로 보았다.

그러나 "섭리는 한민족의 자아재건을 위하여 또 한 번의 기회

를 주기를 아끼지 않았다"며 원이 쇠약해지면서 북벌 사상이 높아졌던 사실을 지적하고, 국토 회복 운동을 벌인 공민왕 전반기와 최영을 통해 북벌군을 일으킨 우왕 전반기를 제3 고조기로 보았다. 특히 최영은 나라를 고쳐 짓자는 이상을 품은 존재로서 현실론을 주장하는 이성계와는 대척 지점에 있는 것으로 그렸다. 제3 저조기는 우왕 14년, 즉 1388년 5월 22일 이성계의 주도로 위화도 회군이 일어난 이후라고 명시했다. 신채호가 묘청의 난을 조선 역사 2,000년 이래 제1 대사건으로 칭했던 것과 달리 함석헌은 위화도 회군을 조선 역사상 일대 사건으로 칭했다. 그 이유는 그날이 조선 민족의 고토인 북쪽의 만주를 그리워하는 "모북사상慕北思想을 마지막으로 긁어 내던진 날"이며, "이상이 죽고 악착한 현실이 이긴 것"이기 때문이라고 했다. 또한 "고구려의 망한 날이 한국민족 파산의 날이라면 이날은 가운家運 부흥의 결심을 내던진 날"로서 "자아가 없어졌기에 조물주의 시험에 조선이 완전히 실패한 날"이라고까지 하였다.

이처럼 고려가 책임을 다하지 못해 열린 조선 시대는 비록 고려 시대처럼 오르내림이 있기는 하지만 본격적인 "수난 시대"로 해석되었다. 특히 임진왜란과 병자호란의 양 난을 조선을 쳐서 깨우치는 "신의 채찍"으로 표현했다. 이러한 고난 이후에는 〈신생의 미광〉, 즉 새롭게 살리는 작은 빛이라고 붙인 제목 아래에서 (1) 배청 운동, (2) 국력 쇠모의 원인이 되는 당론의 탕평, (3) 조선을 알기 위한 실학 운동을 긍정적인 흐름으로 파악했다. "역사의 무너진 전당을 다시 세우는 일"은 단순한 복고나 증상

치료적인 개선만으로는 할 수 없고, "철저한 자기혁신"과 "새로운 역사적 성장"이 필요하다면서 그 한계를 지적했다. 예를 들어 실학에서의 "고사古史, 고전古典의 연구"는 "민족적 자아의 통일의식"을 기르고 "생명의식을 유발"하는 데까지만 의미가 있지 그 자체가 생명이 될 수는 없다며, "영원한 의미를 가지는 한국의 개성"과 "그 개성을 가지고 자라나는 역사의 현재에 대하여 가지는 사명"을 알아야 한다고 역설했다. 나아가 이미 자아를 잃은 한민족에게 한민족의 개성과 사명을 깨닫게 하고 그 사명을 행할 수 있는 새로운 생명력을 줄 수 있는 새로운 종교가 필요했는데, 이것이 바로 기독교였다고 보았다. 특히 서학 수용이 복음 수용의 계기가 된 것을 두고서는 "복음의 권능이 자기를 이용하려던 자를 도리어 포로로 삼아 기계로 역용逆用하는 일은 흔히 있는 일"이라고 했다. 그러면서 "천주교의 신기한 교리"를 자기 집의 약병처럼 만들어 "박학을 자랑하려던 남인 학자들이 드디어 복음에 사로잡히어 버리고 말았다"라며 신의 섭리가 사람의 의지를 이용해 이루어졌다고 표현했다. 그러나 북벌, 탕평, 실학, 복음 전래 등으로 새롭게 되던 조선인의 생명은 다시 전락의 길을 걸었다고 조선 후기를 정리했다. 또한 개항 이후 대한 제국기의 모든 일에 대해서는 책임을 일일이 묻지 않고 "하나님은 이 역사의 지침을 벌써 전락轉落의 방향으로 쑥 돌려놓았다"라는 말로 정리하며 "이것으로 우리의 고난의 역사의 관견이 끝났다"라고 마무리 짓는다.

 함석헌은 삼국 시대 이래의 역사를 수난의 언덕을 굴러 내려

가는 것으로 총괄하고 자기 세대도 그 길을 굴러가고 있다며 통사적 서술을 마쳤다. 통사 서술 뒤에 나오는 〈생활에 나타난 고민상〉에서는 문화사적으로 '고난의 역사'에 접근했다. 함석헌에 따르면 역사는 두 가지로 남는다. 사람의 기억과 문헌 유물에 남는 역사는 '뒤'에 남는 것이며, 체격·용모·심리 성격·풍속 신앙 등은 민족적 존재 '안'에 남는 역사라면서 4,000년 고난의 역사가 민족의 생명 안에 무엇을 남겼는지 질문했다. 그는 고난 탓에 문화가 퇴영적·소극적·고루적·비속적이 되었으며, 신앙 면에서도 노예의 신앙인 숙명관이 더 크게 자리 잡았고, 예술에서 흐르는 비애의 정서는 "수난 조선"을 묘사한 것으로 보았다.

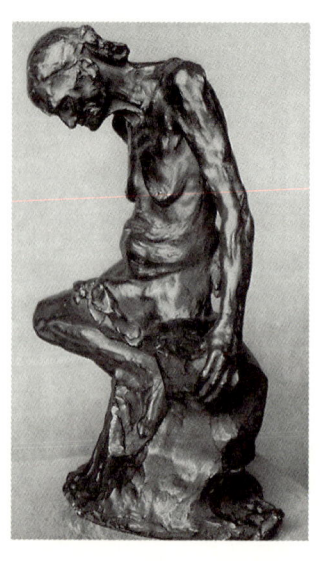

로댕의 〈창부였던 여자〉 | 함석헌은 이 작품 속 여인의 모습이 바로 "한국의 상"이라고 했다.

함석헌은 마지막으로 조선 민족의 역사를 시공간적으로 통일된 한 생명의 역사로 묘사하면서 로댕 Auguste Rodin, 1840~1917의 〈창부였던 여자 The Old Courtesan〉가 바로 "한국의 상"이라고 했다. 그는 로댕의 모델이었을 창부는 "스스로가 자기를 상실했고 자아를 모욕"했지만, 그녀를 단순히 구슬프게 보거나 모멸하는 생각을 넘어 "존경"을 드려야 한다고 했다. 그 이유는 그녀가 사회의 죄악을 그 연약한 한 몸에 대신 졌기 때문이라는 것이다. 함석헌은 로댕이 모든 사람이 침을 뱉어 버리는 추함 속에서 엄숙미를 발견했으며, 독자에게도 로댕이 되어 조선 역사를 바라봐야 한다고 역설했다. 그는 조선 민족을 "아세아의 대륙에서 태평양에 통하는 큰 길가에 앉아 천년 그 비참한 모양을 역사의 무대 위에 나타내고 있는 이 노창녀"이자 "수난의 여왕"으로 바라보며, 그 앞에 엄숙과 존경의 마음으로 머리를 숙일 것을 제안했다. '노창녀'와 같은 조선 역사 속에서 '수난의 여왕'을 본 것이다. 더 나아가 이러한 '수난자'가 바로 우리 자신, 독자 자신이라면서 이 고난의 의미를 깨닫자고 제안했다.

《성서적 입장에서 본 조선역사》 전반에 걸쳐 함석헌은 '민족적 자각'과 이를 기반으로 한 '자유와 통일'을 강조했다. 즉, 조선 민족이 하나라는 민족적 자각으로 외적으로는 외부 속박에서 자유하고, 내적으로는 내부 분열을 지양하여 통일을 이루어야 한다고 보았다. 이것이 바로 하나님이 조선 민족에 요구하신 과제라는 것이다. 따라서 역사에서 성공과 실패는 이러한 과제를 얼마나 제대로 수행했는지로 평가되었다. 성공과 실패의 기준은 '자아'를 찾는 것, 즉 다른 사상의 노예가 되지 않고 자아, 특히 민족적 자아를 성립하는 데에 있다고 보았다. 그리고 성공하기 위해서는 목숨을 잃는 자가 생명을 얻는다는 성경 원리에 따라 모험과 비약을 하는 자가 생명의 왕국에 들어간다며 민족적 자아의 회복에 긍정적인 영향을 미친 이들을 높이 평가했다. 예를 들어 사육신의 경우, 그들의 사명은 처음부터 예수처럼 죽는 데 있

었다면서, 하나님이 자기 사명을 수행하지 못한 조선 민족의 죄, 불의의 빚을 물기 위해, 또한 의인의 씨를 살리기 위해 정의의 제단에 민족을 대신해서 제물로 그들을 요구했다고 했다.

이처럼 민족적 자아의 회복에 큰 관심과 목표를 둔 역사의식은 신채호와 공통점이다. 그러나 신채호가 조선인에 의한 고대사 연구와 그 성과물의 대중화, 특히 웅혼한 민족 역사상을 재구축하여 그 과제를 이루려 했던 것과 달리, 함석헌은 신의 섭리가 작용한 수난의 역사상, 즉 수난을 겪어도 의미가 있고 새로운 미래가 보장되는 역사상으로 재구축함으로써 과제를 이루고자 했다. 함석헌이 서술한 조선 역사 속에서, 신은 과제만 내주고 방관하는 존재가 아니라 실패와 그 실패에 책임을 묻는 고난을 통해 "자아를 재건할 책임을 더 무섭게 지게" 만들며, 동시에 민족의 사명을 실현하라고 "실패된 역사의 재건"을 명하며 새로운 기회를 주는 존재, 적극적으로 역사에 개입하는 존재다. 바로 이 점이 신채호와 함석헌의 역사관을 다르게 만들면서도 동시에 '민족적 자아'의 회복이라는 민족주의적 역사의식을 공통으로 찾게 만드는 지점이다.

'새 종교'와 '뜻'의 사관

《성서적 입장에서 본 조선역사》는 해방 후인 1950년에 와서야 같은 제목의 단행본으로 발간되었다. 그러나 10여 년 뒤인

1962년에 《뜻으로 본 한국역사》로 제목은 물론 내용도 바뀌어 간행되기 시작했다. 함석헌 자신은 '성서적 입장'을 '뜻'으로 바꾼 것에 대해 자신의 기독교도로서의 정체성은 본질적으로 변화가 없다고 말했지만 양자 간에는 분명한 차이가 있다. 대체 어떤 변화가 있었을까?

《뜻으로 본 한국역사》로 바꾼 경위에 대해 함석헌은 《성서적 입장에서 본 조선역사》를 쓸 무렵과 달리 참된 역사 철학이 기독교에만 있다고 하면 너무 좁은 생각이니 범위를 넓히고, 제목도 성서라는 말이 들어가면 비기독교도에게 걸리며 "사실의 해석이 문제니까" 고쳤다고 말했다(〈나라꼴이 이래서야〉, 1986). 그러나 가장 큰 변화는 《뜻으로 본 한국역사》의 제4판 서문에서 밝혔듯이 그의 "믿음이 달라진" 데서 찾아야 한다. 그는 일제 말기부터 우치무라의 무교회 신앙에서 해방되어 자신의 신앙을 갖고 싶었다. 서대문형무소에서 옥고를 치르면서 불경을 읽고, 해방 이후 전쟁 통에 만난 유영모를 통해 동양 고전을 다시 접하면서 생각을 바꾸기 시작했다. 역사를 '고난의 역사'로 보는 시각은 동일하지만 기독교가 유일한 참종교가 아니며 성경만 완전한 진리가 아니라고 보게 되었다. 모든 종교는 따지고 들어가면 결국 하나이고 역사 철학도 성경에만 있지 않으며, 종교나 역사 철학 모두 민족과 시대에 따라 다른 모양으로 드러나지만 그 핵심 진리는 차이가 없다고 보게 되었다.

기독교에 대한 태도가 이처럼 바뀐 원인은 어디에 있을까? 이에 대해 함석헌 자신은 "세계주의와 과학주의"의 영향을 들었

다. 그는 "세계는 한 나라가 되어야 한다는 것, 그래서 국가주의를 내쫓아야 한다"라는 세계주의적 사고와 "독단적인 태도를 내버리고 이성을 존중하는 자리에 서서 과학과 종교가 충돌되는 듯할 때는 과학 편을 들어주고 신앙은 과학 위에 서서도 성립이 될 수 있는 보다 높은 것을 찾아야 한다"라는 과학주의 태도를 취했다.

먼저 세계주의적 태도는 각 민족과 문명권에 존재한 종교를 동등하게 바라보게 만들었다. 동양과 서양의 문명이 독특하면서도 상호 보완적이며 이들이 장차 융합되리라 전망했던 그로서는 동서양의 각 종교와 역사 철학을 대등하게 바라보면서 자신이 믿는 기독교도 그 가운데 하나로 상대화해 보는 시각을 갖기가 쉬웠을 것이다. 그러나 결정적으로 자신이 믿던 기독교의 신앙관을 바꾸게 만든 것은 '과학주의', 즉 이성주의적 태도로 보인다. 이성주의적 사고가 더욱 강해진 그가 자신이 가졌던 종래의 신앙관에서 가장 부딪힌 것은 바로 예수와 예수에 의한 대속에 관한 생각이었다.

함석헌은 사람은 '나는 나다', '나를 위한 나다'라고 하는 자아의식을 가지고 있으며 그 점에서 사람 됨이 있고 인격이 있다고 보았다. 죗값을 치르고 형벌을 면제받는 속죄는 필요하지만 자주, 자유, 주체의 요구를 가지는 '나'를 대신해 남이 대신하는 속죄는 사람 됨, 인격과 어울리지 않는다는 것이다. 그는 예수에 의한 십자가에서의 대속을 절대 진리로 인정하면 인간의 자유의 정신을 희생하게 된다고 보았다. "자유의 입장에 설 때 대속이란

…… 받을 수 없는 일"이라고 주장했다(〈한국의 기독교는 무엇을 하려는가?〉, 1971). 그는 '대속'은 인격의 자주가 없던 노예 시대의 용어로서 자유 관념이 발달되지 못한 원시적 사고에서 나왔다고 보았다. 결국 그는 "인격이란 대신할 수 없는 것"이라며 '대속'이 아닌 '자속自贖'을 주장한 것이다(〈속죄에 대하여〉, 1954).

따라서 함석헌은 2,000년 전에 하나님의 아들이신 예수가 사람의 몸을 입고 와서 모든 사람의 죄를 대속했다는 기독교의 진리를 부인했다. 그는 현재의 자신과는 별개의 인격인 2,000년 전의 예수가 현재의 자신의 죄를 대신 속죄할 수는 없다는 생각 끝에, 결국 "내가 믿는 것은 역사적 예수가 아니라 그리스도, 그것도 영원한 그리스도이며 그는 예수에게만 아니라 본질적으로 내 속에도 있다"라며, 성경을 자기 식대로 풀어버렸다(〈이단자의 신앙〉, 1959). 부활과 내세에 대한 견해도 바뀌었다. 함석헌은 진화론적 설명을 이용하여 생명이 처음에는 물질적인 것으로 났지만 인간 단계에서는 정신적인 데까지 진화한 것을 들며 부활을 "믿음으로 인해서 그 어느 세계에 올라갈 수 있는 것"으로 보았다. 인간이 종교적 진리를 연구해 더 높은 정신계에 올라갈 수 있다고 믿었고, 이를 부활로 본 것이다. 내세에 대해서도 "죽어서 하늘나라 가는 것이 아니라 우리의 정신이 높은 데 올라가는 것"이라고 나름대로 해석했다(〈퀘이커와 평화사상〉, 1983).

함석헌의 변화된 신앙관이 견고해진 데는 샤르댕과 같은 과정 사상가의 영향도 적지 않았다. 함석헌은 샤르댕을 언급해 우주의 근본 원리가 여럿이면서 하나, 하나이면서 여럿이라는 다원

주의적 사고를 전개했고, 동시에 생명 단계가 처음에는 단세포이지만 높아갈수록 다원화하면서 의식 작용도 미묘하고 복잡하게 발전해간다고 보았다(〈퀘이커와 평화사상〉).

함석헌은 인간의 인격 구조가 맨 아래 본능에 따르는 생물적인 층, 그 위 이성에 따르는 인간적인 층, 맨 위 인간에게는 정신이나 영성에 따르는 초인간적인 층으로 구성되어 있다고 보았다. 이를 역사적으로도 적용하여 아래 단계에서 위 단계로 발달해간다고 했다. 그는 원시 시대를 "본능과 이성의 갈등 시대"로 보고 여기에서 이성이 발달하여 이기적 충동을 이기고 "질서 있고 목적의식을 갖는 역사적·사회적 살림"을 하면서 역사 시대 6,000~7,000년이 열렸다고 보았다. 동시에 역사 시대에 들어와서는 이성과 정신(또는 영성)의 싸움이 벌어졌는데, 최근 2,000~3,000년 동안 종교가 크게 발달한 것이 이를 반증한다고 보았다. 또한 이렇게 본능→이성→정신(또는 영성)으로 진화해간다는 역

과정신학과 테야르 드샤르댕

과정신학은 세계가 불변적인 실체나 고정된 존재가 아니라 변화와 과정 속에 있다고 보는 신학이다. 미국의 철학자 화이트헤드(Alfred North Whitehead, 1861~1947)가 현대 과학과 조화될 수 있는 새로운 형이상학을 체계화하려 한 노력을 신학에 도입했다. 프랑스의 고생물학자이자 예수회 신부인 샤르댕은 화이트헤드의 영향을 받은 과정신학자와 달리 진화론의 개념을 문화와 영적 영역에 적용해 우주 전체가 계속적인 단계를 거치며 자신이 오메가라고 부른 정점을 향해 일직선으로 진화한다고 보았다. 즉 신이 우주를 점진적, 정향적 진화라는 방법으로 창조했다고 하여 창조론과 진화론을 조화시키려 했다.

사 흐름 속에서 국가(지상)주의는 본능적인 단계에서 이성적인 단계로 진입하면서 만들어진다는 점은 긍정적으로 보았다. 하지만 이성적인 단계에서 새로운 시대로 발전하는 과정에서 이제 국가주의는 역사의 길을 방해하는 죄악이 된다며, 국가주의를 비판하기도 했다(〈비상사태에 대하는 우리의 각오〉, 1971). 현대 과학 사상을 신학에 도입해 기독교 신앙을 현대 지성인이 수용할 수 있도록 재해석하려고 했던 과정 사상은 과학주의 태도로 신앙에 다가서려 했던 함석헌에겐 매우 매력적인 지지자로 보였을 터다. 그 결과 함석헌의 신앙과 역사관에서 진화적 전망은 종말론을 완전히 대체해버렸다.

함석헌의 신앙관의 변화에는 또한 자신이 경험한 기독교계를 포함한 기성 종교계에 대한 실망도 큰 영향을 끼쳤다. 그는 원래 예수나 석가의 종교가 "믿는 자만이 뽑혀 의롭다 함을 얻어 천국이나 극락세계에 가서 한편 캄캄한 지옥 속에서 영원한 고통을 받는, 보다 많은 중생을 굽어보면서 즐거워하는 그런 따위 종교"가 아니라며, 불신자들과 함께하기보다 자신들의 신앙과 안위에만 마음을 쏟는 태도를 강하게 비판했다. 그리고 이를 지양할 수 있는 새로운 '자리'를 찾았다. 그 결과 "천당도 지옥도 문제가 되지 않는 높은 자리에서는 남이 타락이라거나 구원이라거나 상관이 없다"며 "의인, 죄인, 문명인, 야만인"을 다 구원하고 "유신론자, 무신론자가 다 같이 믿으며 살고 있는 종교"가 무엇이냐고 물었다. 그 결과 '뜻'이야말로 "만인의 종교"라고 선언하기에 이르렀다. 이것이 한국 역사를 '뜻'으로 보겠다고 한 이유였다.

《뜻으로 본 한국역사》는 이처럼 기성 종교를 뛰어넘는 자리에서는 새로운 종교를 갈망하는 마음에서 쓰였다. 그는 "생명의 한 단 더 높은 진화를 가져올 새 종교를 찾아내기 위하여 낡은 종교의 모든 미신을 뜯어치우는 고난이 필요하다. 세계를 하나로 만드는, 모든 부족신, 계급신, 주의신主義神을 다 몰아내는 …… 고난이 있어야 한다"(〈고난의 의미〉)라고 보았다. 또한 인류가 가장 원하는 것이 "새 종교"라고 했다. 기독교나 불교, 마호메트교 모두 전체의 종교가 아니었다며, 새 종교는 큰 나라가 아니라 죽게 되어 약을 찾는 듯한 작은 나라에서 나왔고, 그것이 한국에서 나올 가능성까지 말했다(〈우리 민족의 이상〉). 유교나 불교, 기독교도 제 사명을 다 감당하지 못했다고 하면서 "모든 문명 모든 종교의 찌꺼기를 다 지고 새 날을 위해 준비를 하려는 우리에게는 새 종교가 필요하다"(〈역사가 지시하는 우리의 사명〉)라고 했다.

이러한 사고는 종교의 공존 상황을 인정하는 종교 다원적 현상에 대한 인식 정도를 넘어서 어떤 종교를 통해서든 다 구원받을 수 있다는 종교 다원주의에 이른 것으로 "내(예수)가 곧 길이요 진리요 생명이니 나로 말미암지 않고는 아버지께로 올 자가 없느니라"라고 한 기독교의 핵심 진리에서 떠난 것이었다. 나아가 그는 "참종교는 완전한 부정에서만 실재"하고 자기 "종교까지도 부정해야 (참)종교"라며, 모든 종교를 부인하고 하나의 통합적인 새 종교가 나오리라 전망했다(《새 시대의 종교》, 함석헌 저작집 14권, 2009). 물론 함석헌의 사고 안에서는 여전히 자신은 기독교인이었다. 그에게 모든 종교는 결국 하나이기 때문이었다.

이런 의미에서 함석헌은 자신은 자신과 "비교적 관계가 깊은 기독교의 성경에 나타나 있는 사관"을 언급하는 것이니만큼 《성서적 입장에서 본 조선역사》에서 말한 성경적 사관은 그리 변화된 것이 없다고 했다. 《뜻으로 본 한국역사》에 와서 함석헌이 말하는 '성서적 사관'은 기본 틀은 기존과 같고 살아 있는 인격적인 존재로서 '하나님'을 말하고 그 하나님의 피조물로서 도덕적 책임이 있는 인간에 대한 강조도 여전하다. 그러나 창조는 물론 종말은 이제 더 이상 '현실'이 아닌 '의미' 차원에서 파악할 뿐 실제 일어났거나 일어날 '현상'으로서 보지는 않았다. 창조설을 말할 때 "성경은 의미의 세계를 말하자는 것이지 현상의 세계를 말하자는 것이 아니다"라고 했고, 종말론도 "의미의 세계"를 말하는 이론이라 보았다. 성경은 현실 세계를 설명하는 과학이 아니고 뜻의 세계를 말하기 위해 쓰였다는 생각에서 뜻을 설명하기 위한 자료로서 현실계를 차용했다고 보았다. "현상계로 하면, 무한히 변천해 갈 것이지, 종말이란 것이 있을 리 없다. 그러나 뜻으로 할 때에는 뜻은 반드시 이루어지는 시간이 있다"라고 했다. 그는 성경에 나오는 대심판이 역사 사실로는 영원히 오지 않을지도 모르지만, 대심판을 믿으면 역사를 바른 방향으로 이끌게 되므로 '이상理想'으로서 의미가 있다고 하였다. 이렇듯 창조는 물론 종말까지도 현상이 아닌 의미로만 파악하려는 그의 사관은 정통적 기독교 신앙관에서 본다면 성경적 사관으로 보기 어렵다. 성경 내용에서 따온 비유들, 특히 성경의 '고난' 모티브 등을 차용한 유심론적·관념론적 사관이라고 할 수 있다. 결국 함석헌

의 사관은 해방 이후 성경의 영향을 받은 종교 사관, 도덕주의 사관, 유심론 사관의 한 유형에 귀착된다.

《성서적 입장에서 본 조선역사》를 쓰게 된 동기는, "어린 학생들을 놓고 저 사람들을 어떡하면 사실대로 역사를 가르쳐주면서 낙심을 아니 시키고, 도리어 앞에 희망을 가질 수 있게 하느냐 하는 것"에 있었다. 패배주의를 넘어 고난과 불행을 인정하면서도 희망을 주려는 그의 눈물겨운 노력은 메시아의 고난과 구원이라는 성경의 모티브를 따와서 민족의 다음 세대를 깨우치고 격려하는 교훈을 낳았으며, 그 결과 해방 이후 여러 판에 걸쳐 많은 독자의 심금을 울리는 대중 역사서를 탄생시켰다. 그러나 그의 세계주의적, 과학주의적 태도는 자신을 기독교적 기반에서 벗어나게 만들고 새로운 종교를 지향하는 유사 기독교적 종교 사관을 낳게 했다.

홀로서기의 꿈

신채호와 함석헌은 한 세대 정도 차이가 나지만 이들이 같이 서 있는 지점도 확인할 수 있다. 두 사람 모두 역사 연구에서 기본적으로 과학성이 필요하다는 사실을 인정했으며, 역사 연구의 목적의식성을 강조했다. 특히 한국사 연구에서 자주적인 태도를 강조하여 단군에서 부여, 고구려로 이어지는 흐름을 정통으로 보고 북벌 사상을 긍정적으로 보았으며 사대주의를 강하게 비판했다. 이들이 공통으로 본 역사책도 있는데 바로 허버트 웰스의 《세계 문화사 대계》다. 이들은 웰스의 책을 통해 문명과 국가 권력을 비판하고, 하나가 되는 세계를 전망할 수 있었다.

무엇보다 이들의 역사 서술에서 공통으로 볼 수 있는 것은 자립, 독립, 자유에 대한 강한 갈망과 이를 이룰 수 있는 한국인의 가능성에 대한 확신이다. 현실의 요구에 민감한 역사가로서 이들의 생애에 가장 큰 영향을 미친 사회 역사적 경험은 '식민지화'였다. 그들은 왜 식민지가 되었는가, 한국인은 자립, 독립, 자유할 가능성이 과연 있는가를 역사에 물었다. 신채호는 그 가능성에 대한 질문에 웅혼한 고대 역사상을 재구축함으로써 답하고자 했고, 함석헌은 고난의 '사실'을 인정하되 그 고난이 무의미하게 끝나지 않고 신의 섭리에 의한 것으로 보아 새로운 의미와 전망을 부여함으로써 답하고자 했다. 이들은 역사에서 성공과 실패를 재해석하며 조선 민족으로서의 민족적 자아의식을 찾았는지 여부로 성패를 판가름했다. 자력으로든, 신의 섭리로든 조선 민족이 홀로 설 수 있는 것. 이 홀로서기를 두 사람이 역사 속에서 가장 가치 있게 본 것이다.

申采浩

Chapter 3

🎤 대화
TALKING

咸錫憲

── 🎙 대화 ──

신채호와 함석헌의 가상 대화

다음 글은 신채호와 함석헌이 2013년 가을 서울에서 열린 가상의 역사학대회에서 만나 기조 발표를 하고 이와 관련 방청객과 토론하는 것으로 꾸며보았습니다. 신채호와 함석헌이 실제로 만났을 가능성은 거의 없습니다. 다만 후세대인 함석헌이 한말 일제 시기의 유명한 역사가요 언론인인 신채호의 글을 대했고 그 영향을 받은 것은 분명합니다. 다음 내용은 기본적으로 신채호와 함석헌의 견해를 바탕으로 하지만, 최근 상황을 두 사람이 접하고 반응한다는 가정하에 다루었기에 이 점에서 필자의 견해도 반영될 수 있음을 이해하시기 바랍니다.

|사회자| 오늘은 역사학대회 개최상 가장 뜻깊은 날입니다. 근대 역사학의 위기와 문제점이 이야기되고 새로운 역사학에 관심도 높은 이때 한국 근대 역사학의 문을 열고 독립 운동 일선에서도 헌신하신 신채호 선생과 개성 있는 기독교적 역사관으로 통사를 처음 쓰시고 해방 이후 민주화와 평화 운동에 힘쓰신 함석헌 선생 두 분을 모셨으니 말입니다. 앞서서 두 분께서 간단히 기조 강연을 해주셨는데, 두 분의 입장이 차이가 큰 부분도 많고 의외로 비슷한 점이 있기도 합니다. 두 분 입장의 공통점과 차이점을 통해 21세기를 살아가는 우리가 중요한 시사점을 찾으리라 기대됩니다. 두 분 간은 물론 방청석에서도 질의응답을 할 수 있습니다. 아, 네! 벌써 손을 드셨군요. 말씀하십시오.

|방청객 1| 한국 역사에 대해 참으로 개성 있고 선구적인 작업을 하신 두 분을 이렇게 직접 뵙고 말씀을 들으니 무척 감개무량합니다. 먼저 작지만 마음에 걸리는 점 하나를 질문하고 싶습니다. 신채호 선생께서는 한사군을 인정하지 않는데 함석헌 선생은 인정하시는 것 같습니다. 어떻게 생각하시는지요? 얼마 전 국립중앙박물관에서 낙랑전시회를 할 때도 말이 많았거든요. 낙랑군이 평양에 있다는 주장은 결국 동북공정을 추진해온 중국 손을 들어주는 게 아니냐는 반대 의견이 있었습니다.

|신채호| 저도 이곳 대회장에 와서 많이 놀랐습니다. 첫 번째 놀란 것이 이렇게 많은 한국사 연구가 나오고 있다는 점입니다. 두 번

째 놀란 것이 그럼에도 불구하고 중국의 동북공정이나 일본의 역사 왜곡 같은 문제가 여전하다는 점입니다. 실은 그래서 어젯밤에 발표문을 준비하면서 한숨도 못 잤습니다. 비록 해방은 되었고 이렇게 국력도 세졌지만 문제는 여전하구나 하여 개탄스러웠습니다. 그렇지 않습니까, 함 선생님?

|함석헌| 네, 저 역시 뜬눈으로 밤을 새웠습니다. 일전에 오산학교에서 역사 수업을 준비할 때나 《성서적 입장에서 본 조선역사》 강의를 준비할 때도 떨렸는데 어제나 오늘도 그렇습니다. 해방 이후에도 친일파 문제가 제대로 해결되지 않고 한일 협정도 비정상적으로 이루어져 많이 애태웠는데 이젠 새로 수교한 중국하고도 동북공정으로 갈등을 빚고 있습니다. 총소리 나지 않는 역사 전쟁이라고 할 만합니다.

|신채호| 참, 질문이 들어왔으니 답을 해드려야죠. 제 주장을 정확히 말하면 한사군이 없었다는 것이 아니라 한사군이 한반도 안에는 없었다는 겁니다. 저도 처음 〈독사신론〉을 쓸 무렵에는 기자나 기자를 몰아낸 위씨도 모두 평양에 자리 잡고 있어서 한 무제가 위씨 조선을 몰아내고 세운 한사군도 북한 일대에 있었다고 보았습니다. 그건 조선 시대 안정복과 한진서, 두 선생이 《사기》에 나오는 패수浿水를 대동강으로 보고 왕검성을 평양으로 보아 한사군이 한반도 안에 있었다고 쓴 것을 수긍해서였죠. 하지만 다르게도 볼 수도 있다는 생각이 들었습니다. 요즘 후대 사학

자도 말하지만 고대에는 종족 이동이 많아서 자신들이 아는 지명을 새로 간 곳에 붙이기도 하죠. 지명에 대해서는 우리 말 어원을 생각해서 달리 볼 부분이 많다고 보았습니다. 조선은 요동 반도에 있었는데 한 무제가 이걸 점령하고 조선 여러 나라의 이름을 갖다 붙여서 조선을 모욕하려 했다고 보았습니다.

|함석헌| 질문이 있습니다. 저도 신 선생님의 글을 보고 감명을 많이 받았습니다. 그래서 우리나라 역사의 출발점을 단군 조선으로 봤고 그 역사가 부여와 고구려로 이어졌다고 썼습니다. 그런데 일본 학자들의 주도로 발굴했다고는 하지만 평양에서 낙랑군 관련 유물이 나오는 것을 보고 신 선생님의 주장을 그냥 받아들이기에는 검토할 점이 많다고 본 겁니다. 사료가 적은 고대사의 경우 지명에 대한 언어학적 접근도 필요하지만 홍명희 선생의 아들이신 홍기문 선생이 당시《조선일보》에 신 선생님의 주장에 대해 지적했듯이 과도하게 쓰면 무리가 있다고 봅니다.

|신채호| 저도 북경에 있을 때 서울에 있던 한 친구가 세키노 다다시關野貞, 1868~1935가 조사 책임을 맡고 총독부에서 펴낸《조선고적도보朝鮮古蹟圖譜》를 보내주어서 본 적이 있습니다. 그런데 세키노가 "조선은 국가로서 영토가 협소하고 인민이 적다. 일본이나 중국에 대항하여 완전한 독립국을 형성할 실력이 없다"라고 본 점이나, 이런 전제에서 출발한 역사적 판단을 그냥 받아들이는 것도 문제 아닌가요? 전 중국이나 일본에서 낸 역사책들이 지나치

게 자국 중심적 해석을 담고 있는데도 조선 사람이 이를 무비판적으로 수용하는 자세가 큰 문제라고 누차 지적했습니다. 과감하지만 다르게 해석할 수 있는 여지가 조금이라도 있다면 그렇게 하는 것이 왜곡되고 위축된 역사상을 원래 모습으로 회복하는 데 도움이 된다고 생각합니다.

|함석헌| 신 선생님의 과감한 해석과 정신에는 저도 공감합니다. 선생님께서 문제 제기를 하시기 전까지 일제 식민 사학자들의 주장대로라면 한반도 북쪽은 고조선이 망한 기원전 108년부터 한사군 중 마지막까지 있었던 낙랑군이 망한 기원후 313년까지 약 420년간 식민지 신세였습니다. 또한 한반도 남쪽은 임나일본부가 있었다는 주장에 따르면 4세기 중후반에서 6세기 중엽까지 약 200년간을 식민지 신세였으니, 고대사에서 620년 동안이나 식민지로 산 셈입니다. 선생님의 문제 제기가 이 땅에서 식민 사학을 극복하고 한국인의 역사학, 한국의 역사학이 출발하고 뿌리내리는 데 큰 자극과 동력이 되었다는 사실을 부인하는 사람은 없을 겁니다. 저 역시 일본 식민 사학자들의 주장에 과장과 왜곡이 많은 점에는 동의합니다.

|신채호| 감사합니다. 하지만 아까 발표하실 때 보니 정말 평안도와 황해도에 걸쳐 한사군이 400년간 있었다고 하시던데 이건 식민 사관에 저항하기에는 너무 패배주의적인 역사의식이 아닌지요. 전 그 점이 우려됩니다. 고대사에 관해서는 우리 쪽 사료가

너무 적게 남았고 그나마도 사대주의적인 역사 서술이 많기 때문에 저는 좀 더 과감한 해석이 필요하다고 봅니다.

|함석헌| 저도 조선 사람으로서 선생님과 같은 마음이 왜 없겠습니까? 하지만 신앙을 가진 사람으로서 아니 신앙조차도 과학적으로 맞아야 한다고 생각하는 사람으로서 저는 양심상 과도한 해석을 할 수 없다고 보았습니다. 그러고 보니 너무 패배주의적인 것 같고 그런 내용을 오산학교 학생들에게 전하려니 정말 자라나는 새싹 위에 뜨거운 물을 붓는 것 같아 괴로웠습니다. 하지만 깊이 생각하던 중 예수의 고난에 생각이 미쳤습니다. 예수의 죽음은 그냥 헛되게 끝나지 않고 수많은 인류를 살리는 결과를 맺었지요. 그것을 우리 민족이 당한 고난의 역사에 대입해서 해석해보면 어떨까 하는 생각이 들었습니다. 그렇게 보면 한사군은 오히려 신 선생님이 말씀하신 민족정신을 깨우치는 매나 채찍과 같은 역할을 한 것으로 볼 수 있다는 생각이 들었습니다.

|방청객 1| 제 짧은 질문에 이렇게 풍성한 답을 주시니 고맙습니다.

|사회자| 네, 한사군 문제를 통해 고대사에 대한 해석 문제를 나눌 수 있었습니다. 신채호 선생께서는 잘 모르셨겠지만, 해방된 뒤에 남한 학계는 임나일본부의 존재 가능성을 완전히 부정하고 있습니다. 단지 한사군에 관해서는 존재는 했지만 그 역할이나 영향력이 일제 식민 사학자들이 주장한 정도는 아니라고 제한적

으로 보는 시각이 대부분입니다. 한사군 중에 진번군과 임둔군 두 곳은 25년 만에 사라졌고 현도군도 기원전 75년에 요동으로 밀려나 실제 존속된 구역은 낙랑군 하나에 불과했습니다. 또 낙랑군에 대한 정치적 지배도 일방적이지 않고 토착 세력의 역할이 컸으며, 정치적 식민지가 아니라 경제적인 교역 거점, 조계지 정도로 보는 주장이 있습니다. 물론 신 선생님의 학설을 지지하는 분들도 여전히 있습니다. 한반도에도 '낙랑'이 있었지만 그건 조선 사람 최씨가 세운 '낙랑국'이고 이건 요동반도에 있던 '낙랑군'과는 별개라는 주장이죠. 아까부터 계속 손을 드신 분이 계셔서 이 부분에 대한 질의응답은 끝내겠습니다. 네, 말씀하세요.

|방청객 2| 감사합니다. 저도 한사군에 대해 여쭈려고 했는데 궁금점이 풀렸고요. 전 또 하나 두 분의 역사를 보는 관점에 대해 여쭙겠습니다. 제가 보기엔 신 선생님, 함 선생님 모두 민족의 주체성이나 민족정신을 매우 중시한 듯합니다만 신 선생님은 이를 낭가 사상郎家思想과 같은 민족 고유 종교에서 찾고 대종교에도 큰 관심을 두셨던 반면, 함 선생님은 민족 종교보다는 외래 종교에 더 큰 점수를 주시는 것 같습니다. 서로의 생각에 대해 어떻게 생각하십니까?

|신채호| 저도 외래 종교를 처음부터 무조건 배척하지는 않았습니다. 나라를 잃지 않으려고 《대한매일신보》에 글을 쓰고 애쓸 때 서양 종교인 기독교도 긍정적으로 보았습니다. 그러나 제 꾸준

한 관심은 어떤 종교가 들어오든 조선인의 이해에 부합해야 한다는 것입니다. 특히 유교는 사대주의 사상을 뿌리내리게 만든 부정적인 역할을 했습니다. 기독교는 새로웠지만 역시 사대주의로 흐를 가능성이 있었기에 경계했고요. 1925년 《동아일보》에 쓴 〈낭객의 신년 만필〉에서 이 점을 분명히 말해두었습니다. 질문하신 분, 혹시 보셨나요?

| 방청객 2 | 네, 선생님의 그 글은 매우 유명합니다. 다른 나라들은 종교나 주의를 들여와도 자기네 이해에 맞게 하여 중국의 석가가 인도의 석가와 다르고 일본의 공자가 중국의 공자와 다르며, 마르크스주의도, 카우츠키Karl Johann Kautsky, 1854~1938, 레닌Vladimir Lenin, 1870~1924도 일본, 중국에서 다 다르다. 그런데 조선에 들어오면 조선의 불교, 조선의 유교가 되지 않고 불교의 조선, 유교의 조선이 된다. 제가 잘 기억했나요?

| 신채호 | 고맙군요. 기독교도에게 물어보고 싶었는데, 함 선생은 이 점을 어떻게 생각하십니까?

| 함석헌 | 그 점에서 저도 깊이 공감합니다. 저 역시 기독교 신자지만 선교사들이 전해준 신앙에만 머무르지 않고 조선인 나름의 신앙관을 정립하려고 노력했습니다. 우치무라 간조 선생을 통해 민족에게 사명을 주고 존재 이유를 주는 신앙관을 찾을 수 있었고, 그런 취지에서 김교신 선생 등과 함께 《성서조선》도 만들었

습니다. 또 스승인 우치무라 선생의 견해에 한계를 느껴 식민국으로 세계사의 밑바닥에 있는 것 같던 조선의 사명과 존재 이유를 찾으려다 '고난 사관'까지 말하게 되었지요. 하지만 전 역사 속에서 외래 종교도 맡은 역할이 있다고 봅니다. 부여, 읍루, 옥저, 삼한 등이 생겨난 열국 시대에 유교가 들어왔고 그 뒤의 삼국 시대에 불교가 들어왔는데 이 두 종교가 한 역할이 크다고 봐요. 기독교도 그렇지만 고대에 들어온 유교나 불교도 민족 국가의 경계를 뛰어넘은 종교입니다. 그 목적이 민족이나 나라를 넘어 세계와 인간에 있습니다. 그 전에 열국과 삼국은 서로 다른 부족 신을 섬겼기에 다투었습니다. 삼국 통일은 이런 부족 신 차원을 뛰어넘는 종교 사상이 밑바탕이 되어야 가능했던 겁니다. 또 기복적인 부족 종교나 일상 도덕적인 유교는 전쟁과 경쟁 속에 시달리는 사람들이 던지는 세계에 대한 깊은 질문에 답을 주지 못했습니다.

| 신채호 | 중간에 말씀을 끊어 죄송합니다만, 저도 그 점은 이해합니다. 하지만 전 밖에서 온 종교가 가진 장점을 충분히 내 것으로 소화하지 않아 결국 사대주의로 치닫게 된 부정적인 측면을 지적하려고 했던 겁니다. 저도 일찍이 세계주의나 크로폿킨의 상호 부조론을 익히 들어 알고 있고 그 의의도 중시합니다. 하지만 제가 〈도덕〉이란 글에서 썼듯이 1920년대에 문화주의니 황인종 단결이니 하는 말들이 그럴듯하지만 입으로는 인의仁義를 말하면서 손으로는 포와 검을 만드는 세상인지라 동양 평화를 말

하는 일본은 우리와 중국을 침략했고 만국평화회의 뒤에 제1차 세계 대전이 일어났습니다. 그래서 전 가족주의에서 국가주의로는 진보해야 하지만 더 나아가 세계주의로까지는 미치지 말아야 하고, 아직은 크로폿킨의 상호 부조론보다는 다윈의 생존 경쟁설을 더 수입해야 한다고 말했던 겁니다.

|함석헌| 저도 신 선생님처럼 식민지를 경험한 세대인지라 서구 강국이 말하는 세계주의나 일본이 말하는 동양 평화가 얼마나 입에 발린 말인지 뼈저리게 느꼈습니다. 하지만 제 고민은 이겁니다. 저들이 국가와 민족을 말하고 행동한다고 해서 우리도 똑같이 말하고 행동한다면 어떻게 이를 극복할 수 있겠느냐는 겁니다. 그래서 주목하게 된 것이 웰스가 생각한 세계 정부나 국제적인 조정 기구 같은 것입니다. 또한 현재 민족과 국가 간에 다툼을 일으키는 원인인 민족주의와 현재의 종교를 넘어선 새로운 종교가 나와야 한다고 생각했습니다.

|신채호| 저 역시 그런 고민을 하게 되었습니다. 그래서 크로폿킨이 죽었다는 신문 기사를 우연히 보고서는 새삼 아나키즘을 다시 생각해보게 되었습니다. 물론 그와 같은 세상이 오기를 바라지만 방법 면에서는 바쿠닌 쪽에 호감이 갔습니다. 제가 쓴 의열단 선언문이나 1928년에 쓴 무정부주의동방연맹의 〈선언〉을 보시면 아시겠지만 전 점진적으로 사회가 변화된다고 보지 않았습니다. 바쿠닌도 사회 혁명을 이루는 길이 민중 전체의 봉기를 조

직하는 직접적인 방법과 협동조합을 만드는 등 점진적이고 평화적인 방법 두 가지가 있지만, 역사 경험상 자본가와 국가의 지배자 들이 자리를 내주진 않았습니다. 저 역시 일제가 호락호락하지 않다는 사실을 깊이 경험했기에 모든 민중이 직접 일체의 정치를 부인하고 파괴해야 한다고 주장한 겁니다. 여기 와서 제가 세상을 뜬 뒤에도 제2차 세계 대전과 한국 전쟁이 일어났고 21세기 초입에도 전쟁이 세계 곳곳에서 벌어졌다는 사실을 전해 들었습니다. 어제나 지금이나 세상은 '야수 세계'요 사회는 '강도 사회'입니다. 과연 무엇이 달라졌습니까?

|함석헌| 저 역시 선생님이 돌아가신 뒤로 해방되고 독립된 나라에 수십 년 살면서 그런 점이 고통스러워 잠을 못 이뤘습니다. 선생께서 그토록 바라시던 해방이 이루어지고 독립 국가를 갖게 되었는데 분단이 되고 전쟁까지 치르고 그런 생지옥은 없었습니다. 하지만 그런 중에도 희망을 보았습니다. 간디의 비폭력적인 불복종 운동이 성과를 거두었고, 제2차 세계 대전 이후에 생겨난 국제 연합UN, United Nations은 제1차 세계 대전 직후에 생겨났다가 제구실도 못한 국제 연맹LN, League of Nations과는 달리 지금까지도 국제 문제를 해결하는 데 큰 역할을 하고 있습니다. 한국 전쟁이라는 비극이 있었지만 그 비극 속에서 대한민국을 지켜낸 힘이 바로 국제 연합과 같은 세계적 조정 기구였습니다. 물론 문제는 많습니다. 그럼에도 답은 역시 평화적 방법이며 국가주의를 넘어서는 데 있습니다.

|사회자| 자연스럽게 종교 문제로 나오니 두 분이 사회 문제를 해결하는 방법론의 차이, 즉 폭력과 평화의 문제까지 오게 되었네요. 잠깐 방청객 중에 더 질문하실 분 계신지요? 아쉽지만 마지막 질문입니다.

|방청객 3| 감사합니다. 제가 두 분과의 대화에 함께하다니, 정말 놀랍습니다. 신 선생님께서 《꿈하늘》이라는, 요즘 말로 판타지 시사 역사 소설을 쓰셨던데 제가 지금 그런 소설 속에 들어온 것 같습니다. 각설하고, 두 분의 역사관에 차이점도 많지만 제가 보기엔 의외로 같은 점도 많습니다. 쓰신 역사책 속에서 민족정신과 주체성, 민중을 강조하신 부분도 그렇고 두 분의 성향이나 활동 면에서도 대체로 아나키즘으로 귀결되는 것 같다는 인상도 받습니다.

|신채호| (부드럽게 웃으며) 저야말로 《꿈하늘》과 같은 상황 속에 들어온 것 같습니다. 저보다 한 세대 위이신 박은식 선생도 꿈에서 금 태조를 뵈었다고 《몽배금태조》라는 역사 소설을 쓰셨죠. 저도 그 영향을 받아 공식 역사책에서 다 표현할 수 없는 견해와 마음을 써본 겁니다. 또 소설 형식이 민중에게 다가가 그들을 깨우치는 데는 유익하거든요.

|함석헌| 신 선생님의 아나키즘적인 전망도 《용과 용의 대격전》이라는 소설을 통해 쉽게 표현하신 것 같더군요. 저 역시 역사는

민중에게 다가갈 수 있어야 한다고 생각합니다. 그 점에서 역사 서술도 어려운 말보다는 민중에게 친숙한 우리말을 쓰려고 했습니다. 그래서 《성서적 입장에서 본 조선역사》를 《뜻으로 본 한국 역사》로 바꾸어 낼 때 많은 한자어를 우리말로 바꾸었습니다.

|신채호| 참, 방금 전 질문하신 내용을 생각해보니 한 세대 정도 차이가 나지만 함 선생님과 제가 참 비슷한 점도 많다는 생각이 듭니다. 하지만 전 기독교가 말하는 하나님은 물론이요 어떤 종교도 믿지 않습니다. 오직 믿어야 할 것이 있다면 각 나라와 민족에게 조상 때부터 전해오는 '국수'가 있고 우리는 우리의 국수를 잘 연구해야 한다고 생각합니다. 그래서 국수주의의 위험성을 다들 얘기할 때 저도 그 위험성을 알면서도 우리의 국수는 아직 연구할 여지가 있다고 말했습니다. 한학漢學과 양학洋學, 모두 남의 것이고 그들의 것을 옛날과 지금 경험했지만 다 실패했으니 이젠 우리 것을 해보자는 겁니다. 아까 발표 때 들어보니 함 선생님은 노장사상은 물론 불경이나 인도 사상 등 다방면에 조예가 깊은 것 같으시던데……

|함석헌| (손사래를 치며) 조예가 깊기는요. 다만 제가 오산학교 다닐 때 스승이신 유영모 선생께서 수신 시간에 노자 얘기를 많이 하셨던 게 영향을 미쳤습니다. 특히 제2차 세계 대전 말부터 노자, 장자 생각을 하게 되었죠. 이제 전쟁이 끝나면 사회 구조가 근본적으로 재편될 텐데 종교가 미래를 내다보며 앞장서 가야

한다고 생각하다가, 서양 고전은 다 써먹었지만 동양에는 가치 높은 고전이 있음에도 써먹지 못했다는 생각이 들어 노자, 장자를 연구하기 시작했습니다.

|신채호| 저는 노자, 장자는 별로 얘기를 하지 않았습니다. 중국의 도가가 현실 도피적인 데가 많고 미신적인 것이라고 생각했죠. 무엇보다도 조선에서는 공자, 맹자의 유교와 성리학이 우리 민족을 사대주의로 이끄는 역할을 했기에 전 유교 비판에 더 힘을 썼습니다. 그래 함 선생님, 노자와 장자를 연구해보니 어떻던가요?

|함석헌| 노자와 장자는 살아 있는 우주를 말했습니다. 자연을 죽은 것으로 보고 이용만 하려고 드는 현대 문명관하고는 반대죠. 신 선생님 사셨을 때에는 아니었지만 요즈음 공해, 핵무기, 생명 문제가 심각해져 서구의 이런 물질주의 문명관에서 나온 문제들을 극복하는 데에 동양적 사고, 특히 노장사상이 많이 도움이 됩니다. 무엇보다 노장에 관심을 둔 까닭은 제2차 세계 대전 같은 전쟁이 국가주의, 정부주의, 지배주의의 소산이라는 생각 때문입니다. 민중이 국가를 위해 존재하는 것이 아니다, 국가관이 새로워져야 한다, 그런 생각에서 노장을 팠던 겁니다. 국가나 지배 계층을 불신하고 민중에 관심을 기울이시는 점은 선생님도 저와 비슷하다고 생각합니다만…….

|신채호| 네, 저도 나라를 잃기 전후로 우리가 나라를 잃은 것이 조

선 사람이 자기 개인, 자기 가문만 위하지 국가를 위한 공적인 생각이 없어서라고 생각해 국민이 새로워져야 한다고, 나라의 안위를 자신의 안위처럼 여기는 생각이 필요하다고 여겨서 국가와 민족을 강조했습니다. 하지만 세계 대전을 거치면서 민족주의자는 미국에 기대거나 총독부 정치에 타협하기 시작하고, 사회주의자도 소련에 사대주의적 태도를 보이자 3·1운동 때 그 힘을 보여준 민중에게 눈을 돌리게 되었습니다. 하지만 과거 역사나 현실을 보면 민중이 바람만큼 제 힘을 발휘한 적은 없었어요. 역사 속의 '실패자'들에게 마음을 쓰게 된 건 저 자신의 모습도 있지만 그런 배경이 있었습니다. 그래서 《용과 용의 대격전》 같은 소설을 통해 무산민중이 일어나 모든 지배층과 민중을 농락하던 종교를 다 없애는 것을 표현해보았던 겁니다.

|함석헌| 저도 현실 속의 민중에 많은 회의를 느끼기도 했지만 그래도 부패한 정치가보다는 낫다고 생각했습니다. 하지만 제가 말하는 민중, 특히 '씨올'로서 표현하려고 했던 인간의 본질은 완성된 것이라기보다는 완성되어가는 것입니다. 그래서 저는 씨올에 대한 교육을 강조했습니다. 누구나 역사의 주체인 씨올이 될 수는 있지만 그냥 내버려두어서는 안 되고 씨의 알이 꽉 차야 씨 역할을 제대로 할 수 있듯 씨올이 씨올 되도록 그 안에 있지만 자각하지 못한 것을 가르치고 이끌어내야 합니다.

|신채호| 아까 발표하실 때도 그렇고 지금도 '씨올'이라는 표현을

쓰시는데, 함 선생님의 민중에 대한 관점이나 정의는 저와 사뭇 다른 듯합니다. 민중을 신뢰하고 정치권력을 부정하는 면은 저와 비슷한데 말입니다.

|**함석헌**| 네, 잘 보셨습니다. 제가 말하는 민중은 그냥 정치적, 사회 경제적인 존재만이 아닙니다. 우주적이고 종교적인 존재입니다. 이성을 초월하는 영역과 관계되어 있기에 신 선생님처럼 종교의 가치를 인정하지 않으시고 반대하시는 분은 받아들이기 어려우실 겁니다. 그리고 이처럼 우주적이고 종교적인 존재를 표현하기 위해서는 '민중'이란 말로는 다 담을 수 없기에 '씨올'이란 말을 썼습니다. 씨는 생명의 출발점이면서 또 생명의 결과, 즉 열매입니다. 씨는 죽지만 이를 통해 생명을 틔우고 영원한 생명의 순환을 일으킵니다. 인간을 정치적, 사회 경제적으로만 볼 수 없음을 깨닫고 우주적이고 종교적인 인간 존재를 표현하기 위해 씨올이라는 말을 쓴 겁니다. 제가 민중이나 씨올을 말할 때는 그런 의미가 있습니다. 이건 서남동 선생이나 안병무 선생 같은 민중신학자들이 저와 다른 점이기도 합니다. 그분들은 현실 사회의 구조를 바꾸어가는 데 관심이 컸습니다. 지배와 피지배를 분명히 갈라내고 사회 변혁의 방향을 이끌어낼 수 있도록 계급적인 시각, 사회 정치적인 접근이 필요하다고 보았습니다. 아마 이런 분들의 생각이 저보다는 신 선생님과 좀 더 가깝지 않을까 합니다. 물론 안병무 선생 같은 분은 인간은 설득될 수 있다고 여겨 폭력적인 방법에 반대하고 이성적인 방법을 옹호했죠.

그 점은 또 신 선생님과 다릅니다만…….

|신채호| 글쎄, 폭력 없이 된다면야 얼마나 좋겠습니까? 하지만 함 선생님도 이 세계가 얼마나 많은 전쟁을 겪어왔는지 두 눈으로 똑똑히 보지 않으셨나요? 21세기가 된 지금도 보니 전쟁은 끊이지 않습니다. 저도 미력하나마 독립과 해방을 위해 싸워왔던 이 나라가 두 쪽이 되어 여전히 세계에서 손꼽히는 전쟁 발발 위험 지역으로 남아 있다는 사실이 너무나 괴롭습니다. 전 역사가 이렇게 말한다고 봅니다. 지배자들은 순순히 자기 것을 내어놓지 않는다고.

|함석헌| 저도 괴롭습니다. 하지만 폭력은 폭력을 부를 뿐입니다. 지배자들이 그냥 자리를 내어주지 않는 것도 사실이지만 폭력이 또 다른 폭력을 부른다는 점도 사실입니다. 전 그런 점에서 남을 억누르고 이긴 승리의 역사보다 남에게 당한 고난의 역사에서 교훈을 찾고 거기서 의미를 찾으려고 했던 겁니다.

|사회자| 네, 감사합니다. 두 분의 대화를 통해 역사와 민중에 대한 관점의 차이와 공통점을 여러분도 확인하셨으리라 믿습니다. 아쉽지만 이미 지정된 시간이 지나 마감을 해야 합니다. 두 분 선생님의 역사학에 대한 고민, 실천과 변화에 대한 모색의 열정은 참 남달랐다고 생각합니다. 이것이 오늘날까지 역사학계는 물론이고 일반 국민이 두 분의 저서에 끊임없는 관심을 기울이게 하

는 힘이라고 생각합니다. 아쉽지만 오늘의 토론은 이것으로 마치고자 합니다. 방청객 여러분도 더 질문하시고 싶으시겠지만 두 분의 글을 읽어보시고 어떤 점에서 우리 시대에 의미가 있고 한계가 있는지 활발히 토론해보시길 바랍니다. 감사합니다.

申采浩

Chapter 4

이슈
ISSUE

咸錫憲

── ♋ 이슈 ──

'민중' 만들기와 민중 사학

　서울대생 박종철 군 고문치사사건으로 전국이 뜨거워졌던 1987년 5월 《한국민중사》(한국민중사연구회 엮음, 풀빛)라는 책이 재판정에 올랐다. 1986년 2월에 발간된 이 책이 1년 뒤에 '《한국민중사》 사건'으로 법정에 서면서 일약 언론의 주목은 물론 일반인, 특히 당시 정부에 비판적인 이들에게 선풍적인 인기를 끌었다. 검찰은 책의 내용 가운데 "역사의 원동력은 인간의 생산 활동이었고, 그것의 담당자는 생산대중"이라는 부분과 "현재 한국 사회에서 민중이란 신식민지하에서 민족해방의 주체로서 노동자 계급을 중심으로 하여 농민·도시빈민·진보적 지식인 등을 포괄하는 개념"이라는 내용 등을 문제 삼았다. 이 책의 저자들이 말하는 역사 주체로서의 민중이 바로 북한이 역사 서술에서 주체로 삼는 '인민대중'과 동일하며, 이는 결국 반국가 단체인 북한에 동조하는 것이라는 판단에서였다. 당시 진보적인 학계 인사였던 강만길, 정창렬, 김세균 등의 학자들이 증인으로 나섰고 박원순, 조영래 등이 변호를 맡아서 학문과 사상의 자유라는 차원에서 적극 대응했다. 결국 이 사건은 6월 들어 정국의 급반전을 맞으면서 출판사 대표와 편집장이 집행 유예 선고를 받는 것으로 마감되었다.

불과 20~30년 전만 해도 한국 사학계에서 '민중 사관'과 '민중 사학'은 뜨거운 감자였다. 《한국민중사》에 뒤이어 민중 사관에 입각한 소위 '운동권' 역사 서적들이 각종 필화 사건의 대상이 되었으며 사회 정의에 민감한 대학생의 주목을 끌었다. 역사학계에서 근현대사 전공자가 대폭 늘었으며 이들의 '운동사' 서술도 급증했다. 그러나 1990년대 중후반을 거치면서 민중 사관과 민중 사학에 대한 관심은 처음 끓어오를 때 못지않게 빨리 식었다. 신채호나 함석헌은 민중을 역사의 주체로 보아 이에 입각한 역사 서술을 꿈꾸고 가장 먼저 시도했다. 신채호, 함석헌에서 《한국민중사》 사건에 이르기까지 민중 사학은 어떻게 시작되었고 21세기를 맞은 지금 민중 사학, 민중 사관은 어떤 의미를 지닐까?

《한국민중사》는 직접적으로는 1970~1980년대 반독재 민주화 운동의 산물이었다. 민주화 운동의 주축 세력은 당시 한국 사회가 처한 모순의 기원을 식민지화와 자본주의화에서 찾았다. 이러한 실천적 역사의식에 동의하는 소장 역사학자들은 문제 해결의 주체로서 식민지화와 자본주의화로 피해 받는 약자인 '민중'

에 주목하고자 했다. 분단사학론을 제기한 강만길, 민중적 민족주의 사관을 제기한 이만열, 정창렬 등 당시 한국 사학계의 진보적인 학자들은 대학원생이 과감하게 《한국민중사》를 써낼 수 있는 인식 지반을 마련해주었다.

그러나 민중 사관의 기원은 신채호와 같은 해방 이전의 역사학자에게 찾아야 한다. 실제 《한국민중사》 사건에 증인으로 나선 정창렬은 검찰 측이 문제 삼는 '유물 사관'이 공산주의 혁명과 바로 직결되는 것이 아니며, 오히려 민족주의 사학, 실증주의 사학, 신민족주의 사학과 함께 '사회 경제 사학'이라는 이름으로 현대 한국 사학계가 계승한 엄연한 하나의 흐름이라고 주장했다. 또한 이 사관의 성격에 대해 '민주주의적 민족주의적 민중적 성격'이라 언급했다. 민중과 계급이 어떻게 다르냐는 질문에 민중이 계급보다 "폭이 넓고 깊은 차원의 역사적 실체이고 개념"이며, 유물 사관이 검사 측이 문제 삼는 공산주의 혁명 노선보다 더 큰 개념이라고 주장했다.

실제 해방 후 반공이 주조를 이루었던 사회 정치 상황에서 유물 사관을 드러내놓고 칭하기는 어려웠지만 이를 '사회 경제 사학'이라는 다른 이름으로 포장하여 연구하지 않을 수 없을 정도로 유물 사관에 입각한 역사학 연구는 분명히 한국 역사학계의 한 조류였다. 일제 시기 백남운, 전석담, 이청원 등으로 대표되는 이 흐름은 해방 이후 분단과 한국 전쟁의 과정을 통해 주로 북한 측이 이어받았지만, 유물 사관이 내포한 문제의식의 일부를 수용한 신민족주의 사학 등을 통해 남한 사학계에도 이어졌다. 특히 해방 이후에는 한국사의 특수성과 후진성을 강조한 일제 식민 사관의 극복과 새로운 한국사 상의 수립이 가장 큰 과제였는데, 식민 사관에서 정체성론을 비판하고 한국사의 발전을 세계사의 보편적 발전 과정 속에 자리매김하는 데에는 시대 구분과 사회 발전 단계에 대한 논의가 필수적이었다. 1960년대 역사학계에서는 특히 내재적 발전론, 자본주의 맹아론과 같이 한국사의 보편적 발전 가능성을 증명하려 했다. '사회 경제 사학'으로 명명된 유물 사관에 입각한 역사학 연구의 전통은 바로 이런 점에서 이용되었다.

《한국민중사》가 발간된 1980년대 후반 즈음의 유물 사관에 입각한 역사학 연구는 유물 사관을 그대로 도입했다기보다 한국 사상의 특성을 고민하며 모색되었다. 정창렬이 요약한 바에 따르면, 이들은 5단계 발전 명제(원시 사회→노예제 사회→봉건제 사회→자본제 사회→사회주의 사회)를 공식이나 교조로서는 거부하고 '연구의 가설'로서만 받아들이면서 한국사의 객관적 사실에 실증적으로 맞을 때에만 인정하고자 했다. 시대를 구분할 때 '사회 구성'의 내용이 질적으로 변화되어온 것을 반영하여 원시 사회→고대 사회(노예제 사회)→중세 사회(봉건제 사회)→근대 사회(자본주의 사회)라는 큰 틀을 설정했다. 또한 고대나 중세 사회에서는 계급적 갈등이나 계급 투쟁이 객관적으로 실재한다고 보지만 역사 서술에서는 신분 제도적 갈등, 신분적 구속과 억압에서 해방되려는 신분 투쟁을 역사 추진력으로 보았다. 원칙적으로 역사 추진의 원동력으로서의 민중의 힘은 인정하되, 역사를 발

전시키는 담당 추진 세력은 지배 계급 내부에서 새롭게 발생 성장해온 새로운 세력 집단(통일 신라 말기 호족 세력, 고려 말 신진 사대부, 조선 후기 상인 자본가, 광작 농민 등)으로 파악했다. 상부 구조보다 토대(사회 하부 구조)를 중시하는 유물 사관의 기본 인식과는 달리 토대의 중요성을 인정하되 상부 구조, 특히 이데올로기의 능동적, 적극적 역할을 역사 추진의 원동력으로 파악하려 했다. 또한 근대에는 계급적 모순보다 민족적 모순을 훨씬 중요하게 파악했으며, 근대 역사 추진의 중심 주체로서도 계급보다는 민족적·계급적 모순을 광범위한 사회적 연대에 의해 동시에 해결할 민중으로 설정했다. 1980년대 중후반의 '민중 사학'은 나름대로 유물 사관을 비판적으로 수용하여 한국사를 새롭게 서술해보려는 노력의 산물이었던 셈이다.

이렇게 시작된 민중 사학의 흐름은 과학적·실천적 역사학을 지향하는 연구자 대중의 조직화, 현장 지향적 연구와 민중 교육, 연구 성과의 대중화 등 여러 흐름과 활동으로 나타났다. 1987년 이후 각 부문 운동과 대중 운동이 활성화되면서 소장 연구자와 대학원생, 대학생 중심으로 급속히 확산되어갔다. 특히 기존 이데올로기적 제한 속에서 제약받았던 근현대사 연구, 특히 사회주의 운동을 비롯하여 민중 운동사 전반에 대한 연구가 봇물 터지듯이 이루어졌고, 이 점에서 전보다 한국 근현대사를 폭넓고 균형 있게 바라볼 수 있는 기반도 마련되어갔다.

그러나 민중 사학은 얼마 가지 못해 한계를 드러냈다. 가장 큰 위기는 민중 사학이 방법론에서 세계관적으로 기반을 두었던 현실사회주의 국가가 1990년대 들어 잇달아 무너진 데서 왔다. 민중 사학은 사회 정치의 변화, 변혁을 바라는 강한 현장 지향성, 실천 지향성이 있었는데 마르크스주의에 기초를 두었던 그 국가들이 무너지면서 도구나 목표로 삼았던 가치관에 대한 혼돈이 가장 먼저 연구자에게 닥쳐온 것이다. 이것이 외적 위기라면 내적으로는 무엇보다 역사 연구와 서술에서 억압당하고 수탈당하며 이로 인해 저항하는 주체로 상정했던 '민중'의 모습이 실제 역사 속에서 일관되게 파악되기 어렵다는 데 있었다. 민중을 너무 이상적이고 이념 위주로 접근해 개념화한 것이 그 이유였다. 역사의 주체로 민중을 내세워서 민족 해방 운동과 계급 해방 운동의 중심으로 보려고 했지만 지식인 중심 운동에 동원되는 수동적인 존재로 서술되는 경우가 많았다. 또한 민중의 지향과 양상을 파악할 때도 변혁적인 지향과 태도와 활동에 주로 초점을 맞춘 탓에 기존 체제에 대해 타협이나 적응하는 등의 또 다른 지향과 태도와 활동은 연구 대상에서 제외되기 쉬웠다. 수탈당하고 저항하는 민중의 모습을 그려내야 한다는 정당성과 당위성이 오히려 연구의 객관성을 유지하는 데 장애물이 되었던 것이다.

실제 '민중'에 포괄되는 주체도 1980~1990년대를 거치면서 잇따른 변화를 보였다. 1970년대 말 1980년대를 거쳐 마르크주의가 보급되면서 민중을 계급 연합적 존재로 파악하고 노동자를 중심으로 하여 농민, 그리고 도시 빈민도 포괄하게 되었고, 1980년대 후반에는 이른바 '넥타이 부대'로 불리는 신중간층의 포괄 문제가 대두되었다. 이어 1990년대에는 시민운동이 활성화되면서 급진적인 변혁의 주체로 상정된 민중 개념과의 관계도 복잡해졌다. 최근 들어서는 민중에 '소수자' 개념과 '다중多衆' 개념을 도입하여 재규정하려는 인식이 확산되고 있다. 이렇듯이 민중 개념 자체가 현실 사회 정치 개혁·변혁의 필요에서 개혁·변혁 운동의 주체로서 형상화한 이데올로기적 측면이 강하고 그만큼 사회 운동의 전개 양상에 따라 그 개념의 함의가 유동적일 수밖에 없었다. '민중' 개념은 이 점에서 완성되지 않았고, 현실 지향성, 실천 지향성이 강한 만큼 변동 가능성도 많았다.

또한 1990년대 이후 본격적으로 들어온 탈근대, 탈식민의 역사학, 이른바 포스트모더니즘 역사학의 영향도 큰 영향을 미쳤다. 탈근대, 탈식민의 역사학은 민족주의가 민족 내부의 모순과 갈등을 은폐하는 점을 강하게 지적하여 그 안에 있는 이질적이고 다양한 목소리를 살려내야 한다고 주장한다. 이러한 탈근대 탈식민 역사학의 '민족' 내지 '민족주의'에 대한 비판은 '민중'에 대한 인식에도 영향을 미쳐 '민중' 내부 구성과 그 지향과 태도의 다양성을 주목하도록 자극을 주었다. 기존의 민중사 서술은 사실상 '사회 구성체의 변동사'와 결합된 '민중 운동사'에 가까웠고 민중이 겪는 수탈상과 그로 인한 저항적 인식과 활동에 주로 초점을 맞추었기에 '민중'으로 포괄한 이들 내부의 차이점과 그 때문에 이들이 실제 생각하고 반응하는 다양한 양상은 시야에 들어오지 않았을뿐더러 서술에서 탈락되었다는 비판과 자성이 시작되었다. 저항뿐만 아니라 타협과 적응, 운동만이 아니라 일상을 포괄하지 않고는 '민중'을 파악할 수 없다는 생각이 확산되었다.

한편 '민중' 대신 '인민' 또는 '인민대중'이라는 개념으로 역사 주체를 파악하고 공식 역사를 서술해온 북한 체제 안에서 사실상 '인민'의 자유와 자발성이 억압당하고 있다는 점도 민중 사학의 시각을 재고하게 만드는 계기가 되었다. 물론 민중 사학의 성과로서 사회주의 운동에 대한 연구가 활발해지고 민족 운동 내지 독립 운동의 한 방법으로서 긍정적인 재평가도 이루어졌으며, 그 연장선상에서 북한에 전보다 긍정적이고 우호적으로 접근하는 실마리도 마련되었다. 그러나 현실의 북한 체제가 보이는 경직성과 비민주성, '인민' 생활의 처참함은 '인민', '인민대중'의 역사가 동원과 수사를 위한 이데올로기에 그치기 쉽다는 인식을 남겨주었다.

최근의 민중 사학에 대한 고민은 과거처럼 집단적인 지적 실천으로 나타나지는 않고 있지만 몇 가지 모색이 보인다. 첫째, 역사 연구가 학문 활동이면서 사회적 실천 활동이라는 시각에서 민중 사학의 문제의식을 지속적으로 유지하려는 시각이다. 물론 과거와 같은 너무 도식적이고 이념적인 역사 연구는 지양해야겠지만 탈근대, 탈식민의 역사학이 역사 발전의 동인에 대한 총체적 이해 체계를 제시하지 못한다는 점 때문이다. 둘째, 탈근대, 탈식민적 문제의식에서 '민중'을 새롭게 인식하여 '다성적多聲的 주체'로 보고 이런 다성성을 재현하기 위해 일상사, 미시사, 구술사, 지역사 등 다양한 연구 방법론을 활용하려는 노력이다. 이 경우 식민지적 차별이 민족, 계층, 성, 지역, 신분 등에 따라 다양한 형태로 이루어지므로 이들의 목소리는 '다양한 역사'로 산출되어야 한다는 생각이다.

민중 사학에 대한 꿈은 이미 신채호와 함석헌 때부터 시작되었다. 신채호는 민중의 입장에서 역사를 서술하는 꿈을 꾸었고 무정부주의동방연맹의 선언문이나 《용과 용의 대격전》에서 그 지향을 드러냈다. 함석헌은 생의 말미인 1970~1980년대에 민중 사학의 출현과 성장을 일부 보았다. 신채호와 함석헌의 민중에 대한 관심은 해방 후 역사학계를 비롯한 학계에 민중적 민족주의라고 할 만한 지향을 생성시키는 토양이 되었고, 그 토양에서 대체로 사회 과학, 특히 마르크스주의를 한국 사회에 적용해 사회 변혁의 주체로서 민중을 상정하는 민중 사학이 대두되었다. 그러나 신채호나 함석헌의 지향과 1980년대 전후의 민중 사학을 동일시하기는 어렵다. 신채호나 함석헌 모두 유물 사관 내지 계급 사관이 지닌 한계를 경험했고, 그 한계를 지양하기 위한 노력에서 무정부주의나 성경적 역사관, 세계주의 등을 모색했기 때문이다.

최근의 한 사학자는 민중을 권력이나 지식인에 포섭되지 않은 자율적인 존재로 보고 민중의 일상성에 접근해 민중의 가치 세계를 발견해야 주체적 민중상을 찾을 수 있으며, 이로써 근대 역시 상대화할 수 있다고 보았다. 이러한 시도와 구상을 이미 신채호와 함석헌이 시작했다. 그러나 권력과 지식인에 전혀 관계없는 민중이 있을 수 있는가? 민중의 일상성에서 찾아낼 가치 세계가 과연 권력과 지식인의 그것과 관계없을 수 있는가? 무엇보다 민중의 가치 세계가 과연 근대를 상대화할 만한 절대적 요소를 갖추고 있는가? 신채호와 함석헌에서 시작하여 1980년대 전후 집단적으로 제기된 민중 사학의 문제의식은 역사 속에서 부각되지 못한 존재에 주목하게 만들었지만, 여전히 이런 문제를 해결하지 못하고 있다.

에필로그
Epilogue

1 지식인 지도

2 지식인 연보

3 키워드 찾기

4 깊이 읽기

5 찾아보기

EPILOGUE 1
지식인 지도

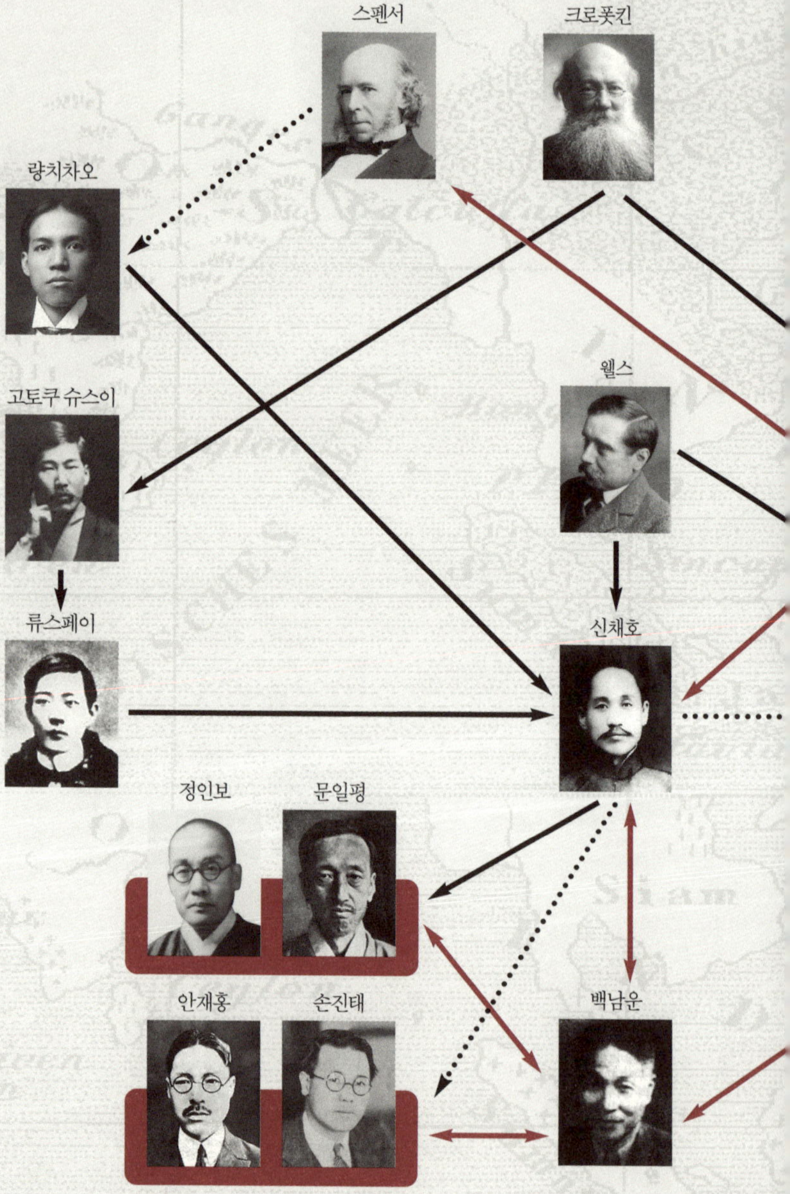

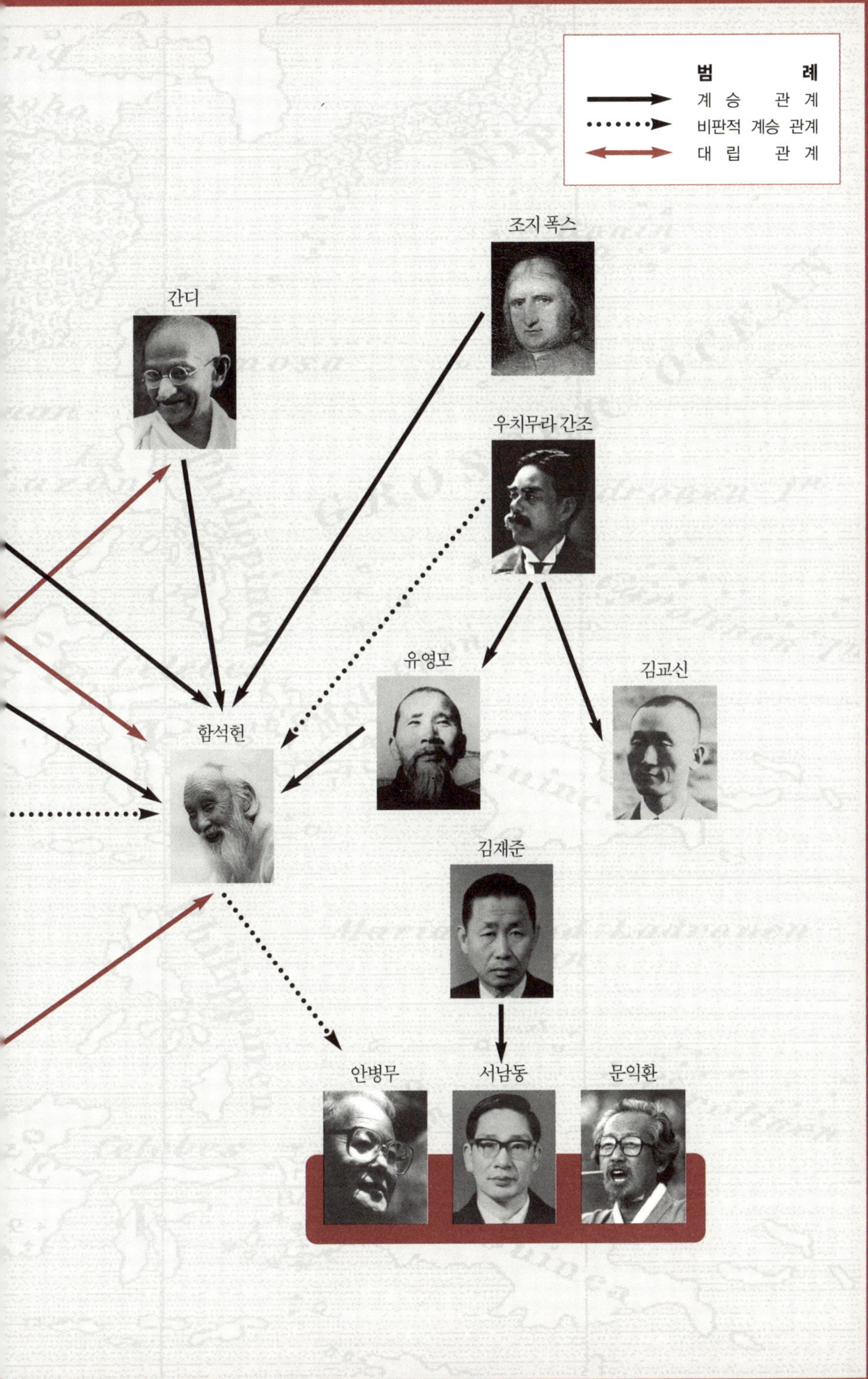
범 례
계 승 관 계
비판적 계승 관계
대 립 관 계
조지 폭스
간디
우치무라 간조
유영모
김교신
함석헌
김재준
안병무
서남동
문익환

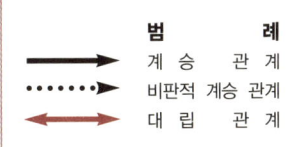

EPILOGUE 2

지식인 연보

• 신채호

1880	충남 대덕군 산내면에서 신광식과 밀양 박씨 사이에서 차남으로 출생
1887	부친 사망, 충북 청원군으로 이사하여 조부에게 한학 수학.
1895	풍양 조씨와 혼인.
1898	신기선의 추천으로 성균관에 입교, 독립 협회 활동으로 옥고.
1901	신규식과 문동학원을 세우고 계몽 운동 전개.
1904	성균관에서 조소앙 등과 함께 성토문 작성.
1905	성균관 박사가 됨. 장지연의 권고로 상경하여 황성신문사 입사
1906	《황성신문》이 폐간돼 《대한매일신보》 주필로 1910년까지 항일 애국적인 언론 활동.
1907	비밀 결사인 신민회 참여.
1908	《을지문덕전》, 《이순신전》 집필, 《대한매일신보》에 〈독사신론〉 연재.
1909	아들 관일 사망, 아내와 이혼.
1910	신민회 방침에 따라 망명. 블라디보스토크에서 만든 교민 단체 권업회의 《권업신문》 주필이 되어 1913년까지 활동.
1912	대종교 계열 민족주의자들과 합작하여 블라디보스토크에 세운 광복회 참여.
1914	광복회 지부에서 세운 회인현의 동창학교에서 국사 교육 및 교재로 《조선사》 집필. 백두산, 만주를 돌며 고구려, 발해의 유적 답사.

1915	북경으로 옮겨 역사 연구를 하며 《중화보》, 《북경일보》 등에 기고.
1916	한글 소설 《꿈하늘》 집필.
1917	〈대동단결선언〉 내용을 기초하고 참여.
1919	〈대한독립선언서〉에 서명, 상해 대한민국 임시 정부 수립에 참여. 임시 의정원 위원장. 《신대한》 창간하여 주필로 활동.
1920	근거지를 북경으로 옮기고 제2보합단, 군사통일촉성회 결성. 박자혜와 재혼.
1921	《천고》 창간. '군사통일주비회'를 결성하고 주간지 《대동》 발간. 이승만 '성토문' 작성.
1923	의열단 선언문 《조선혁명선언》 작성. 국민대표회의에서 창조파 입장에서 활동.
1924	다물단의 선언문 집필, 《조선상고사》 총론 서술. 《동아일보》 및 《시대일보》에 기고.
1927	신간회 발기인으로 참여, 무정부주의동방연맹에 이필현과 조선 측 대표로 가입.
1928	〈선언문〉, 《용과 용의 대격전》 집필. 무정부주의동방연맹의 활동 자금 마련을 위한 외국위체 위조 사건으로 대만에서 체포되어 대련감옥으로 호송.
1930	10년 형을 선고받아 여순형무소로 이감. 홍명희의 도움으로 1924~1925년에 《동아일보》에 발표한 한국사 관련 기고를 모아 《조선사연구초》 간행.
1931	〈조선사〉(1931. 6~1931. 10), 〈조선상고문화사〉(1931. 10~1931. 12, 1932. 5)를 안재홍의 도움으로 《조선일보》에 연재.
1936	여순형무소에서 57세의 일기로 사망.

• 함석헌

1901	평안북도 용천군 부라면 원성동에서 함형택과 김형도 사이에 5남매 중 장남으로 출생.
1906	숙부 함일형이 세운 서당 삼천재에 다니다가 이해 신식 학교인 덕일학교로 바꾸어 계속 수학.
1916	양시공립보통학교 졸업 후 관립 평양고등보통학교 입학.
1917	황득순과 중매로 혼인.
1919	3·1운동 참여. 복교를 거부하다 퇴학 후 2년간 수리조합 사무원, 소학교 교사로 활동.
1921	평북 정주 오산학교에 편입.
1923	오산학교 졸업 후 일본 유학. 검정고시 준비 중 관동 대지진을 경험.
1924	동경고등사범학교 문과 1부 입학. 김교신의 소개로 우치무라 간조의 성경연구회에 출석.
1927	김교신, 유석동, 송두용, 정상훈, 양인성 등과 동경에서 《성서조선》 창간.
1928	동경고등사범학교 졸업 후 오산학교 역사 교사로 부임.
1933	《성서조선》 독자 대상 제1회 동계성서강습회 이후 〈성서적 입장에서 본 조선역사〉, 〈성서적 입장에서 본 세계역사〉 등을 발표하고 이를 《성서조선》에 게재.
1938	창씨개명과 일본어 수업을 거부하며 오산학교 교사 사임.
1940	두 자녀 병으로 사망. 평양 송산리 농사학원 인수. '계우회 사건'에 연루되어 평양 대동경찰서에 투옥. 부친 사망.
1942	장남 함국용 결혼. '성서조선지 사건'으로 서대문형무소 투옥. 옥중에서 불경 독서.
1945	용천군 자치위원회 위원장, 평안북도 문교부장으로 추대. '신의주 학생 사건' 주범으로 몰려 신의주경찰서에 갇혀 있다가 이듬해 1월 석방.

1946	오산학교 학생들의 반정부 유인물 사건으로 다시 투옥 후 이듬해 1월 석방.
1947	월남 후 유영모와 재회.
1950	《성서적 입장에서 본 조선역사》 간행.
1956	《사상계》 창간호에 〈한국기독교는 무엇을 하고 있는가〉 기고.
1957	간디의 톨스토이 농장을 모델로 삼아 '씨울농장' 경영 시작.
1958	《사상계》에 실은 〈생각하는 백성이라야 산다〉가 국가 보안법 위반 혐의를 받아 서대문형무소에 20일간 투옥.
1961	퀘이커 모임에 참여. 5·16쿠데타를 비판하는 〈5·16을 어떻게 볼까〉를 발표.
1962	미국 국무성 초청으로 해외여행 및 이듬해 영국 외무성 초청으로 해외여행 중 미국과 영국의 퀘이커교도와 교류. 독일에서 민정 이양 소식을 듣고 귀국.
1964	한일 협정에 반대하는 대일굴욕외교반대 범국민투쟁위원회를 장준하 등과 결성.
1970	《씨울의 소리》 창간.
1971	젠센 기념관에서 노자 강의를 시작해 1988년 5월까지 지속.
1973	천안 구화고등공민학교 인수해 이사장 취임. '개헌청원 백만인 서명운동' 참여.
1974	민주회복국민회의 공동 대표 역임.
1976	명동성당에서 개최된 '3·1민주구국선언 사건'으로 불구속 입건되어 이듬해 징역 5년, 자격 정지 5년 선고.
1978	부인 황득순 파킨슨병으로 사망.
1979	세계퀘이커회에 의해 한국인 최초로 노벨 평화상 후보로 추천. 통일주체국민회의 대통령 선출 저지 국민대회로 불구속 입건되어 징역 1년 선고.

1980	《씨올의 소리》 10주년 강연회 중 '광주사태(광주민주화운동)'로 가택연금. 《씨올의 소리》 폐간.
1983	'광주학살 진상 규명' 등을 요구하는 '긴급민주선언'을 문익환 등과 발표.
1987	'민주헌법쟁취국민운동본부'의 공동 고문으로 활동. 담도암 수술 받음.
1988	제24회 서울올림픽 평화대회 추진위원장을 맡음. 《씨올의 소리》 복간.
1989	88세를 일기로 사망.

EPILOGUE 3

키워드 찾기

- **사회 진화론**社會進化論, social Darwinism 다윈의 생물 진화론을 사회에 적용하여 진화를 사회의 생성과 발전 원리로 본 사회 이론으로 19세기 말에서 20세기 초에 성행했다. 《종의 기원》(1859) 간행 전부터 '적자생존適者生存, survival of the fittest'이라는 개념을 사용하기 시작한 영국의 철학자이자 사회학자인 스펜서는 사회도 생물 유기체처럼 단순한 데서 복잡한 것으로 진화하며 그 과정에서 기능이 분화되고, 분화된 기능이 통합된다고 보았다. 이 이론은 부의 축적을 정당한 생존 경쟁의 결과로 당연시하여 국가 개입에 의한 사회 개혁에 부정적이며, 앵글로·색슨족이나 아리안족의 우월성을 지지하는 데 이용되어 제국주의적 침략 경쟁을 정당화했다. 일본, 중국, 한국에서는 역설적이게도 제국주의 침략에 대한 대응 논리로 수용되기도 했다.

- **국가주의**國家主義, statism 국가가 사회 전반을 통제해야 한다는 사상으로 아나키즘의 지향과 상반된다. 국가주의는 정부의 간섭 정도에 따라 침략과 절도, 계약 위반 등에서 국민을 보호하는 정도에 그치게 하는 최소국가론 minarchism 또는 야경국가night-watchman state에서 사회생활 전반에 대한 통제권을 지지하는 전체주의totalitarianism까지 다양한 형태가 있다. 사회주의 실현을 위해 '민주 집중제'나 '전위유일당'을 인정하는 국가사회주의, 국영 기업이나 경제 계획을 인정하는 국가 자본주의도 한 부류다.

- **세계주의**世界主義, cosmopolitanism 민족주의nationalism에 반하여 전 세계 모든 사람을 자기 동포로 여기는 사상으로, 다른 말로 세계시민주의, 사해동포주의라고도 한다. 고대 그리스의 디오게네스Diogenēs, ?BC 400~BC 323가 주창한 것으로 폴리스의 쇠퇴에 따른 폴리스 중심주의의 폐지와 알렉산더 대왕의 세계 제국 구상이 그 정치적 배경이 되었다. 중세에는 스토아학파가 인간이

이성이 있다는 점에서 평등하다는 사상을 주창했으며, 근대에는 칸트가 보편적 인류 공동체를 주창했고, 19세기 말 폴란드 안과 의사 자멘호프Ludwik Zamenhof, 1859~1917는 세계 공용어 에스페란토를 만들기도 했다. 세계 정부를 주창한 허버트 웰스의 저작은 함석헌에게 큰 영향을 미쳤으며 신채호는 옥중에서 웰스의 책과 에스페란토 문전의 차입을 요청했다. 세계주의는 국가나 정부의 존재를 긍정하며 이들의 우호 관계 강화를 지지한다는 점에서 아나키즘의 지향과는 다르다.

- **민족주의**民族主義, nationalism 자기 민족을 정치, 경제, 문화 등의 주체로 보아 통일, 독립과 발전을 지향하는 근대적인 사상으로 미국 독립 혁명과 프랑스 혁명을 통해 확산되기 시작했다. 왕조, 도시 국가, 종교 등에 고착되어 있던 정치 단위가 18세기 이후로 민족성에 따라 규정되기 시작했고, 1민족 1국가가 원리로 주창되기까지 이르렀다. 정치적으로는 절대 군주가 등장해 지방 분권을 대신한 중앙 집권적 국가를 탄생시키고 그 절대 군주마저도 국민 주권론에 밀려나면서 국가는 국민의 것이라는 생각이 확산되었다. 또한 교육과 생활, 문화 전반에 대한 종교의 구속력이 약화된 대신 민족 전통이 정신적으로 중시되기 시작했고, 경제적으로도 중앙 집권화가 가속화되었다. 다민족 국가에서는 국가주의가 민족주의와 대립하기도 하며, 지배 민족의 민족주의가 피지배 민족의 민족주의와 대립하기도 한다.

- **민중**民衆 역사적, 사회적으로 국가와 사회의 피지배층을 구성하는 다수 일반 대중을 가리킨다. 신채호는 민중을 민족적, 계급적으로 약자의 위치에 있는 식민지 다수 대중으로서 민족적 해방과 계급적 평등에 대한 이해를 갖고 적극적 행동에 나설 잠재력이 있는 존재로 보았고, 이들이 혁명에 나설 수 있도록 '선각한 민중'으로서 지식인의 역할을 긍정했다. 1970년대 이후 민주화 운동이 본격화되고 그 중심으로 민중이 주목되면서, 민중은 생산 수단의 소유로 구분되는 계급과는 다르며, 정치적으로 수동적 대상에 머무르기 쉬운 대중 개념이나 부르주아적 계급성을 가진 시민 개념과도 다른 것으로 규정되어왔다. 1980년대 이후에는 계급 개념을 수용해 민중을 계급 연합으로 이해하여 노동자, 농민, 도시 빈민을 기층 민중으로 보는 시각도 생겨났다.

- **국수**國粹 한 나라에 전해져오는 풍속, 습관, 법률, 제도 등의 정신으로서 그

나라의 역사, 문화, 민족성의 장점을 뜻한다. 1909년 전후에는 나라를 지키기 위해 국민이 '국가 정신'으로 무장하는 것이 가장 중요하며 이를 위해서는 '국수'를 보전하는 것이 중요하다는 주장이 확산되었다. 특히 1909년에는 국수의 대표적인 상징으로 '단군'에 대한 관심과 숭배열이 고조되어 대종교가 창건되기도 했으며, 신채호는 국사 연구를 통해 국수와 나라의 회복을 지향했다. 국수에 대한 강조가 국수주의로 발전한 경우, 배외주의·쇼비니즘chauvinism으로 불리며 타 민족에 대한 적극적인 적대와 대외적 팽창을 추구하는 이데올로기로 언급된다. 일본 메이지 시대의 국수주의, 이탈리아의 파시즘, 독일의 나치즘이 전형적인 예다.

- **아나키즘**anarchism 모든 정치 조직과 권력을 부정하는 사상 또는 운동으로, 지도자가 없다는 뜻의 고대 그리스어 아나르코스$_{\alpha\nu\alpha\rho\chi o\varsigma}$에서 비롯되었다. 메이지 시대 일본에서 이를 부정적으로 보고 무정부주의로 번역해서 중국과 한국에서도 자주 무정부주의로 불렸으나, 아나키스트는 아나키즘이나 자유연합주의, 반강권주의 등의 용어를 선호한다. 역사적으로는 고대 철학과 사상에서 다양한 연원이 있으나 근대에 들어와 자본주의에 대한 반발로서 평등을 주장하는 공산주의와 함께 본격적으로 전개되었다. 그러나 자유와 공동체 자치를 중시한다는 점에서 프롤레타리아 독재와 계획 경제를 기반으로 하는 공산주의에도 반대했다. 권력적 조직을 부정하므로 큰 세력을 이루지는 못했지만 파리 코뮌, 스페인 내전, 프랑스 학생 혁명, 그리고 최근의 신자유주의 반대 운동 등에서 꾸준히 생명력을 이어오고 있다. 크게 사회주의적 아나키즘, 개인주의적 아나키즘, 그리고 최근에 등장한 환경주의적 아나키즘 등 다양한 조류가 있다.

- **씨올** 함석헌이 한국 전쟁 이후 스승 유영모의 《대학》 강의에서 '민'을 '씨올'로 해석하고 민을 어버이처럼 섬겨야 할 존재로 본 것에 착안해 '민중'을 대체할 용어로 채용했다. 1950년대 후반부터 쓰기 시작, 1970년 《씨올의 소리》를 내면서 이 용어가 확산되었다. 함석헌은 '국민'은 국가주의나 제국주의가 억압하기 위해 붙인 이름이며, '인민'도 공산주의에서 일당 독재를 하기 위해 썼고, '민'이나 '민중' 역시 기성 체제에서 오용되고 있다고 보았다. 함석헌의 '씨올'은 반국가주의라는 점에서 계급적인 함의를 지닌 '민중'과 유사하나 종교적이고 평화주의적인 점에서 다른 개념이다. 사회적으로 씨올은 소유나 권력, 지위가 없는 '맨사람'으로 표현되며, 그런 점에서 역사를

이끄는 주체로서 하나님께 쓰임받는 존재인 동시에, 모든 인간의 내면에 공통으로 존재하는 본질이라고 보았다.

- **무교회주의**無敎會主義 20세기 초 우치무라 간조가 제창한 일본의 기독교 신앙 운동으로 '교회'보다도 그리스도의 십자가를 중시하여 제도로서의 교회주의에서 벗어나야 한다고 주장했다. 의례나 설교가 중심이 된 전통 예배와 달리 성서 연구 및 강의가 예배나 집회의 중심이었다. 제자 중 대학생이 많았고 별도의 성직자 양성 기관이 없어 주로 교육계나 학계에 많이 진출했다. 유럽의 재세례파, 영국의 퀘이커주의와 매우 유사한 점이 있는데, 우치무라도 퀘이커들과 교분이 깊었고 제자 중 퀘이커 입교자도 많았다. 한국인 제자로는 1920년대에 우치무라의 성서 강연에 참여한 김교신, 함석헌, 송두용, 정상훈, 유석동, 양인성 등이 있다. 바로 이들이 주축이 되어 동인지 《성서조선》을 발간했다. 성서와 조선을 나눌 수 없는 관계로 보며 '조선적 기독교'를 지향한 이들의 활동은 총독부의 감시 대상이 되었으며, 1942년 '성서조선지 사건'으로 김교신 등이 체포되기도 했다.

- **아**我**와 비아**非我**의 투쟁** 신채호는 역사를 "시간적 계속과 공간적 발전으로 되어오는 사회의 활동상태의 기록"이라는 보편적인 정의를 내렸고, 그 '사회의 활동상태'를 '아와 비아의 투쟁'으로 정의했다. 역사 속에서 주관적 위치에 서면 '아'이고 그에 대한 객관적 위치에 서면 '비아'이며, 양자의 접촉이 심할수록 분투가 더 맹렬해져 인류 사회의 활동이 쉴 새 없이 지속된다고 보았다. 어떤 '아'든 '역사적인 아'가 되려면 시간에서 생명이 끊이지 않는 '상속성'과 공간에서 영향을 파급하는 '보편성'이 있어야 한다고 보았다. 한국사 서술에서는 조선 민족을 '아'로 설정하여 '아'의 생장 발달과 '비아'인 주변 각 족과의 관계를 중심에 두고 민족적 의식이 언제 가장 왕성하거나 쇠퇴했는지 고찰하는 방식으로 적용했다.

- **섭리**攝理, providence 하나님이 자신이 창조한 세계를 보존하며 세계에서 일어나는 모든 일에 역사하시고 만물을 하나님이 정하신 창조 목적에 인도하는 하나님의 지속적인 행동을 말하는 기독교 용어다. 이는 피조물을 그대로 내버려두지 않고 계속 돌보신다는 '보존' 개념과 피조물, 특히 인간을 도구로 여기지 않고 인간의 자율을 존중하며 역사하신다는 '협력' 개념, 하나님의 목적을 이루기 위해 목적론적으로 다스리신다는 '통치' 개념으로 구성된다.

• **고난 사관**苦難史觀 역사의 기조를 '고난'으로 보고 예수의 고난이 인류의 죄를 대속하여 살길을 열었듯이 한국인의 고난도 인류 전체의 죄를 대신져 살길을 열었다고 보는 함석헌의 사관이다. 그는 신이 각 민족에게 준 사명이 민족의 성품과 지리에 결정되어 있다고 보았다. 이러한 견해는 우치무라 간조의 영향을 받은 결과로, 우치무라는 일본의 사명이 동서양 양 문명의 종합에 있다고 보았다. 우치무라의 제자인 후지이 다케시는 사명을 감당하려면 신이 부여한 '진통'을 감당해야 한다는 자성적인 통찰을 보였는데, 함석헌은 여기에서 영감을 얻어 조선 역사의 부정적인 면을 신이 조선에 부여한 사명을 감당하도록 조선 민족을 각성시키는 '고난'으로 보게 되었다. 또한 함석헌은 간디의 사상에도 영향을 받아 고난을 생명의 원리로 보고, 모든 나라가 고난을 통해 정화된다고 생각했다.

EPILOGUE 4

깊이 읽기

- 단재신채호기념사업회 편, 《단재신채호전집》 – 독립기념관 한국독립운동사연구소, 2008

1972년에 을유문화사에서 처음 나왔고 1977년에 형설출판사에서 개정판을 냈다가 2008년에 학계의 신채호 관련 전문 연구자들이 최근까지 신채호의 저작으로 밝혀진 글을 모아 새롭게 편찬했다. 신채호 관련 연구 동향과 자료 이용 양상을 확인할 수 있으며, 원문도 함께 수록되었다. 제1~3권은 역사, 제4권은 전기, 제5권 신문·잡지, 제6권은 논설·사론, 제7권은 문학, 제8권은 독립 운동 관련 기록, 제9권은 단재론, 제10권은 총목차로 구성되었다.

- 량치차오, 신채호 옮김(류준범, 장문석 현대어 옮김), 《이태리 건국 삼걸전》
  – 지식의 풍경, 2001

량치차오가 쓰고 신채호가 구한말 번역한 것을 한국사 및 서양사 전공자가 협력하여 읽기 쉽게 현대어로 재번역하고 해제를 달았다.

- 신일철, 《신채호의 역사사상 연구》 – 고려대학교 출판부, 1983

신채호가 량치차오를 통해 서구의 사회 진화론과 근대 역사학 이론을 수용하여 독특한 역사 사상을 체계화하는 과정을 밝혀낸 선구적인 연구서다.

- 이만열, 《단재 신채호의 역사학 연구》 – 문학과지성사, 1990

신채호의 역사 연구 방법론의 특징과 그의 역사 주체 인식이 영웅에서 국민, 국민에서 민중으로 발전돼가는 양상과 원인을 규명했다. 〈독사신론〉과 《조선상고문화사》, 《조선상고사》의 고대사 서술 내용과 체계를 심층적으로 분석했다.

• 신용하, 《신채호의 사회사상연구》 – 한길사, 1984

신채호의 사회사상이 애국 계몽사상에서 시민적 근대 민족주의로, 나아가 혁명적 민족주의로 변화 발전해갔고 무정부주의는 민족주의 실현의 방도로서 포용했다고 보고 있다. 특히 한국 근대 민족주의 사학의 성립의 계기를 〈독사신론〉에서 보았다. 2004년에 나남에서 증보판이 나왔다.

• 김주현, 《신채호 문학연구초》 – 소명, 2012

꼼꼼한 고증을 통해 200여 편의 신채호의 글을 새로 발굴하여 신채호 연구의 기반을 넓힌 기초 연구서다. 《황성신문》, 《중화보》, 《권업신문》 등에서 새로운 글들을 신채호의 저작으로 확정했다.

• 하승우, 《아나키즘》 – 책세상, 2008

아나키즘의 기원과 각국 아나키스트의 저작을 통해 본 아나키즘의 특징과 기원, 현대 아나키스트의 다양한 지향과 활동상 등을 살필 수 있는 입문서다.

• 《함석헌전집》 – 한길사, 1988

20권으로 된 전집으로 함석헌 사상의 폭과 깊이를 가늠해볼 수 있다. 노명식이 그 가운데 일부를 골라 해설과 함께 펴낸 선집인 《함석헌 다시 읽기》(인간과자연사, 2002)는 함석헌 입문서로 매우 유익하다.

• 김성수, 《함석헌 평전–신의 도시와 세속 도시 사이에서》(개정판) – 삼인, 2011

2001년 퀘이커교도인 김성수의 박사 학위 논문을 단행본으로 펴낸 책이다. 퀘이커교도인 함석헌의 삶의 궤적, 사상과 신앙의 변화를 뚜렷하게 그려냈다. 2011년 개정판을 통해 내용을 보강했다.

• 이치석, 《씨알 함석헌 평전》 – 시대의창, 2005

함석헌의 삶과 사상을 치밀하게 추적한 평전이면서도 저자의 전공을 살려 세계 교육사의 관점에서 함석헌의 교육 사상과 실천적 의미를 풍성하게 조명했다.

• 김삼웅, 《저항인 함석헌 평전》 - 현암사, 2013
함석헌의 삶의 기조를 '저항인'으로 평가하여 저항 정신과 행동을 중심으로 함석헌의 생애를 그려낸 평전이다. 특히 해방 이후 1970~1980년대 군부 독재에 대한 저항의 시기를 상세히 서술했다.

• 함석헌기념사업회 편, 《민족의 큰 사상가 함석헌 선생》 - 한길사, 2001
'함석헌 선생 탄신 100주년 기념'으로 발간된 논문집으로, 각 분야에 걸친 함석헌 연구자들의 연구를 망라했다.

• 함석헌기념사업회 편, 《함석헌 사상을 찾아서》 - 삼인, 2001
역시 '함석헌 선생 탄신 100주년 기념'으로 발간된 논문집으로 각 분야에 걸친 함석헌 연구자들의 연구 성과를 망라했다. 우치무라 간조, 후지이 다케시의 영향을 살핀 지명관의 글, 토인비 Arnold Joseph Toynbee, 1889~1975와 비교한 노명식의 글을 볼 수 있다.

• 씨알사상연구회 편, 《씨알 생명 평화-함석헌의 철학과 사상》 - 한길사, 2007
씨알사상연구회에서 함석헌의 생명 사상과 역사 철학 등을 포괄적으로 다룬 논문집이다.

• 함석헌학회 편, 《생각과 실천―함석헌사상의 인문학적 조명》 - 한길사, 2011
2010년 창립된 함석헌학회에서 발표된 연구 논문을 모은 책으로, 후속편 《생각과 실천 2 : 함석헌의 비교사상적 조명》(한길사, 2012)도 출간되었다. 후속편에 함석헌과 신채호를 비교한 이만열의 논문이 실렸다.

• 양현혜, 《근대 한·일 관계사 속의 기독교》 - 이화여자대학교출판부, 2009
한국과 일본의 기독교계가 근대 한·일 관계 속에서 어떤 논리 구조를 갖고 대응해갔는지 연구한 저서로 김교신과 함석헌과 같은 무교회주의자의 사상을 특화해 다루었다.

- 스즈키 노리히사, 김진만 옮김, 《무교회주의자 우치무라 간조》 - 소화, 1995

작은 문고본 형태이지만 우치무라 간조의 전기를 매우 잘 정리한 책이다. 우치무라 간조의 전집도 번역 출간되어 이용할 수 있다(우치무라 간조, 김유곤 옮김, 《內村鑑三 全集》, 크리스챤서적, 2000~2001).

EPILOGUE 5

찾아보기

ㄱ

《가명잡지》 p.34, 90
간디, 마하트마 Gandhi, Mahatma, p.17, 57, 65, 70~71, 75, 170, 220, 243, 247, 253
강감찬 p.49, 115, 163, 166
강만길 p.77, 231~232
개명국 p.81
개조파와 창조파 p.42
개헌청원 백만인 서명운동 p.74, 247
개화사상 p.27
검계 p.105, 152
게오르규, 콘스탄틴 버질 Gheorghiu, Constantin Virgil p.15
견훤 p.166
경성의학전문학교 p.66
《경쟁론》 p.80
계급 투쟁 p.62, 233
계급 투쟁론 p.19, 136, 138
계급 해방 운동 p.235
계급신 p.203
계급의 대립 p.117
계급주의 p.88, 105
계몽 운동가 p.32, 80
계백 p.118
계획 경제 p.251
계훈제 p.73
《고고편》 p.78

고구려 p.37, 105, 119, 122, 143~144, 146, 148, 163, 192, 194, 206, 213, 243
《고구려사》 p.37
고난 사관 p.21, 115, 169, 178, 218, 253
《고난의 의미》 p.169, 204
고등 교육 p.19
고등 비평 p.180
고려 시대 p.103, 105, 120, 144~145, 191~192
《고려의 다하지 못한 책임》 p.192
《고사선악》 p.159
고종 p.47, 78, 86, 93
고토쿠 슈스이(幸德秋水) p.41, 242
공동체 p.71, 89, 249~250
공산당 p.42, 123
공자 p.7, 43, 99, 129, 160, 217, 223
과정 사상 p.203
과정 사상가 p.201
과정신학 p.202
과학주의 p.59, 184, 199, 200, 203, 206
관념론적 사관 p.205
관동 대지진 p.63, 108~109, 114, 173, 176, 246
광주 학살 진상 규명 p.75
광주민주화운동 p.74, 247
《교행신증》 p.69
교회 p.14~15, 54~55, 58, 63~65, 68, 179

《구약과 신약》 p.171
구이 p.150
구화고등공민학교 p.74, 247
국가 p.5, 14~15, 18, 20, 22, 31, 33, 61, 71, 73, 76, 78, 80, 82~83, 85~86, 88~95, 97, 100, 102, 105, 108~110, 112~113, 116, 122~123, 126, 128, 132, 135, 137~138, 141, 143~146, 148, 150~151, 171, 174~175, 177~178, 186, 190~191, 202, 206, 213, 218~220, 223~224, 235
국가사회주의 p.249
국가 경쟁 p.78, 88
국가 권력 p.18, 97, 98, 110, 132, 206
국가 보안법 p.71, 247
국가사상 p.126
국가주권 p.86, 92, 105, 106
국가주의 p.18, 61, 68, 71, 78, 106, 110, 112~113, 116, 123, 126~130, 132, 136~137
국권 p.18, 33, 35, 47, 56, 80~81, 86, 88, 91~94, 97, 101, 115~116
국민 p.5~6, 18~19, 33~35, 61, 76, 78~79, 80, 83~97, 100, 106, 113~116, 125, 130, 140, 146, 171, 178, 185, 224, 226, 249~251, 254
국민 국가 p.61, 106
국민 주권 p.93, 250
국민대표회의 p.39~42
국민정신 p.90
국수론 p.98~99
국수주의 p.16, 112, 150, 222, 251
국제 공산당 p.42
국제 질서 p.17, 78
국제법 p.78
《국조보감》 p.45
국채 보상 운동 p.34
군권 p.104
군사통일촉성회 p.39, 245
군신강상론 p.152
군주 주권론 p.92~93

《군학이언》 p.80
《굴원열전》 p.68
궁민 p.120
〈권력도 문화도 분산되어야〉 p.130
《권업신문》 p.36, 244
귀족 시대 p.144~145
그리스 철학 p.117
극락세계 p.203
근대 p.8, 14~20, 22, 27, 29~30, 91, 99, 136, 138, 146, 161~162, 165, 167, 178, 211, 233~234, 238~239, 250~251, 253
근대 국가 p.18, 83, 91
근대성 p.15
근대인간 p.127
근대화 p.16, 20~21, 79, 112
근본정신 p.184
《금강경》 p.69
기독교 신앙 p.17, 55, 203, 252
기독교 역사관 p.188
기독교 학교 p.51
〈기독교와 애국심〉 p.114
기번, 에드워드 Gibbon, Edward p.37
기요, 아널드 H. Guyot, Arnold H. p.170
기자 조선설 p.142
《기탄잘리》 p.59, 65, 179
《기호흥학회월보》 p.34
〈기회는 불가대좌〉 p.83
김교신 p.58, 63, 66~68, 217, 243, 246, 252, 256
김교헌 p.148
김구 p.70
김대중 p.74
김동길 p.73~74
김부식 p.37, 140~141, 157
김석문 p.152
김성식 p.73
김연성 p.29~30
김원봉 p.40

김유신 p.118, 166
《꿈하늘》 p.23, 26~27, 38, 119, 146~149, 221, 225

ㄴ

《나라꼴이 이래서야》 p.168, 199
낙랑국 p.150, 216
낙랑군 p.150, 211, 213~214, 216
남궁훈 p.33
낭가 사상 p.216
《낭객의 신년 만필》 p.43, 99, 105, 160, 217
《내가 맞은 8·15》 p.124
내정 독립론 p.41
노벨 평화상 p.74, 247
노장사상 p.17, 222~223
《논충신》 p.92

ㄷ

다비, 에이브러햄 Darby, Abraham p.72
다신론 p.187
다원주의 p.204
다윈, 찰스 Darwin, Charles p.79~80, 181~182, 219, 250
《단기고사》 p.147
《단재전》 p.31
《대동고대사론》 p.148
《대동단결선언》 p.38, 94, 245
《대동》 p.39, 245
대동청년단 p.94
대동학회 p.29
《대선언》 p.70, 133
대속 p.64, 200~201
대속 신앙 p.65, 69~70
《대아와 소아》 p.89, 100
대일굴욕외교반대 범국민투쟁위원회 p.73, 247
대종교 p.36~37, 146~148, 216, 244, 251
대중 운동 p.96, 234
《대학》 p.70, 130, 251

대한 제국 p.48, 51, 93
《대한독립선언서》 p.245
《대한매일신보》 p.34, 84, 139, 216, 244
대한민국 임시 정부 p.94, 245
《대한자강회월보》 p.80
대한청년단연합회 p.52
《대한협회월보》 p.34
덕일학교 p.48, 51
도덕 생활 p.188
도덕률 p.129, 188
도덕주의 p.159, 205
독립 국가 p.14~15, 22, 178, 220
독립 운동 p.108, 115, 211, 237
독립 협회 p.32, 91, 244
독립군 p.35~36, 39, 42
《독립신문》 p.38, 80
독립운동 p.16, 27, 36~42, 50, 56
독립전쟁준비론 p.41
《독사》 p.165
《독사료성패》 p.159
《독사신론》 p.33, 90~91, 100, 102, 139, 141, 145, 147, 149, 212, 244, 254~255
돌연변이설 p.182
돌턴, 존 Dalton, John p.72
《동국고대선교고》 p.146
《동국지리설》 p.157
《동국통감》 p.139
《동명성왕실기》 p.148
동북공정 p.211~212
《동사강목》 p.35, 156, 158
동아시아 p.17, 20, 79, 80, 83, 97, 149, 178
《동아일보》 p.43~44, 99, 168, 217, 245
드샤르댕, 테야르 de Chardin, Pierre Teilhard p.71, 201~202
디오게네스 Diogenēs p.249
《땅과 인간》 p.170
《뜻으로 본 한국역사》 p.17, 132~134, 198~199, 203, 222

ㄹ

량치차오 p.34, 43, 80~81, 92, 97, 156, 161~163, 242, 254
러시아 혁명 p.96
러일 전쟁 p.47, 48, 113
레닌 p.217
로댕, 오귀스트 Rodin, Auguste p.196
《로마제국 쇠망사》 p.37
롤랑, 로맹 Rolland, Romain p.59
루소, 장자크 Rousseau, Jean-Jacques p.152
리스청(李石曾) p.40, 43
린빙원(林炳文) p.44
리터, 카를 Ritter, Carl p.170

ㅁ

마르크스 p.43
마르크스주의 p.217, 235, 238
마치니, 주세페 Mazzini, Giuseppe p.92~93, 97
만국사기 p.145
만민 공동회 p.32, 48
만세 운동 p.38, 53~54
민주화 운동 p.17, 75, 77, 231, 250
망명 생활 p.96
맨사람 p.131, 136, 251
맨씨올 p.136
메이지 유신 p.112
명동성당 p.74, 247
《명심보감》 p.48
모북사상 p.194
《몽배금태조》 p.148, 221
묘청의 난 p.168, 193, 194
〈무교회신앙과 조선〉 p.122
무교회 신앙 p.65~66, 68~69, 168, 199
무교회주의 p.19, 57~58, 64~65, 68, 167, 169, 176, 252
《무량수경》 p.69
무산 계급 p.62, 100
무산민중 p.96, 129, 224

무술변법 운동 p.161
무장 투쟁론자 p.38
무정부주의 p.18, 41, 44, 97~98, 129, 166, 178, 238, 251, 255
무정부주의자동방연맹 p.44, 219, 238, 245
문익환 p.74~75, 243
문존무비 p.193
문창범 p.42
문학 p.5, 34, 180, 254
민권 p.94
민권 신장 운동 p.32
민정 p.73, 127, 247
민족 p.5~6, 15, 18~19, 20, 31, 34, 41, 49, 54, 60~62, 64, 76~78, 81~83, 85~92, 95, 98~100, 102, 106~109, 113~114, 117, 120, 123, 127, 134~139, 141~143, 145~155, 157, 163, 168~169, 171, 173, 175, 177~178, 186~187, 189~191, 196, 198~199, 200, 204, 206~207, 215~219, 222~224, 236, 238, 250~251, 253
〈민족 개조론〉 p.118, 168
민족 교육 p.47, 49
민족 해방 운동 p.96, 235
민족국가 p.89, 100
민족성 p.35, 146, 250~251
민족의식 p.33, 94, 115
민족정신 p.90~91, 143, 215~216, 221
민족주의 p.5~6, 19, 40~41, 50~52, 55, 57, 59, 60, 62, 77, 81, 91, 98, 100, 117, 138~139, 141, 145~146, 156, 164, 166, 168, 177, 182, 198, 219, 232, 236, 249~250, 255
민족주의 사학 p.232, 255
민족해방파 NL p.76
민종식 p.30
민주헌법쟁취국민운동본부 p.75, 248
민주화 운동 p.17, 75, 77, 231, 250
민주회복국민회의 p.74, 247
민주회복선언대회 p.74
민중 p.5~6, 15, 18~19, 38, 40, 59, 61, 70, 73,

76~77, 78, 84, 91, 95~96, 100, 104, 106~110, 114, 116, 120~127, 129~132, 135~137, 155~156, 165, 219~226, 230~239, 250~251
민중 교육 p.234
민중 사관 p.231~232
민중 사학 p.230~231, 234~235, 237~239
민중 운동사 p.234, 236
민중민주파 PD p.76
민중주의 p.5, 77, 97
민중 직접 혁명 p.41
밀우 p.118

ㅂ

《바가바드기타》 p.70
바쿠닌, 미하일 A. Bakunin, Mikhail A. p.43, 219
박용만 p.38~39, 42, 94
박용태 p.44
박은식 p.33, 39, 42, 80, 82, 94, 148, 221
박정희 p.73~74, 127
박제상 p.118
《반야경》 p.69
《발해태조건국지》 p.148
방사선설 p.182
배일 운동 p.172
배외주의 p.113, 251
배타적 민족주의 p.117
《백세 노승의 미인담》 p.103
백영엽 p.69
범신론 p.180, 187
법정 p.73
베르그송, 헨리루이스 Bergson, Henri-Louis p.59
변법자강 운동 p.80
변영만 p.29~30, 34~35
병자호란 p.194
보나파르트, 나폴레옹 Bonaparte, Napoleon p.60, 85~86
《보임안서》 p.68

북경대학교 p.40, 43
《북경일보》 p.37, 245
북벌 사상 p.153, 193, 206
불교 p.17, 61, 69, 90, 103, 148, 155, 163, 167, 204, 217~218
브루노, 조르다노 Bruno, Giordano p.151
블라디보스토크 p.36, 42, 244
블레이크, 윌리엄 Blake, William p.59
《비상사태에 대하는 우리의 각오》 p.202
비스마르크 p.60, 140
비폭력 저항 운동 p.48

ㅅ

《사기》 p.142
사대주의 p.177, 193, 206, 217~218, 223
사마천 p.9, 68, 142
《사민필지》 p.49
《사상계》 p.70~71, 247
사해동포주의 p.249
사회 경제 사학 p.232~233
사회 운동 p.96, 135, 236
사회주의 운동 p.62, 100, 237
사회 진화 p.79, 81, 105
사회 진화론 p.16, 78~83, 91, 98, 136, 144, 150, 178~180, 182, 249, 254
《사회 진화론》 p.81
사회 해방 p.62
사회 혁명 p.62, 219
사회사상 p.255
사회주의 p.16, 41, 60~61, 62, 65, 71, 97, 99, 111, 233, 248
사회주의 운동 p.62, 100, 237
사회주의 혁명 p.61
사회학자 p.81, 249
산동학원 p.32
산업화 p.15
살육적 계급 투쟁론 p.188
삼국 시대 p.120, 145, 154, 169, 190~192,

《삼국사기》 p.163
《삼국유사》 p.163
삼선개헌 p.73
《삼한열전》 p.119
상고주의적 p.80, 144, 146
《상록수》 p.14
《상서대전》 p.142
새 사람 p.134
《새 시대의 종교》 p.204
새로운 국민 p.86~87
새 종교 p.135, 198, 203~204
〈생각하는 백성이라야 산다〉 p.71, 247
생명 사관 p.178, 185~186
생명 철학 p.132
생명 현상 p.182
생존 경쟁 p.79, 81, 83, 89, 182, 249
생존 경쟁설 p.219
〈생활에 나타난 고민상〉 p.195
서간도 p.30, 42
슈지안(黍健) p.43
서경덕 p.148
《서구의 몰락》 p.110, 167
서재필 p.80
선교(仙敎) p.147~148, 154
〈선언〉 p.129, 219
성군 p.128
성균관 p.16, 29~32, 34, 244
《성서로 본 일본》 p.171
성서적 사관 p.186, 205
성서적 세계관 p.189
《성서적 입장에서 본 조선역사》 p.17, 65, 67, 70, 114~115, 117, 120, 127, 132, 166~167, 180, 189, 190, 197~198, 212, 222, 247
《성서조선》 p.65~68, 124, 132, 176, 189, 217, 246
성패론 p.159
《성호사설》 p.158~159
세계 국가 p.110
〈세계 속의 한국, 어디로 가나〉 p.136
《세계 문화사 대계》 p.59, 110~111, 161, 206
세계시민주의 p.249
세계주의 p.113, 126, 199, 218~219, 238, 249, 250
세계퀘이커대회 p.74
세계퀘이커회 p.74, 247
〈세계평화의 길〉 p.128
〈소회일폭으로 보고동포〉 p.85
송두용 p.64, 246
송병준 p.29
쇼비니즘 p.251
《이순신전》 p.34, 84, 244
숙신 p.150
숙종 p.193
순국 p.150
순종 p.93~94
슈펭글러, 오스발트 Spengler, Oswald p.110, 167
스페인 내전 p.251
스펜서, 허버트 Spencer, Herbert p.79~80, 242, 249
시세 p.83, 87, 89, 159, 166
〈시일야방성대곡〉 p.33
식민주의 사관 p.143, 146
식민지 p.4, 14, 18, 20~21, 57, 64, 94~97, 100, 108, 115~116, 125, 136~137, 138, 172, 176~177, 214, 216, 219, 250
식민지화 p.20, 35, 105, 109, 123, 231
식산 p.81
신공황후 신라 침공설 p.143
신규식 p.28~29, 32, 36, 38, 94, 244
신기선 p.29, 244
《신단민사》 p.148
《신단실기》 p.148
《신대한》 p.38, 245
신대한동맹단 p.38
신두모 p.27

신라 p.118, 120, 122, 143, 144, 146, 163, 234
신란(親鸞) p.49, 172
신민 p.18, 125
신민족주의 사학 p.232
신민회 p.28, 30, 34~37, 56, 86~87, 92, 244
신백우 p.28~29, 32
신사상 p.16
신사학 p.161
《신생의 미광》 p.194
신석우 p.94
《신세기》 p.43
신숙주 p.27
신승구 p.29
신앙 p.17, 19, 55, 57, 60, 62, 64~70, 113, 116, 127~128, 149, 168~169, 173, 178~179, 181~185, 195~196, 199, 200, 203, 215
신의주 학생 사건 p.69, 125
신자유주의 반대 운동 p.251
신조선 p.154
신천영 p.27
신한청년당 p.42, 94
신해혁명 p.96
신흥우 p.28
실력 양성 운동 p.80
실증주의 p.157
《실패자의 신성》 p.159
실학파 p.139, 156, 158, 160
〈싸우는 평화주의자 함석헌〉 p.182
쓰카모토 도라지(塚本虎二) p.176
씨알 130~131
씨울 p.18, 46, 59, 62, 70, 76~78, 107~108, 124, 130~132, 135~137, 224~225, 251
씨알 어뵘 p.130
《씨알 함석헌 평전》 p.129
씨울농장 p.70, 74, 131, 247
씨알론 p.135
〈씨알은 죽지 않는다〉 p.136

《씨울의 소리》 p.73~75, 131, 247, 251

ㅇ

아관 파천 p.47
아나키스트 p.40~41, 43~44, 68, 77, 251, 255
아나키즘 p.16, 19~20, 40~41, 44, 63, 68, 97~99, 219, 221, 251
아와 비아 p.19, 101, 151~152, 163, 252
안병무 p.70, 73, 225, 243
안정복 p.156~157, 158, 212
안창호 p.35, 42, 55~57, 86
애국자 p.83~84, 106, 114, 147
야경국가 p.249
양기탁 p.34
양민 p.120
에딩턴, 아서 S. Eddington, Arthur S. p.72
에스페란토 p.45, 250
여순형무소 p.45, 245
여진 p.43, 143, 150, 152, 193
역사 교육 p.19, 123, 135, 179
역사 철학 p.19, 133, 168, 199~200, 256
〈역사가 주는 교훈〉 p.134
〈역사가 지시하는 우리의 사명〉 p.204
역사의식 p.16, 197~198, 214, 231
역사적 예수 p.201
역사학 p.5, 15, 19~20, 77, 91, 100, 138, 161~162, 165, 167, 211, 214, 226, 232~237, 254
《열반경》 p.69
영웅 p.34, 39, 57, 60, 78, 82~90, 100, 102, 104~107, 114~117, 122, 127~128, 139~140, 147~148, 166, 178, 254
〈영웅과 세계〉 p.82
영웅론 p.83, 87
영웅 사관 p.116
〈영웅숭배론〉 p.37
〈영웅을 길러내는 기계〉 p.85
영토 p.19, 81, 91, 150, 152~155, 213
예수 p.43, 64, 114, 129, 137, 169, 170, 172,

177, 189, 197, 201~204, 215, 252
예종 p.193
옌푸(嚴複) p.80
오산학교 p.35~36, 54~61, 65~69, 72, 75, 110~111, 166~167, 212, 215, 222, 246~247
외경론 p.81
《요한계시록》 p.184
《용과 용의 대격전》 p.44, 129, 221, 224, 238, 245
우류 p.118
〈우리 민족의 이상〉 p.204
〈우리의 내세우는 것〉 p.132
우승열패 p.80, 83, 151
우치무라 간조(內村鑑三) p.57, 58, 63, 64~65, 69, 110, 112~113, 114, 133, 168~171, 173, 175~176, 179, 217, 218, 246, 252~256
워싱턴, 조지 Washington, George p.85, 86, 140
원세훈 p.28, 42
웰스, 허버트 G. Wells, Herbert G. p.59, 110~112, 161, 167, 206, 219, 250
유교 p.29, 103, 140, 142, 146, 148, 160, 204, 217~218, 223,
유교 사관 p.144, 139, 140, 159
유기체 p.79, 91, 93, 143, 249
유길준 p.80
《유년필독》 p.49
유물론 p.179, 187
유석동 p.64, 246, 252
유심론 p.205
유자명 p.40, 43, 68
유화 p.166
《육가야사》 p.45
윤보선 p.74
윤세복 p.36~37, 94
윤치호 p.80
을지문덕 p.22~23
《을지문덕전》 p.34, 82, 84, 139, 244

《음빙실문집》 p.80
의병 운동 p.86, 121
《의상철학》 p.72
이괄 p.166
이광수 p.36, 58, 118, 140, 168
이남규 p.29~30
〈이단자가 되기까지〉 p.179
〈이단자의 신앙〉 p.201
이동휘 p.36, 42
이만열 p.77, 232, 254, 256
이문영 p.74
이병린 p.73
이성계 p.120, 194
이순신 p.49, 60, 244
이스라엘 p.64, 172, 177
이승만 p.28, 38~39, 40~41, 245
이승훈 p.35, 55~58, 61, 75
이윤재 p.37
이익 p.156~160
이인좌의 난 p.27
이자현 p.148
이종원 p.29
이종휘 p.156~158
《이태리건국삼걸전》 p.34, 83~84, 92, 97, 254
이태영 p.73
이필현 p.44, 245
이해관계 p.100, 117
이회영 p.39, 43
〈인간혁명〉 p.73
인도주의 p.55, 62
《인디언 오피니언》 p.71
《인간의 유래와 성 선택》 p.79
인문학 p.15, 256
인민 p.92, 94~95, 104, 125, 130, 153, 213, 237, 251
인민대중 p.230, 237
인의도덕 p.119
《일목대왕의 철추》 p.103

일본 놀이 p.46~47
일제 강점기 p.18, 125
임 p.5, 22
임나일본부설 p.143, 214~215
임시 의정원 p.38~39
입센, 헨리크 Ibsen, Henrik p.59
입신 출세주의 p.52~53
입헌 공화제 p.144
입헌 시대 p.144~145

ㅈ

자강 운동 p.80
자강론 p.80, 82. 147
자강론자 p.82
자격 정지 p.74, 247
자멘호프, 루드비크 Zamenhof, Ludwik p.250
자본주의 p.16, 19, 71, 88, 92, 97, 129, 233, 251
자속(自贖) p.200
자아재건 p.193
자연 도태설 p.182
자연 발생 p.180, 187
자연 현상 p.180
자유문명국 p.87
자유시 사변 p.42
자유연합주의 p.251
자유의지 p.184, 188
자유정신 p.119
자치론 p.41, 97
《자치통감》 p.28
장로교 p.16, 54
장준하 p.70~74
장지연 p.27, 33, 83, 244
재야인사 p.75
재조지은 p.140
저항 운동 p.48
적자생존 p.20, 79, 249
전문학교 p.61

전우치 p.148
전제 시대 p.144~145
정상훈 p.64, 246, 252
정신 현상 p.182
〈정신상 국가와 형식상 국가〉 p.94
정여립 p.148, 152, 160, 166
《정의공보》 p.43
정인보 p.29, 30, 36, 242
정창렬 p.231~233
정체성 p.17, 198
제1차 세계 대전 p.15, 41, 52, 79, 97, 104, 110, 119, 167, 172, 176, 178, 220
제2차 세계대전 p.220, 222, 223
제국주의 p.16, 18, 22, 78, 80~81, 82, 91, 95, 97, 99, 105, 109, 110, 114, 130, 146, 164, 167, 175, 177, 249
〈제국주의와 민족주의〉 p.81, 91
조국수호국민협의회 p.73
조국애 p.64
조만식 p.56~57
〈조선 고대의 사회주의〉 p.99
조선 물산 장려 운동 p.56
조선 민족 p.95, 101~102, 105~106, 118~120, 152, 155, 164, 173~175, 177, 190, 192~194, 196~196, 207, 253
《조선 사색당쟁사》 p.45
조선 시대 p.105, 120~121, 140, 142, 144, 154, 191, 194, 212
〈조선 혁명 선언〉 p.97
〈조선사 정리에 관한 사의〉 p.155~156
《조선사》 p.37, 168, 244
《조선사연구초》 p.44, 168, 245
조선사통론 p.37
《조선상고문화사》 p.37, 146~149, 154, 168, 245
《조선상고사》 p.43, 101~102, 104, 151~154, 161~162, 245, 254
〈조선에 기독교는 필요하냐〉 p.189
《조선열전》 p.119

《조선일보》 p.44~45, 168, 213, 244
조선족 p.150
조소앙 p.29~30, 94, 244
《조야집요》 p.45
조중응 p.29
종교 p.60~61, 68, 72, 81~82, 103, 128~129, 134~135, 148~149, 153~154, 172, 178, 183~185, 195, 198~199, 200, 202~203, 204~206, 216~219, 221~222, 224~225, 250
종교개혁 p.135, 172
종교학 p.5
종말론 p.205
《종의 기원》 p.249
주의신 p.203
주자학 p.32
《중국역사연구법》 p.43, 161
중일 전쟁 p.67
《중화보》 p.37, 245, 255
중화사상 p.142
중화주의 p.17, 78, 99, 162, 164
《지리학고》 p.170
지배-피지배 관계 p.95
《지인론》 p.170, 173
지황씨 p.49
직접 행동론 p.41
진보 사관 p.19
〈진적성패론〉 p.158, 160
진화 p.79, 81, 102, 104, 134, 144, 156, 183~184, 203, 249
진화론 p.111, 145~146, 178~184, 202
〈진화와 퇴화〉 p.144
진화학설 p.181~182

ㅊ
참정권론 p.41, 97
〈창부였던 여자〉 p.196
창조설 p.205
《천고》 p.39, 41, 98~99, 245

천관우 p.73
천황씨 p.49
철학 p.5, 18~19, 58, 70, 117, 167, 251
청일 전쟁 p.30, 47, 113
《최도통전》 p.34, 84
친일파 p.51, 212

ㅋ
카르보나리당 p.97
카우츠키, 카를 J. Kautsky, Karl, J. p.217
칼라일, 토머스 Carlyle, Thomas p.37
퀘이커교 p.72
퀘이커교도 p.71~72, 247, 255
〈퀘이커와 평화사상〉 p.201
퀘이커주의 p.72, 252
크로폿킨, 표트르 A. Kropotkin, Pyotr A. p.43, 182, 218~219
키드, 벤저민 Kidd, Benjamin p.80~81

ㅌ
타 민족 p.81, 99, 114, 251
타고르, 라빈드라나트 Tagore, Rabīndranāth p.59, 65, 179
탈근대 p.236~237
태고 문자 p.150
테러리스트 p.20
톨스토이, 레프 N. Tolstoy, Lev N. p.58~59
톨스토이 농장 p.71, 247
통일주체국민회의 p.74
투르게네프, 이반 S. Turgenev, Ivan S. p.59

ㅍ
파리 코뮌 p.251
패배주의 p.206, 214~215
평남북 학생 운동 p.52
평양고등보통학교 p.52, 167, 246
평화 운동 p.17, 211
평화주의 p.18, 21, 132, 251

폭스, 조지 Fox, George p.72, 243
표트르 대제 Pyotr I p.140
프랑스 학생 혁명 p.251
프로테스탄트 p.67, 135
프롤레타리아 독재 p.251
프루동, 피에르-조지프 Proudhon,Pierre-Joseph p.43
프린스턴 대학교 p.170
피지배층 p.18, 120~121, 178, 250

ㅎ
학궁 p.16
학생 운동 p.52, 76
한국 고대사 p.23, 37
한국 전쟁 p.17, 70~72, 75, 126, 130, 132~133, 134, 220, 232, 251
《한국기독교는 무엇을 하고 있는가》 p.70, 247
한국사 p.5, 20, 22, 43~44, 76, 158~159, 162~163, 168, 191, 206, 211, 233~234, 245, 252, 254
《한국의 제일호걸대왕》 p.84
한놈 p.23, 26~27
한문무용론 p.32
한사군 p.142, 150, 164, 192, 211~212, 214~216
한성외국어학교 p.28
한일 의정서 p.47
한일 조약 p.73
함석규 p.54
함석은 p.52
함일형 p.48, 50, 52, 54, 246
함형택 p.47~48, 246
현상 p.63, 86, 118, 162, 183, 185, 204~205
현실사회주의 p.235
현실 세계 p.205
현해탄 p.60, 178
협성신학교 p.28
호넨(法然) p.172

홍명희 p.29~30, 36, 43~44, 213, 245
화이트헤드, 알프레드 노스 Whitehead, Alfred North p.202
황득순 p.53, 246~247
《황성신문》 p.26, 47, 244, 255
황화론 p.172
후지이, 다케시(藤井武) p.168, 171, 253, 256
〈흰 손〉 p.133

〈20세기 신국민〉 p.88, 92
〈20세기 신동국지영웅〉 p.87
3·1민주구국선언 사건 p.74, 247
3·1운동 p.28, 36~37, 40~41, 52~54, 56, 58, 60, 62, 77, 96, 107~108, 178, 246
〈5·16을 어떻게 볼까〉 p.73, 247
5·16쿠데타 p.73, 247
6·29민주화선언 p.75

YMCA p.59, 69, 75, 130
YWCA 위장결혼사건 p.74

인류의 지성사를 이끌어온
100인의 지식인 마을 주민들